第五次浪潮

迎接教育的变革

（Michael M.Crow）　　　（William B.Dabars）
［美］迈克尔·M.克劳　　　威廉·B.达巴斯　著
亚利桑那州立大学校长　　未来社会创新学院副教授

褚颖　李燕秋　甘翠平　译

THE
FIFTH
WAVE

The Evolution of American
Higher Education

本书作者提出了第五次浪潮这一概念并总结了新型大学模式的五大特征：第一，大学教育是一种社会服务，大学要从精英教育转变为大众教育；第二，课程设计应该依据"选择"思维，不应该因循"控制"思维，要按照学生、社会的需求来进行设计；第三，让技术促进学习的解放，突破教育在时间、地点、经济成本上的限制；第四，跨界、跨国研究应成为常态，应成为推动知识生产和创新的新方式；第五，大学应利用新技术生产各种教育产品，满足社会各界的需求，促进个人的终身学习和持续成长。作者认为大学应该有两个方面的目标，第一是实现普及教育，第二是实现卓越科研。为此，作者认为，高校机制需要全方位重建，以便让人们受教育机会大幅度增加，同时实现科研和扩招的平衡发展。通过种种手段，建立兼具大众可及性与学术卓越性的 21 世纪新型研究型大学，推动将全面的通识教育课程与后工业化时代劳动力市场需要的前沿知识和技术结合起来的教育变革。

© 2020 Johns Hopkins University Press

All rights reserved. Published by arrangement with Johns Hopkins University Press, Baltimore, Maryland through Chinese Connection Agency.

北京市版权局著作权合同登记　图字：01-2021-3411 号。

图书在版编目（CIP）数据

第五次浪潮：迎接教育的变革／（美）迈克尔·M. 克劳（Michael M. Crow），（美）威廉·B. 达巴斯（William B. Dabars）著；褚颖，李燕秋，甘翠平译. —北京：机械工业出版社，2022.4
书名原文：The Fifth Wave：The Evolution of American Higher Education
ISBN 978-7-111-70305-1

Ⅰ.①第…　Ⅱ.①迈…②威…③褚…④李…⑤甘…　Ⅲ.①高等教育-教育研究　Ⅳ.①G642.0

中国版本图书馆 CIP 数据核字（2022）第 048977 号

机械工业出版社（北京市百万庄大街 22 号　邮政编码 100037）
策划编辑：坚喜斌　　　　　　责任编辑：坚喜斌　陈　洁
责任校对：黄兴伟　王明欣　　责任印制：李　昂
北京联兴盛业印刷股份有限公司印刷

2022 年 4 月第 1 版·第 1 次印刷
170mm×240mm·21 印张·3 插页·285 千字
标准书号：ISBN 978-7-111-70305-1
定价：99.00 元

电话服务　　　　　　　　　　网络服务
客服电话：010-88361066　　　机　工　官　网：www.cmpbook.com
　　　　　010-88379833　　　机　工　官　博：weibo.com/cmp1952
　　　　　010-68326294　　　金　书　网：www.golden-book.com
封底无防伪标均为盗版　　　　机工教育服务网：www.cmpedu.com

本书赞誉

"如果所想皆如愿,那么每所大学都应该建成亚利桑那州立大学的样子,否则,第五次浪潮就是我们退而求其次的选择。"

——马尔科姆·格拉德威尔(Malcolm Gladwell),被《快公司》誉为"21世纪的彼得·德鲁克"

"现代美国高校是知识的源泉、特权的护卫、财富的聚宝盆。要让美国高校适应21世纪的变化,挑战巨大,而克劳和达巴斯为我们领路则最合适不过了。克劳仿佛拥有魔法,他打破了传统的权衡取舍,使自己负责的大学既保持一流的学术研究水平,又具有鼓舞人心的包容性。"

——史蒂芬·平克(Steven Pinker),哈佛大学心理学教授、当代伟大思想家

"社会和技术的复杂程度日益增加,各行各业的变革浪潮推动着我们的进步和变化。相互关联的产业的出现赋予公民权利,但也要求人们必须要有科学素养。克劳提出的第五次浪潮设想正是要应对这一挑战。它不仅针对知识生产,也关注社会福祉。克劳和达巴斯对美国高等教育发展前景的判断令人信服。他们描绘了一个高校联盟,这些学校将扩大招生,最大限度地扩大创新和社会影响。"

——埃里克·施密特(Eric Schmidt),谷歌前首席执行官、Alphabet公司前执行董事长

"迈克尔·M. 克劳是美国高等教育界最激进的实践者,大家都非常尊重他,也经常谈起他。亲见他对亚利桑那州立大学的领导,就是亲见天才、亲见勇气。这既是华彩乐章,也有非凡意义。这是当前高等教育在'地球上最

伟大的表演'。米哈伊尔·巴里什尼科夫（Mikhail Baryshnikov）谈到弗雷德·阿斯泰尔（Fred Astaire）时说：'我们在跳舞，而他在做别的事。'在高等教育领域，迈克尔·M. 克劳就是这样一个形象。他和达巴斯在本书中为研究型高校的基础制度建设规划了蓝图，使其与其使命相符，即让每一个有学术能力的考生进大学。他们目标远大，要'让每个人都有接受高等教育的机会'。经过彻底改造之后，这些高校的目标将十分明确，它们的招生规模要达到数百万，使教育下一代的'规模具有社会意义'。这个抱负似乎遥不可及，然而克劳先生已经在亚利桑那州立大学树立了一个模板。"

——戴维·G. 布拉德利（David G. Bradley），大西洋媒体主席

"《第五次浪潮》论述到，美国的公立大学迫切需要走出象牙塔，好好与真实世界互动，比如扩招，让更多的考生有机会改变命运，直面当今世界面临的深刻挑战。如果高等教育界有胆识，敢于重新审视其独特优势对于公正、明智、可持续的未来有多大影响，高等院校就能为社会带来真正有用的益处。"

——安娜·玛丽·科斯（Ana Mari Cauce），华盛顿大学校长

"克劳和达巴斯建议美国高校采用新模式。他们回顾了美国大学的历史和发展，讨论了这些院校面临的危机，强调了这些问题的重要性和严重性，也突出了美国研究型大学对社会的重大贡献。"

——罗伯特·J. 齐默（Robert J. Zimmer），芝加哥大学校长

"具有启发性、包容性和扎根性——一个真正适合 21 世纪的学习和创造蓝图——这样一个时代，更适合被描述为纠结的时代，而不是启蒙时代。时代要求我们不受跨学科和巴斯德象限的限制，创建新的运作机制和学科架构，更好地适应实践学习与合作学习的需求。该蓝图的独特之处在于，第五次浪潮大学整合了众多实践机构和高等院校，没有地理或政治上的限制。本书实在太精彩了，我们一边读，一边会想，杜威要是看到自己的想法——比如对

于民主的观点——在这个新时代的发展,大概会微笑吧。"

——约翰·希利·布朗(John Seely Brown),施乐公司前首席科学家,帕洛阿尔托研究中心(PARC)主任;安·彭德尔顿-朱利安(Ann Pendleton-Julian),俄亥俄州立大学诺尔顿建筑学院前主任,帕迪兰德研究生院设计学教授。他们合著了《无界设计:为瞬息万变、高度联系和极端偶然的白水世界做设计》(Design Unbound: Designing for Emergence in a White Water World)

"克劳和达巴斯非常有力地证明了一点:如果高校努力让更多学生有机会接触世界一流的知识生产,它们不光能促使个人获得成功,也能增强我国的经济竞争实力。如果你希望为复杂的未来做些准备,那么本书就推荐给你。"

——史蒂夫·凯斯(Steve Case),美国在线前首席执行官,Revolution科技公司主席兼首席执行官,著有《互联网第三次浪潮》(The Third Wave: An Entrepreneur's Vision of the Future)

"迈克尔·M. 克劳重新定义了研究型大学与社会的相互关系。在本书中,克劳和达巴斯号召我们一起构想美国高等教育的新时代,到那时,高校扩大了招生,通过技术创新、社会创业和先进知识生产,努力解决全球性问题。你若与高等教育的未来休戚相关,阅读此书就会让你受益匪浅。"

——亚瑟·C. 布鲁克斯(Arthur C. Brooks),哈佛大学肯尼迪学院公共领导力中心教授,著有《美国式幸福》(The Conservative Heart: How to Build a Fairer, Happier, and More Prosperous America)

"富有创造力和实力的美国校长不多,迈克尔·M. 克劳是其中一个。他写的每本书,我都觉得十分重要。学术领袖、商界精英和政府官员都应该读一读本书,尤其是切身利益与美国研究型名校的持久卓越和未来构架挂钩的人。"

——乔纳森·科尔(Jonathan Cole),哥伦比亚大学首席学术官、美国艺术与科学院院士,著有《大学之道》(The Great American University: Its Rise to Preeminence, Its Indispensable National Role, Why It Must Be Protected)

前言

美国上上下下都在讨论高等教育。学以致用和成本飞涨是人们最关心的两个问题，但如果你关心的是日益严重的教育不平等，那么，你会发现考进一流美国大学的学生往往都来自权贵家庭。在全球化知识经济中，个人的功成名就和群体的社会经济繁荣都特别依赖高等教育经历。但一流大学招生数量有限，哪怕学生足以应对学业要求，也只有一小部分幸运儿能拿到通知书。即便在顶尖的公立研究型大学里，学生群体也无法反映出美国社会经济的多样性。社会的公平和繁荣都要求：高校在未来几十年内，在现有基础上多培养毕业生。同时，由于经济发展越来越多地依赖于实用知识的生产和应用，这些毕业生也将助推经济发展，并从中受益。此外，国家还应关注高等教育机构是否能够做出世界领先的新发现，是否能够培养世界领先的创造力，是否能够提出世界领先的创新方案。这意味着认知创新、教学创新和机构创新，包括对学习技术的创造性运用。同时，很多情况下，机构间需要合作而非竞争，大学、企业、行业、政府机构和公民社会组织间应当建立战略伙伴关系。

没有大学可上，会加剧社会不平等，削弱国家的创新能力、经济适应性和社会流动性。我们之前阐述过，美国研究型大学有必要建立新模式以作为现有高校模式的补充，也有必要将世界一流教育的普及性和社会影响力相结合，本书将进一步阐述这些观点。这些观点都是亚利桑那州立大学（Arizona State University）重新定位大型公立研究型大学新模式的基本原则，也是我们倡议的基础，即公立研究型大学拿出一部分录取名额，扩大录取范围，并且扩招规模应具有真正意义上的社会价值。也就是说，录取范围要大到生源的多样性可以代表美国的社会经济和智力的多样性。

前言

过去 17 年中,亚利桑那州立大学的转型经历表明,科研出色和扩大招生并不冲突。亚利桑那州立大学尽量录取所有能完成大学学业的学生,无论他们的经济状况如何。在这个过程中,该所大学努力促进了社会经济的流动,为学生在全球化知识经济中储备了竞争力。亚利桑那州立大学成功地激发了学校的学术活力,也提高了学生群体的多样性。该所大学越来越多的学生来自社会经济弱势阶层和少数族裔,其中很多人家里从未出过大学生。研究性学习和教学创新,提升了学生的适应能力和各种跨学科学习能力,帮助他们在知识型经济模式下的瞬息万变的劳动力市场站稳脚跟。新型美国大学模式在亚利桑那州立大学成功建立,这表明部分大型公立研究型大学有潜力以同样的方式普及高等教育,从而促进发现和创新,实现公共利益。

本书针对复杂组织提出了明确的改革倡议。因此,我们的观点借鉴了高等教育内外的一系列研究成果,包括设计、经济学、公共政策、组织理论、科学和技术研究、社会学,在某种程度上,甚至包括认知心理学和认识论方面的学术研究成果。如果你关心美国高等教育的未来,请你打开这本书,我们相信,它将在 21 世纪为推动美国的民主进程贡献力量。

我们也简单介绍一下各自的背景。迈克尔·M. 克劳(Michael M. Crow),亚利桑那州立大学校长、科技政策研究者、以解决现实问题为导向的大型综合跨学科研究合作的设计师,定义了新型美国大学和第五次浪潮模型,率先提出了具体流程,重塑了亚利桑那州立大学,使之成为新型美国大学的模板。威廉·B. 达巴斯(William B. Dabars),历史学家,研究重点为美国研究型大学和知识生产的组织背景。作为未来社会创新学院(School for the Future of Innovation in Society)研究岗位的副教授以及总统办公室(the Office of the President)新型美国大学的高级研究主任,他通过历史视角和理论视角来研究美国高等教育的变革,并力求取得公平和平等的改革成果。

序言

我们之前讨论"迎接高校新模式"这个主题时得出了一些观点，本书在此基础之上，构想了美国高等教育的第五次浪潮：部分大型公立研究型大学率先牵头，众多本科院校和综合性大学携手合作，增强高等教育对社会的积极影响。具体措施是将先进知识的创造和尖端技术的创新与高等教育融合到一起，努力推动大学扩招，使在校学生构成能广泛代表美国人口在社会经济和文化水平方面的多样性。第四次浪潮——如此命名，原因显而易见——造就了美国研究型大学，第五次浪潮主要是进一步发展和完善这类高校，但众多相互关联却又各不相同的其他类高校和机构也会参与其中。高校进行探索发现和知识创造。机构包括企业、产业、政府机构和实验室及社会组织。

美国研究型大学代表了一种独特的成功模式，它将本科及研究生教育与知识的创造、研究和推广相结合。公民的受教育程度和高等教育所创造的思想、产品和制度流程，对美国社会产生越来越多的影响。发明、发现与创造、创新决定着经济的竞争力，决定着我们的生活水平和生活质量，而研究、推广和教育合为一体则有助于推动更多更好的发明、发现、创造和创新。但美国研究型大学受制于其机制设计，通过改革建立新模式势在必行，因为新模式可以持续推进和加强学术发现和招生录取范围之间的互补性和协同性。此外，美国虽有世界一流大学，但总体来看，高等教育质量却并不高。和国力的发展比起来，研究型学术平台的现有基础设施——基于知识发现和创造的各类高校——远远落后了，急需扩大其培养能力。未来几十年内，美国要多培养毕业生，不然，美国就会缺乏人才资源，从而享受不到经济发展带来的好处，毕竟知识的有效创造和应用日益决定着经济发展的前景。

美国的人口统计资料显示，来自贫困人群和少数族裔的学生不太容易获得成功，招生政策更是将大部分有足够学术能力的申请人挡在了一流大学的门外。事实上，美国的政策就是将大多数符合学业资格要求的学生排除在卓越的研究型教育之外，这样做只会事倍功半，而且非常不道德。美国要想保持繁荣发展，一流大学必须满足社会需求，大规模扩招，从不同的经济和知识背景中广揽人才，整合知识的创造和分配。哪怕扩招不受大众支持，研究型高等院校也必须严肃对待扩招，逐步推进扩招，建设高等教育基础设施，保证符合学业资格要求的学生中至少有三分之一的人能上大学，提升其竞争力，不论他们的经济条件和学业背景如何。高校还应该搭建通用的学习体系，让半数以上的美国人有机会终身学习。通用学习体系将通过提供教育、培训和技能培养机会，为来自任何社会背景、处在任何工作和学习阶段的学习者提供服务。

在第1章中，我们评估了第五次浪潮出现的必要性。在此背景下，我们发现，中产阶级家庭和贫困人群的孩子，哪怕他们有天赋、有创造力、有能力，但被一流研究型高校录取的可能性却极其有限。尽管美国公民强烈反对社会不平等，但学术界的这个秘密却人人皆知：学业成功的最大预测因素不是学生的成绩或SAT（学术评估测试）分数，而是家庭收入和所在社区。因此，任何盼望孩子能上大学的父母，以及任何担心美国不平等会加剧的人，都忧心忡忡。美国半数人口的学士学位获得率不超过16%——这是社会流动性和经济福祉的关键因素——如果一个孩子来自收入排名前25%的家庭，他获得学士学位的可能性比排名后25%的家庭的孩子高出5倍。

现在，甚至连最好的公立研究型大学也将大多数符合学业资格要求的考生拒之门外。这种趋势由来已久，因公共资金投入的持续下降而加剧。同时，高校实际招生情况和招生政策十分合拍，招生的实际结果导致权贵阶层固化，而这种招生政策跟未来劳动资源的发展趋势大相径庭。预测表明，到2018年，美国受教育工人将出现300万的缺口。但全国上下对平等和机会的讨论绝不能只集中在培养更多大学生这一点上。仅有正规教育的机会，但教育本身却与发明创造脱节，是无法带来预期的社会效果的。有些问题至关重要：要扩大招生，扩招名额要以百万人为单位，让贫困人群和历史上未曾获得平等入学机会的群体能够进入研究型教学平台，并且扩招对象包括但不限于这些人；研究型教学平台应结合综合性文科课程与全球化知识经济人才必不可缺的尖端知识。第五次浪潮的必要性不仅仅体现了研究型高校的招生政策是否公平，招生能力是否满足需求，或者其规模是否适应人口增长的问题。第四次浪潮的成果是研究型大学的形成，第五次浪潮则要完善这些高校，推动它们实现改革性发展，以促进知识的创造和创新，为公共利益和社会福祉服务。

  我们预测，在第五次浪潮中成型的高校，将最有可能以新型美国大学的模式为基础，也就是亚利桑那州立大学逐渐运作起来的模式。第2章讨论了亚利桑那州立大学全面的重新定位，由此，一个有足够视野和规模的学术平台出现了。它专注于社会效益，创造的知识领先于世界，对广大考生十分友好。亚利桑那州立大学作为第四次浪潮后期向第五次浪潮早期阶段过渡的第一所高校，它的经验表明，科研出色和扩大招生不一定发生冲突。该所学校越来越多的学生来自贫困人群和少数族裔，其中包括很多第一代大学考生，并且成功地保证了严格的学业要求和多样的学生来源。亚利桑那州立大学向每位符合学业资格要求的学生提供入学机会，无论他们的家庭财务状况如何，从而保持了20世纪中叶领先的公立研究型大学的招生水平。这个案例更深入地考察了多种影响着大学发展的方向性策略，比如它们提供世界一流的教育体验，它们在研究中取得领先地位，它们最大限度地发挥社会影响力。

  之前高校模式存在很大的局限性，其中之一便是高校规模和报考需求完全不匹配，因此，高选拔性高校就想出了我们所说的"精英培养策略"。学校规模和招生数量绝不是这些高校面临的唯一挑战，也不是亚利桑那州立大学实行的新型美国大学模式的独家标准。但是，基于多元民主社会接受教育的权利，高校模式要不断变革，扩招、降低淘汰率必须成为核心议题。第3章研究了美国研究型大学的规模大小，并且介绍了社会学家马丁·特罗（Martin Trow）描述的高等教育如何从精英教育向大众教育及普及教育转变的过程。我们也在第3章中讨论了各个转变阶段的影响。我们评估了关于高等教育扩张和高校扩招的各种理论，并以研究型大学的扩张和扩招的讨论结束本章。

第1章从历史角度进行了讨论，在此基础上，第4章对以下命题进一步讨论：大型公立研究型大学成为美国高等教育机制转型的先锋，这种转型兼顾招生普及性和高水平学术。以1636年哈佛学院的成立作为起点，美国高等教育的前四次浪潮可以粗略地概括为：①殖民地时期的大学；②美国早期的州立特许学院和大学；③因美国内战期间颁布的《莫里尔法案》（Morrill Act）而建立的赠地学院和大学；④19世纪最后几十年出现的一系列重要的研究型大学。除了少数例外，大多数重要的研究型大学——无论是公立还是私立——都是从前几次浪潮中进化的产物。这类高校如今都蓬勃发展，并且继续运转，在各自的设计框架内发展。美国开国元勋还曾考虑过建立美国国立大学。第4章也讨论了这样的大学有何意义。

第5章从理论和概念入手，讨论了第五次浪潮。首先，我们评估了相关的高适应性知识企业，接下来讨论了各种概念的相关性，比如跨学科知识生产模式Ⅱ、知识创造、社会技术整合、负责任的创新和可持续发展等。在第6章中，我们将理论和概念置于具体情境中，反思高校机制建设和知识生产之间的关系。大学迎来第五次变革浪潮，我们少不了要讨论"建设"这一概念，它在组织研究和实施跨学科知识生产方面起着尤其重要的作用。

全球化知识经济让人们意识到，知识生产、技术创新和经济增长之间高度相关，因此，高等教育成为各国政策讨论的前沿问题。但各国推进研究型高校改革的举措并非一帆风顺，我们在第7章中简要概述了其中的一些挑战。对许多新兴经济体而言，一方面，高等教育要完成从精英到大众再到普及阶段的转型，高校必须要能容纳激增的学生；另一方面，这些国家意在建设世界一流的研究型大学，以便激发创新、促进经济增长。但这两方面恰恰是对立的。我们简要地讨论了这些举措与设想的相似和差异。

界定公立大学的各种模式，我们都必须考虑其是否符合公共价值、是否能为公共利益服务。因此，最后一章简要讨论了两点：一是美国学术界在维护民主制度上发挥的作用；二是公共价值观与第五次浪潮中不同高校模式的形成有什么关系。协商民主的成功取决于被统治者的集体决策，因此整个教育体系的质量，尤其是公立高等教育的质量至关重要。接受教育是许多国家的根本社会目标，因此，高等教育改革的重中之重必然是拓宽基于知识生产和创新的学术环境的入口。

致 谢

我们要向诸多同事和学者表示感谢，他们在不同领域的洞见和专业知识，为本书各章节的撰写提供了灵感和信息。但要逐一确认他们的具体贡献却不太可行，因为灵感和观点在协作的过程中自由传播，汇聚成了集体智慧。读者将会发现，在此前著作中我们感谢过的学术领袖［包括詹姆斯·J. 杜德斯达（James J. Duderstadt）、瓦尔坦·格雷戈里安（Vartan Gregorian）和弗兰克·H. T. 罗德斯（Frank H. T. Rhodes）］依旧贡献了大量的真知灼见。此外，大量关于美国研究型大学的学术研究以及学者们各自的作品让我们大受裨益。他们采用不同方法，精妙地阐释了这些各有千秋的高等院校。那些审阅了第一稿而且不时提供新颖观点的人们，我们尤其感谢你们。

许多教职员工为如何定义新型美国大学以及目前的第五次浪潮消耗了大量脑力。德里克·M. 安德森（Derrick M. Anderson）付出甚多，从如何定义这些模型到为本书写作提供具体细节。克雷格·卡尔霍恩（Craig Calhoun）、大卫·古斯顿（David Guston）和丹尼尔·萨雷维茨（Daniel Sarewitz）点评了各个章节，并详细分析了本书各种主张和论点中存在的问题。我们在撰写本书的过程中，与太多的同事以及来自世界各地的学者商讨，并从中受益。他们数量之众，无法在此逐一点名道谢。尽管如此，我们要向自己学术领域的各位致谢：萨莎·巴拉布（Sasha Barab）、史蒂文·贝施洛斯（Steven Beschloss）、埃里克·费舍尔（Erik Fisher）、玛格丽特·辛里奇斯（Margaret Hinrichs）、埃里克·约翰斯顿（Erik Johnston）、曼弗雷德·劳比希勒（Manfred Laubichler）、安德鲁·梅纳德（Andrew Maynard）、克拉克·A. 米勒（Clark A. Miller）、惠灵顿（"公爵"）·瑞特［Wellingtong（"Duke"）Reiter］、黛博拉·斯特鲁姆斯基（Deborah Strumsky）、卢克·泰特（Luke Tate）、大卫·怀特（David White）和格雷格·扎卡里（Gregg Zachary）。其中有些学者还对不同段落的草稿提出了意见和建议。再说得远一些，我们要特别感谢乔纳森·科尔（Jonathan Cole），从一开始，我们就从他的专业知识和见解中获得了不少信息，后来，他还为我们的早期书稿提出了宝贵的建议。菲利普·G. 阿尔特巴赫（Philip G. Altbach）、西蒙·马金森（Simon Marginson）、克里斯托弗·纽菲尔德（Christopher Newfield）和罗恩·怀特海德（Lorne Whitehead）同样提出了宝贵意见。行政部门的同事为案例研究提供了专业知识，我们要向希拉·安莱（Sheila Ainlay）、摩根·R. 奥尔森（Morgan R. Olsen）、塞图拉曼·潘查纳坦［Sethuraman（"Panch"）Panchanathan］、彼得·施洛瑟（Peter Schlosser）、马克·瑟尔（Mark Searle）、理查德·H. 斯坦利（Richard H. Stanley）和史蒂文·泰珀（Steven Tepper）表示感谢。在研究和政策分析方面，凯文·T. 德怀尔（Kevin T. Dwyer）、德鲁·卡洛（Drew Callow）和凯尔·惠特曼（Kyle Whitman）贡献巨大，贾斯汀·W. 斯普拉格（Justin W. Sprague）则与我们一起讨论了高等教育机构比较研究的内容，我们对各位深表谢意。对于案例研究章节中的定量研究和高等教育机构专业知识，我们要感谢玛丽·卡里略（Mary Carrillo）、梅琳达·吉贝尔（Melinda Gebel）、汉莎·玛吉（Hansa Magee）和乔治·劳登布什（George Raudenbush）。我们再次感谢约翰斯·霍普金斯大学出版社的编辑总监格雷戈里·M. 布里顿（Gregory M. Britton）、凯瑟琳·戈德斯特德（Catherine Goldstead）和他的同事凯尔·P. 吉普森（Kyle P. Gipson），给我们提供了恰到好处的编辑指导。最后，按照惯例，也特别适合本处，我们希望按标准说法来表达我们的心声：在本书各章节中，读者若发现任何优点，功劳都归功于他人的努力和洞见，而任何失误、遗漏或错误，则全部由我们负责。

本书各章节详细阐述了我们合著的《建设新型美国大学》（*Designing the*

New American University，巴尔的摩：约翰斯·霍普金斯大学出版社，2015 年）中论述的观点，有些实际上可以算是对观点的重述。正如我们在第 1 章中解释的那样，重述不可避免。简而言之，第五次浪潮就是建设新型美国大学，这一点很明显。我们重述了《建设新型美国大学》中的诸多观点，本书几乎算得上是它的第 2 版了，因此，本书某些章节的部分内容与那本书中的相关讨论密切相关，但我们没有作为引用标出来，引用和参考书目过多反而形成妨碍，也太耗费精力。第 2 章专门对亚利桑那州立大学的案例研究进行了修订和更新，对应《建设新型美国大学》的第 7 章。案例研究的修订再次大量借鉴了机构报告和陈述文件，这些资料通常是未署名的合作作品。我们要感谢每份资料的每个参与者，特别是我们在《建设新型美国大学》中称之为"大学建设团队"的参与者。

很多我们合作或者独立撰写的文章以及《建设新型美国大学》中的内容经重新调整之后，在本书中被穿插引用到各章节中。本书第 1 章引用了《建设新型美国大学》中的观点，它们出自我们合著的文章《美国研究型大学的新模式》，载于《科学与技术问题31》（*Issues In Science and Technology* 31，第 3 期，2015 年春季）。还有很多类似情况。其中，我们合著书籍的一章"美国研究型大学中知识的跨学科性和制度背景"经过修订，被《牛津跨学科手册》（第 2 版）[*The Oxford Handbook of Interdisciplinarity* (2nd edition)，牛津：牛津大学出版社，2017 年] 采用，该书的编辑为罗伯特·弗洛德曼（Robert Frodeman）、朱莉·汤普森·克莱因（Julie Thompson Klein）和罗伯托·卡洛斯·多斯桑托斯·帕切科（Roberto Carlos Dos Santos Pacheco），我们在第 6 章中对跨学科性的解释与之类似。我们希望借此机会向各位编辑和出版商表示感谢，他们允许我们摘录修订，并在本书中使用。

目 录

本书赞誉
前言
序言
致谢

第 1 章　美国高等教育第五次浪潮的兴起　/ 001
　　从历史的角度初步探讨第五次浪潮　/ 004
　　第五次浪潮：国民服务型院校联盟　/ 013
　　第五次浪潮与新型美国大学　/ 020
　　从理论角度对第五次浪潮进行初步探讨　/ 022
　　精英培养策略与公共利益　/ 028
　　第五次浪潮重振公立高等教育中隐含的社会契约　/ 031
　　在第四次浪潮的坚实基础上前进　/ 036
　　知识生产既要有社会价值又要有科学价值　/ 043
　　化解扩招和科研领先的冲突　/ 049
　　扩大招生范围和保持学术卓越之间的矛盾　/ 057
　　等级分化与高等教育梯队分化的一致性　/ 060
　　拥抱新兴的第五次浪潮　/ 064

第 2 章　第五次浪潮的高校原型　/ 070
　　重新定位的必要性　/ 073
　　让更多人享有高水平的学术资源　/ 079
　　努力实现国家目标和全球福祉　/ 085

目录

重新定位的细则　/090

从官僚机构转变为学术企业　/094

从代理型（1985年）到企业型（2025年）　/104

第五次浪潮大学的新框架　/109

打造宜居的星球　/123

搭建普及教育的框架　/127

教育服务的创新方式　/131

技术助力成才　/135

全球参与和国际发展　/138

建立具有推广普及性的联盟　/142

普渡大学：一所第五次浪潮大学　/145

差异化模式联盟的建立　/147

第3章　精英培养策略和恰当的规模　/150

恰当规模评估初探　/153

精英高等教育的规模　/155

坚持采用精英培养策略　/162

第五次浪潮的规模缩放：从精英到大众再到普及　/166

结构性叠加与规模经济和范围经济　/170

研究型高校的规模与扩展程度　/173

第五次浪潮预示着第六次浪潮的到来　/178

第4章　历史视角下的第五次浪潮　/182

美国的希腊学院　/183

新共和国的大学　/189

"所有人都可以读书，劳苦大众尤其如此"　/192

重新审视学术金本位制　/196

知识生产与永久创新　/203

事实上的美国国立大学 / 207
重振美国的民主实验 / 215

第 5 章　第五次浪潮的理论框架和概念框架 / 222

第五次浪潮由复杂自适应性知识企业组成 / 223
第五次浪潮将"知识生产模式 II"制度化 / 229
第五次浪潮推动社会和技术的一体化 / 242
负责任创新的框架 / 246
第五次浪潮大学和边界组织 / 249
可持续发展框架 / 256

第 6 章　第五次浪潮知识企业的制度设计 / 262

组织在科学探究中所发挥的作用 / 265
组织改革：进化过程与科学设计 / 268
惯性和同构性阻碍制度创新 / 273
促进知识生产的组织环境 / 276
第五次浪潮跨学科知识生产 / 279
走向智力双语之路 / 285

第 7 章　关于扩大招生和卓越科研的观点 / 291

金砖国家的改革举措 / 293
罗宾斯与英国高等教育规模的扩张 / 295
巴黎郊外的一所巨型大学，可以与硅谷抗衡 / 299
促进经济繁荣和社会发展的举措 / 302
"5-100 计划"：俄罗斯的常春藤计划 / 304

结论　逐步建立普及教育体系 / 311

第 1 章
美国高等教育第五次浪潮的兴起

我们不妨把美国高等教育的第五次浪潮想象成一个正冉冉升起的大学联盟，它们都决意推进高等教育对社会的积极影响，而要实现这个共同信念，它们需紧密融合三个要素，即世界一流的知识生产、前沿尖端的技术创新、尽量体现美国经济和智力多元特征的高等教育。这次高等教育新浪潮源起于几个大型公立研究型大学，它们本来打算弘扬美国研究型大学的公众服务宗旨，但随着改革的推进，这些大学却致力于宣传相关院校取得的变革性成就，并加快探索、创造和创新的过程。当然，这些大学自19世纪晚期建校以来也一直保持着探索、创造和创新的特色。第五次浪潮中的大学集社会功能和技术功能于一身，招生规模不断扩大，环境适应性强，属于复杂自适性组织。因此，它们将成为美国现有高校类型的补充。各类大学将继续按照各自的方式承担高等教育的功能，按照各自的模式发展。大型公立研究型大学是高等教育新模式的先锋，其引发的第五次浪潮也终将波澜壮阔：该联盟全面涉及公立研究型大学、私立研究型大学、文理学院，并且与工商业、政府机构、实验室和民间社会组织保持着联系——这批机构在国家整个创新体系中千差万别、各有千秋，通过学术研究、跨学科合作和公共服务相结合；这是一个跨国、跨机构的知识企业联盟，在全世界撬动知识生产和创新活动，为社会带来活力。

哥伦比亚大学前副校长乔纳森·科尔（Jonathan Cole）曾在书中写道："美国研究型大学不是没有缺陷，但即便如此，也绝对算是'迄今为止世界上最伟大的知识生产和高等教育系统'。"对此评价,我们完全赞同,但对与第四次浪潮相关大学的现有模式,在承认其优点的同时,也有必要考察一下其缺陷,尤其是那些设计上的缺陷还会限制其变革。比如,相关高校的组织架构存在局限性,无法协调招生规模和"知识基础设施"规模之间的矛盾,前者对社会福利至关重要,而后者对于一流知识的生产和创新是不可或缺的。这里的规模可以指院校的录取规模,也可以指院校作为研究型企业的产能,或者指其影响力范围,三者之间通常但并非一定相关。在知识生产方面,只有招生规模足够大,高校才能让受教育全体人员在人口统计学意义上最大限度地反映出美国经济和智力的多样性,并真正让他们学有所成,具备国际竞争力。所谓"世界一流的知识生产",是指在顶尖研究型大学和一流文理学院中蓬勃发展的探索、创造和创新活动。称这些大学为研究级别的高校,是因为它们的学术体系以探索发现和知识创造为支柱,但若将其知识密集型学术环境描述为"研究型教学",可能更能说明问题。我们要表达的最为关键的一点是,标准化教学若是脱离了探索发现和知识生产,它本身并不能带来影响社会的理想成果。

　　第四次浪潮是第五次浪潮的基础。第四次浪潮确立了学术规范,成为知识生产和创新的活力源泉,让数以百万计的人生活富足,让美国在知识经济中确立了领导地位。高校不论公立或私立,它们合作互补,发挥着重要的研究、发展和教育作用,不仅促进了教与学,也促进了科学发现。这种发现改变了我们对宇宙的理解,推动了技术创新,极大地改善了人类福祉,对经济增长做出了不可估量的贡献,更不用提它们对艺术、人文、社科以及专业领域的促进作用了。然而眼下,当代研究型大学仍面临一系列根深蒂固的机制局限。它们创建于19世纪后半叶,当初的规划设计一直沿用至今,成为美国研究型大学的固定模式。这种模式以前非常成功,现在却已经无法完全满足当代社会不断变化的需求了。

　　关于第五次浪潮的形成,我们的核心观点如下:国家发展很快,研究型大学的现有基础设施已经无法满足需求，我们需要推进辅助型高校的新模式，实现招生和创新两手抓。之前的高校模式存在着结构性和功能性的局限，高校规模和报考需求之间的不匹配就是体现之一。于是，高选拔性院校开始采用所谓的"精英培养策略"，即前工业时代特有的小规模工匠培养方式。规模和普及度绝非这些院校面临的全部挑战，也不是刚刚兴起的第五次浪潮的独有问题。但很多国家的社会发展目标既然基于求知途径，那么，高校模式改革要解决的核心问题就必须是扩大规模和录取范围。

组建第五次浪潮大学联盟的构想在很大程度上建立在新型美国大学模式上，而新型美国大学模式则是亚利桑那州立大学实践探索出来的。这种研究型大学的新模式代表着大学对自己的重新定位，即一个致力于探索、创造和创新的结构复杂且适应性强的综合知识型企业，从人口统计角度上能最广泛地代表美国经济和智力多样性的机构。大型公立研究型大学联盟的出现标志着美国高校第五次浪潮的到来。第五次浪潮中的大学与其他大学不同，它们能够将录取率与人口增长规模相结合，能够将报考需求与知识生产、创新的学术体系相结合，使知识生产和创新既符合公共利益，又有助于社会福祉。第五次浪潮坚持平等信念，致力于重振美国研究型大学的公共服务性，塑造出一个全新的美国大学形象。

本书的论点主要集中讨论第四次浪潮中的大学继续变革的可能和第五次浪潮中的大学成型的前景。第五次浪潮刚出现时，一群大型公立研究型大学组成了联盟，致力于扩大高校生源的多元性，同时推动探索和创新，扩大知识对公共利益的影响力。这些大学作为学术性企业，将前沿的技术创新与大学的学术公共价值取向相结合，确保公平、公正地共享社会成果，并打造一个校园体系，服务于有责任感的创新和可持续发展，承担起自身的使命。第五次浪潮中的大学立足于各类高校之前的成就，从目标和资源上助推艺术创造力、人文社会科学洞察力以及科学发现力和技术创新力。国际社会要战胜21世纪层出不穷的挑战，而美国这样一个国家正需要以上合"力"。当务之急要考虑的问题不是排名前5%或10%的中学毕业生受什么教育,而是如何使各年龄层前1/4~1/3的学生具备国际竞争力,以及如何确保普及教育为一半以上的美国国民提供终身学习的机会。

从历史的角度初步探讨第五次浪潮

既然我们认为第五次浪潮代表了美国高等教育发展的新阶段,那么,接下来的讨论必然需要对之前的高校类型进行历史概括和分类。但是,我们的评价标准与正统历史叙述有明显的区别,我们将重点放在每个时期的主流高校类型上,并尝试用全新视角看待其结构和功能的动态发展。因此,这种分析既有形态学意义,也有类型学价值。其中,形态学是指组织和机构的结构属性,而机构类型是指为推进特定的高等教育方法而采用的组织结构。尽管我们按五次浪潮来划分高校类型,罗杰·L. 盖格(Roger L. Geiger)却从不同角度进行了更为精细的区分。他把美国高等教育分为10代,"每一代都有独特之处,并且都持续30年左右"。[一]断代划分并非想为美国高等教育史的研究文献添砖加瓦,分析一种新兴的高校类型,自然要更明确地聚焦于大学的机制规划。之前的四种模式出现在不同的历史背景下,它们都不断演化,至今仍保持着勃勃生机。我们将它们与新的高校类型做了对比,因而得以构建出德国社会学家马克斯·韦伯(Max Weber)所谓的理想类别——高度抽象,能帮助人们从现实经验中确认各种类型。在前四次浪潮中,每一次都出现了一类理想的、特征鲜明的高校,因此,我们尝试将新的理想类型定为第五次浪潮。

[一] Roger L. Geiger, "The Ten Generations of American Higher Education," in *American Higher Education in the Twenty-First Century: Social, Political, and Economic Challenges*, 4th ed., ed. Michael N. Bastedo, Philip G. Altbach, and Patricia J. Gumport (Baltimore: Johns Hopkins University Press, 2016), 3.

第 1 章　美国高等教育第五次浪潮的兴起

从 17 世纪开始，美国高等教育为了应对重大的社会、政治、经济和文化挑战，催生出日益复杂和不断发展的高校模式。每一次浪潮都与相继出现的历史时期有关，从第一次浪潮开始就是这样。比如，第一次浪潮始于 1636 年哈佛学院的成立。前四次浪潮可以粗略地划分为：①殖民地时期的大学；②美国早期的州立特许学院和大学；③因美国内战期间颁布的《莫里尔法案》（*Morrill Act*）而建立的赠地学院和大学；④19 世纪最后几十年出现的一系列重要的研究型大学。除少数罕见特例外，重要的研究型大学——不论公立或私立——均由前几次浪潮中的大学演变而来。今天，所有这些高校类型都保持着活力，它们将并肩发展，在各自的机制框架下继续变革。知识型企业需要不断适应新的挑战，在未来的几个世纪里，高校改革无疑将一直延续下去。

若我们对前四次浪潮做一个极简概括，你将会看到类似下面这样的描述：美国高等教育的"第一次浪潮"，最初包含少数几个附属于教会的院校，它们均在美国成立之前就获得了办校特许权。这 9 所殖民时期的院校包括哈佛学院（Harvard，1636 年）、威廉玛丽学院（William and Mary，1693 年）、耶鲁学院（Yale，1701 年），以及那些提供经典课程给准备成为教士或进入专业领域的有产家庭的年轻绅士们的学校，这些学校日后成为我们熟悉的普林斯顿大学（Princeton，1746 年）、哥伦比亚大学（Columbia，1754 年）、宾夕法尼亚大学（Penn，1755 年）、布朗大学（Brown，1764 年）、罗格斯大学（Rutgers，1766 年）和达特茅斯学院（Dartmouth，1769 年）。殖民地学院及随后在建国初期成立的那批学院，如威廉姆斯学院（Williams，1791 年），鲍登学院（Bowdoin，1794 年）和米德尔伯里学院（Middlebury，1800 年），均建立了高选拔性的住宿制文理学院，这些学院迄今仍保留着 18 世纪时期相对较小的招生规模和社会参与度。到了 20 世纪，美国又出现了一些新的第一次浪潮院校，包括里德学院（Reed，1908 年）、本宁顿学院（Bennington，1932 年）、哈维·穆德学院（Harvey Mudd，1955 年）和大西洋学院（College of the Atlantic，1969 年），这说明这类院校模式具有意义。

第五次浪潮
迎接教育的变革

到 19 世纪末，一些第一次浪潮院校（其中包括哈佛学院、普林斯顿大学和哥伦比亚大学）发展成为主要的研究型大学，直接——按照本书的提法——从第一次浪潮院校华丽转身为第四次浪潮院校，尽管它们在扩大规模的同时保留了住宿制和本科文理学院两个部分。许多第二次浪潮和第三次浪潮中的一流院校情况与之类似，也演变成为重要的研究型大学，因此也转变为第四次浪潮院校。九所殖民地学院中的七所，与康奈尔大学（Cornell, 1865 年）一起组成了常春藤联盟（Ivy League），于 1954 年作为运动联盟正式成立。威廉玛丽学院和罗格斯大学分别于 1906 年和 1945 年转为公立大学。为了避免各位误将五次浪潮分类法与历史分期混为一谈，我们必须区分这些高校的历史状况和当代模样。举个例子，17 世纪时的哈佛学院跟发展到第四次浪潮时的哈佛大学完全不是一回事。

第一次浪潮院校发展到第四次浪潮院校得益于创新和改革，院校机制从相对简单变得日益复杂。但从某种意义上说，这些学校与约翰斯·霍普金斯大学的创建模式高度相似。约翰斯·霍普金斯大学成立于 1876 年，是美国研究型大学的样板，在它之前并无此类大学的先例。随后，斯坦福大学于 1885 年成立，芝加哥大学于 1892 年建立，它们都是无先例可循的研究型大学，代表着对普遍发展路径的非凡突破。创新和改革推动了高校从一次浪潮进入另一次浪潮，院校机制从相对简单变得日益复杂，比如哈佛大学从第一次浪潮进入第四次浪潮，又如康奈尔大学和加利福尼亚大学各分校从第三次浪潮进入第四次浪潮。尽管如此，其实创新和改革一直存在于每一次浪潮之中，而且并非所有的创新和改革一定会让院校升级到下一次浪潮中。

19 世纪末、20 世纪初，各种大学纷纷成立，有非宗派的公立大学，也有属于不同教会的私立大学，还有州立特许大学，差别极大，但它们共同构成了第二次浪潮的主体，其中著名的院校后来发展成为各自所属州的王牌公立大学。例如，分别于 1785 年和 1789 年获准成立的佐治亚大学和北卡罗来纳大学，以及托马斯·杰斐逊（Thomas Jefferson）于 1819 年创建的弗吉尼亚大学，代表了第二次浪潮院校，而且也都发展成为第四次浪潮中的主要研究型大学，就像第一次浪潮院校一样。密歇根大学成立于1817年，其2017财年的研究经费支出接近15亿美元，是从第二次浪潮过渡到第四次浪潮的典型。19世纪初期，美国不仅新建了一些公立的非宗派学院，还新建了许多私立宗教学校。但大多数地区性学院和一些州立大学仍然以教学为要务，并继续按第二次浪潮的模式运行。在我们的高校类型划分中，社区大学是第二次浪潮地区性公立大学的更新版，其开设的课程数量有限。

第三次浪潮让我们首次看到学术环境里的应用研究，尽管当时还只牢牢局限于农业和当地工业的需求，并且大部分仅止于所谓的"可以动手解决的问题"。依据1862年《莫里尔法案》而建的赠地大学扩大了第三次浪潮的范围和规模。罗杰·L.盖格划定15所高校作为美国研究型大学的基础，其中6所高校就是公立或私立的赠地院校：加利福尼亚大学、康奈尔大学、伊利诺伊州立大学、明尼苏达州立大学、麻省理工学院和威斯康星州立大学。事实证明，第三次浪潮对第四次浪潮的兴起至关重要，而后者在1876年至1915年之间明确勾勒出美国研究型大学的运作模式。前面提到第一次浪潮时，我们就提醒过诸位不要将大学类型和历史阶段混为一谈，此处要再次提醒大家注意，康奈尔大学在其最初的几十年里可被视为第三次浪潮赠地院校的代表，也可被看作是19世纪末出现的第四次浪潮的一员。

约翰斯·霍普金斯大学是公认的美国研究型大学的原型，是英国和德国学术模式的结合体，它整合了本科教育、研究生教育和先进的科学研究，该模式为第四次浪潮的形成奠定了方向。最终，约100所广泛研究型院校（research-extensive institutions）和另外约100所深度研究型院校（research-intensive institutions）汇入滚滚潮流，成为第四次浪潮的主力，同时也在20世纪的生产和创新上领跑全球。毫不夸张地说，它们就是文明史上复杂程度和异质化程度极高的知识型企业。社会发展越来越依赖受过教育的公民，也越来越依赖源自高校的好创意、好产品和好流程。作为教学研究一体化平台，知识型企业推动了人们的发现力、创造力和创新力，在提高我们的生活水平和生活品质的同时，也推动了经济的发展和全球竞争力的提升。然而，正如我们在全书各章节中所说的那样，美国研究型大学的模式在机制设计上有局限性，因而迫切需要一批公立研究型大学，致力于推动高等教育扩招，以便生产世界领先的知识。

按照罗杰·L.盖格的说法，1875—1910年，总共有15所美国高校最终确立了研究型大学的模式：美国革命前获准成立的5所殖民地时期的大学（哈佛大学、耶鲁大学、宾夕法尼亚大学、普林斯顿大学和哥伦比亚大学）；5所州立大学（密歇根州立大学、威斯康星州立大学、明尼苏达州立大学、伊利诺伊州立大学和加利福尼亚州立大学）；从成立之初就以研究型大学来规划的5所私立院校（麻省理工学院、康奈尔大学、约翰斯·霍普金斯大学、斯坦福大学和芝加哥大学）。罗杰·L.盖格指出，这些院校具有如下特色：各院校之间既竞争又合作；有能力将专业知识常规化并整合到学术学科中；善于利用改革过程中迅速增长的金融资源和学术基础设施；致力于研究，并且将其视为传统教学功能的补充。这15所大学共同奠定了美国研究型大学的模式，对于其发展前景和局限，我们将通过第五次浪潮的未来发展的思路来进行评估。

第四次浪潮的模式一旦固化下来，对它的改革就变得越来越难。历史学家劳伦斯·维奇（Laurance Veysey）传神地描述了这一模式在确立早期（始于模式固化后的最初25年）的情形，但他没能借助任何清晰的理论来理解同构现象。同构现象是一种矛盾的发展趋势，指特定部门中的组织和机构相互模仿，变得越来越相似，但未必越来越有效率。维奇发现："1890年之前，大学尚能选择自己的办学模式。""哈佛大学、约翰斯·霍普金斯大学、康奈尔大学，以及耶鲁大学和普林斯顿大学都以自己的方式坚持不同的教育方式。"然而，从19世纪最后10年开始，对于一流研究型大学来说，成功意味着"所有根本问题都要遵循标准结构模式，无论人们如何赞美个别独特的模式……此后，任何新方案都必须在既定体系规定的范围之内。"㊀

㊀ Laurence R. Veysey, *The Emergence of the American University* (Chicago: University of Chicago Press, 1965), 339–340.

严格来讲，美国研究型大学并没有任何成文的统一模式，院校之间在理念和规模上都有相当大的差异，有像加利福尼亚理工学院和麻省理工学院（MIT）这样的小型私立院校，专攻科学技术，也有像俄亥俄州立大学和密歇根大学安娜堡分校（Ann Arbor）这样的综合性公立大学。但从组织分类的角度来看，这些院校惊人地相似，像院校大家族似的。正因为高度相似，它们才被选作这类院校的代表，关于这一点，我们后面会解释。20世纪，录取方式和人口结构方面发生了变化，同时知识经济出现，高校里因此开始出现机制上的转变，但即便这样，改革从某种意义上来说却一直不温不火。美国研究型大学的运作模式不再适应不断变化的社会需求，它们受机制束缚之深，值得我们警惕。高校改革缺乏区分度和多元化，它们虽然为探索和创新付出了巨大努力，但在很大程度上却脱离了大多数美国人要面对的社会经济挑战，这可能会妨碍它们始终如一地为集体利益做出重大贡献。

院校联盟出现了，其中的院校为了公共利益携手合作，这不禁让人联想到多位开国元勋提议设立美国国立大学的目的所在。我们在以前的著作中曾提出一个说法，即美国的一流公共研究型大学实际上共同构成了一所国立大学，詹姆斯·麦迪逊（James Madison）在1787年制宪会议上力主建立这样一个科学研究和学术研究的中心，从国家利益出来进行规划，由联邦政府授权成立。用一所国立大学的愿景，借助言辞的力量唤起公众为国家利益进行探索创新的决心，这在当时的情况下完全有可能实现。然而，我们想强调的是，当年麦迪逊的呼吁并没带来成功立法，也许正是这个原因，后来才组建了一个联邦高等教育部，现在回想起来，这一偶然事件竟带来了不同寻常的结果：它为美国高等教育的去中心化和高竞争性格局奠定了基础。"美国大学与欧洲大陆的大学相比，有一个明显的特征：美国大学各自为政，高度自治。"经济学家内森·罗森伯格（Nathan Rosenberg）解释说，"美国从来不存在手握决定权的联邦高等教育部，它从来无权决定大学的预算规模、预算分配方式或优先分配原则。"此外，大卫·拉巴里（David Labaree）指出：美国的高等教

第五次浪潮
迎接教育的变革

育兴起于"市场强劲、国家疲软、教会分裂"的大背景下,"在这种情况下,教会和国家都无法支配这些新兴机构,市场给了它们自行运作的机会。"高等院校的发展是一个逐步且分散的过程,不是中央计划或刻意协调的结果。尽管竞争一直是刺激美国研究型大学的主要研发驱动力,但在 21 世纪,如果探索、创造和创新要达到满足国家需求的程度,高校之间必须既合作又竞争。联盟意味着竞争(比如人们会想到的汉萨同盟或美国联盟),但致力于国家利益和公共利益的学术联盟却有可能借助教学和研究,尽量扩大其影响力,将公众受益的范围最大化。

因此,第五次浪潮中的大学也可以叫作国民服务型大学(national service universities)。米切尔·史蒂文斯(Mitchell Stevens)和本杰明·格布雷-梅欣(Benjamin Gebre-Medhin)认为这是"辛苦建设国家"的意思,包括"打赢战争、服兵役、捍卫国家劳动力市场,并为实现美国在国际事务中的利益提供技术和社会情报",但我们的命名方式并非要将"国家服务"狭隘化。正如社会学文献所评述的那样,高等教育作为"国家服务载体"这层含义集中体现在第二次世界大战后的几十年里,美国高校在很大程度上获得大量政府科研经费,譬如 1944 年《退伍军人权利法案》(*Servicemen's Readjustment Act*,通常被称为 GI 法案),以及当时两个最重要的冷战计划,即 1958 年的《国防教育法》(*National Defense Education Act*,NDEA)和 1965 年的《高等教育法》(*Higher Education Act*)。我们这么命名并不是要与国家服务学院进行比较,如位于纽约州西点的美国军事学院(United States Military Academy)或位于马里兰州安纳波利斯的美国海军学院(United States Naval Academy)。我们也无意将第五次浪潮中的院校与第三次浪潮中的赠地院校对等起来,尽管后者发挥了重要的服务作用。大多数重要研究型大学——无论公立还是私立——都以其教学、科研和公共服务三位一体的使命为特征。但我们提出国民服务型大学这一概念,意在将第三次浪潮的服务成分和第四次浪潮的研究职能糅合到一起,并发扬光大。这些国民服务型大学的机制可以说各不相同,但它们在扩招能力、社会与技术的结合以及社会影响力方面又有共性。国民服务型大学将尽力扩大公共利益的受益范围，将技术融合到运作要素中，推进教学和研究，使之产生最大的社会影响，并专注于生产有用的知识。国民服务型大学联盟由不同高校组成，21世纪机会均等的愿景为其赋能，它们与其他院校、工商业、政府机构和实验室以及民间组织合作，因此构成了美国高等教育中新兴的第五次浪潮。

美国高等教育的每一次浪潮都由一个或多个高校发起，比如哈佛大学首先发起了第一次浪潮。佐治亚大学和北卡罗来纳大学竞相声称是第一所州立特许大学，而弗吉尼亚大学公开拥护启蒙运动中的世俗主义，并率先对课程大纲进行富有创意的改革，为美国高等教育引入了选修制，无疑算得上第二次浪潮的先驱。《莫里尔法案》促成了70余所大学和学院的成立，其中数十所因该法案而获得土地赠与权，属于第二次浪潮的一部分。然而我们认为，唯有康奈尔大学主动且明确地接受了该法案，它才理应是第三浪潮的创始院校。约翰斯·霍普金斯大学作为美国研究型大学的原型，勾勒出第四次浪潮的轮廓。我们名单里的四所先驱院校，正好对应康奈尔大学名誉校长弗兰克·罗兹（Frank Rhodes）所认定的"标志着美国现代化大学诞生之路的大学：……哈佛大学、弗吉尼亚大学、康奈尔大学和约翰斯·霍普金斯大学"。

第五次浪潮刚刚才开始，主要研究型大学在这个过程中得到了发展和完善，所以，我们可以认为很多第四次浪潮中的院校正在向第五次浪潮过渡。它们有潜力成为同类高校的先行者，它们的目标就是将多元扩招和卓越科研相结合。因此我们认为，亚利桑那州立大学是第五次浪潮的先驱。第五次浪潮的特征包括：愿意在线上和线下扩大招生规模，不随意提高录取标准，力争保持或促进自己全球领先的研究地位。因此，有可能发展为第五次浪潮的院校包括普渡大学、宾夕法尼亚州立大学和马里兰大学系统（University System of Maryland）各分校（见图1-1）。

第五次浪潮
迎接教育的变革

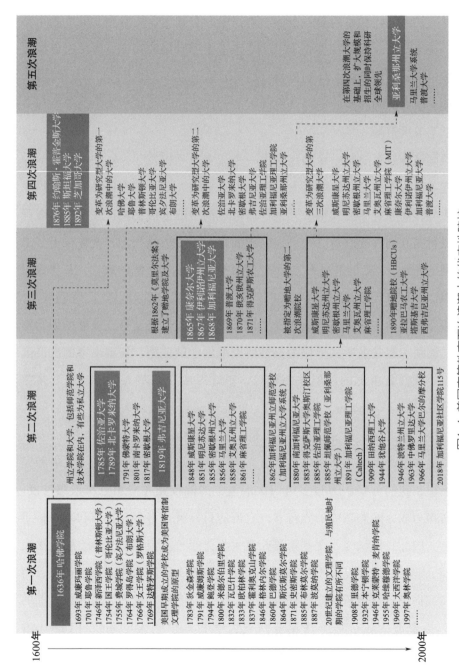

图1-1 美国高等教育五次浪潮中的代表性院校

注：各次浪潮的先驱均加深底标出，不同高校类型之间的转变用箭头表示。

第五次浪潮：国民服务型院校联盟

以教育推动社会进步是美国的传统，一些大型公立研究型大学既拥有丰富的经验，又有新兴技术赋能，再加上它们本身也有心要坚持创新，因此备受鼓舞并逐渐结盟，实际上相当于一所下设各个分校的综合性国立大学，这样一来，当年美国开国元勋们的愿景就有可能实现。这些第五次浪潮院校构成了国民服务型大学的网络体系，它们为每位符合学业资格要求的美国学生提供便捷的入学机会，推动研究和人力资源的发展，从而促进创新，提高全球竞争力，为美国的国家利益服务。美国可以依靠这些有远见的创新型院校的现有能力搭建一个覆盖各校园的真实网络，利用它们在浸润式线下教学和网络教学两方面的宝贵经验，使其影响力触及美国的角角落落。组成这个网络的将是那些正推动美国高等教育转型的院校。它们提供大量受教育的机会，尤其针对教育资源有限的学生。这些院校的能力汇聚起来，可以为各种经济条件的美国人提供进一步受教育的途径；它们能研究并开设面向未来且不断发展的与美国竞争力和安全相关的课程；它们能通过培养大量高技能的毕业生来支持工业发展和经济繁荣。

我们都知道大学在过去几个世纪里是如何推动社会技术进步的，它们愿意尽力处理高等教育里尚未解决的不平等现象，因此美国有可能会迎来一个既追求知识又渴望社会进步的新时代。第五次浪潮院校作为一种全新的高校类型，可以应对美国高等教育在 21 世纪面临的许多关键挑战。它们会让每名学生成功，并通过大幅度调整授课内容，使学生规模扩大到目前录取人数的 2 倍，多培养出 3~5 倍的毕业生，并且为 10 倍于当前数量的学习者提供服务。要实现这样的目标，各高校需要利用大型在线学习和其他技术支持，使用个性化的自适应混合手段，从而扩大校园全浸润式、研究型教学法的传统方式。这项工作将实现联邦政府和许多州政府已经做出的承诺，即为处于不良环境的人群增加更多的受教育机会，并改善弱势学生群体的学习成效。一流研究型大学构成的第五次浪潮院校网络将同时进行研究和开发，以推动经济增长，促进国民繁荣、社会转型，增强国家在全球的竞争力。

第五次浪潮院校将设计新的高校机制（机制创新），支持新颖的探索和知识生产方式（认知创新），用新手段教学和学习（教学创新），以期在促进知识发展的同时，也推动社会进步。第五次浪潮院校代表了高等教育的创新设计，它们胸怀壮志，给自己立了4个军令状：①以学生为中心；②以解决问题为目的；③与市场需求相关联；④将公众价值最大化。这种思路与新美国基金会（New America Foundation）一份报告中的建议完全吻合，该报告试图勾勒出"新生代大学"（The Next Generation University）的模样。该报告的作者得出了4个关键性结论："主动以学生为中心很重要；越大越好；大量录取水平参差不齐的学生的同时，也能完成教学任务且不降低教学质量；高等教育机构能快速且大规模地进行创新。"

这是人类的一项全新事业。与其他快速的社会变革期一样，我们要重新思考社会的价值取向和抱负，不然我们无从决定如何设计、管理和评估各组织和机构。鉴于此，我们认为普及性教育应作为第五次浪潮的目标。第五次浪潮院校力求建立一种高校机制，不仅保持卓越的学术水平，也扩大招生，实现录取的多元性。在这几章中，我们将这种机制比作加利福尼亚大学系统和加利福尼亚州立大学系统的结合体，前者的各个分校保持着全球一流的研究能力，后者则在录取招生的广泛性方面做得非常不错。普及教育的目标现已提出，这些院校的社会参与度和融合度就会得到加强。这样一来，完全采用新模式的高校（以及包含多个分校的高校体系）或高校中的特定部门才会进入普及性教育体系，谨慎地整合各种新兴手段来进行探索、生产知识并学习。某些读者可能会因此联想到英国的开放大学，或者众多由美国大学提供的继续教育项目。但我们应该从知识、教学和项目的角度来探讨这一概念。它不仅涉及理论学习，更关系到学习方案的设计。之所以这么说，是因为第五次浪潮将会实现普及性教育，主要研究型大学的研究教学资源将用于社区学院和技术学校的相关课程中，从而增加这些课程的含金量，使其既有学术严谨性，又与就业关联。无论学生的经济条件或生活状况如何，这种普及性的学习机制都将赋予他们成功的必备知识和技能，让他们可以自由地发挥才智，尽可能地去追求自己的创意想法和专业理想。第五次浪潮院校构建的普及性学习体系将为每位学生服务，无论他们的社会经济背景如何，无论他们处于工作或学习的哪个阶段，都让他们有机会被录取，有机会接触到世界一流的知识生产过程。

当代几乎所有高校都声称自己以学生为中心，公立、私立、营利性机构，无不如此。若果真如此，我们就无须再三斟酌大学的准入门槛、学费高低或毕业率了，我们也就可以理所当然地说"高等教育系统满足了各种社会经济状况的求学者的需求"。尽管有些公立大学已经大大增加了学生受教育的机会，但大多数院校的学费仍不足以使所有人都能负担得起，尤其无法确保学生能坚持到拿学位证。第五次浪潮院校要以学生为中心，首先要做的就是大幅度改善招生情况，换句话说，就是要保证每一位有学习能力的求学者都能考上大学，不论它们的社会经济条件或生活状况如何。实际上，这可能意味着要承诺接纳所有被认定为符合学业资格要求的学生；这也意味着，绝不能要求学生支付超出其承受能力的费用，也就是学生们不必背负毕业后无法偿还的债务；最重要的是，这意味着寄养家庭的孩子、家中第一代大学生、缺乏经济条件或有学习障碍的人，他们在完成中学学业后都不会在继续求学时碰到障碍。其次，第五次浪潮院校的各方面制度都要灵活有弹性，能满足个别学生人生紧要时期的需求，让他们有机会根据具体情况选择开始、暂停或继续学业。家人生病、经济不稳定、孩子出生或全职工作都不应当让学生失去读完大学并获得学位的资格。最后，普及性学习是全面参与当代知识型经济的必要条件，而与其目标一致的是第五次浪潮院校将作为一种永久性资源，无论求学者处于何种职业和人生阶段，都能为他们提供继续教育、再培训和技能提升的机会。

此外，第五次浪潮院校将有可能在基础研究、应用研究甚至跨学科和综合性研究方面取得重大发现，其独特之处在于寻找解决方案，应对当今时代在社会、经济、环境和发展方面提出的巨大挑战。以寻找解决方案为目的，就意味着不仅要有效地响应联邦、行业和慈善资助者的研究和计划（需求拉动），最终也将根据新兴研究和领先领域（供应驱动）制定和确定筹资议程。传统的研究型大学提供的学位课程和研究项目都围绕着当下重要的研究与开发领域展开，而第五次浪潮院校则积极预测未来在创新和市场方面的发展趋势。它们与行业和政府合作，并成为公私部门间互动的纽带；它们会不断调整自身能力，促进行业创新；它们会不断优化课程设置，培养学生重要的基本技能，而这些技能绝不仅仅是从大学毕业所必需的，有了这些技能，毕业生才能在奔腾不息的经济发展中大展宏图。

此外，第五次浪潮院校还会尽最大可能体现其公共服务的价值。虽然公立研究型大学都依靠公共资金，但他们并非都以服务公众为使命。第五次浪潮院校则以公共价值最大化为准则，为学术界重新树立服务公众的榜样。它们为了实现这一使命，专门规划了一套机制。惯性思维常常阻碍当代大学的运作，不仅不利于它们完成使命，还增加了所有参与者的成本，比如学生、为研究经费和学生津贴买单的纳税人。第五次浪潮院校是全新的组织，好似一张白纸，它们可以免受根深蒂固的学术官僚体制的束缚，发挥优势。其体制规划包括5项新措施来保证成功：①规模经济；②精益运营；③以金融手段扩大录取范围；④网络化运营；⑤技术密集型运营。

在线教育的创新使各院校能够以较低成本接触到大量受众，但很少有大学有志于实现真正的规模经济所需的大规模运营。随着其服务人数的增加，第五次浪潮院校将利用技术和机制降低服务成本，同时降低科研成本，提高科研投资的回报率。由于它们鲜有历史遗留问题，速度和效率不会受到干扰，运作起来将会高效而精准。它们可以集中共享重要的行政职能，分散其他职能，从而发挥一切使用价值，将浪费降到最低；它们可以避开传统大学通常会遇到的成本螺旋式增长和行政结构臃肿问题。具有前瞻性的公立大学——例如第2章中会谈及的大学创新联盟的成员——已经向我们展示了一点：提高教学质量并不需要以缩减招生名额为代价，它们反而更有能力为弱势学生提供负担得起的教育。这些院校已经证明，提高学生入学机会的关键在于学校的意愿和业务能力，而非财务上的可行性。第五次浪潮院校将借鉴这些成功经验，确立一种新财务模式，保证每个合格的考生都能接受高等教育，无论其经济条件如何。

长期以来，美国高等教育院校一直深受同质化困扰，即院校间存在相互模仿的总体趋势。这些院校既不追求新目标，也没有新使命，彼此竞争而不是相互合作，在毫无优势的领域里草率拼杀，结果白白浪费了数百万美元的经费。相比之下，第五次浪潮院校与合作院校共享技术、行政和基础设施资源，提高了效率，扩大了影响。它们借助一流公立研究型大学的力量来建设自己，因此能够充分利用并调动各方面资源，实现优势互补和协同增效，从而降低授课、学习和研究的成本，并增加这些活动的有效性。第五次浪潮院校将集合现有的技术，推动合作研究，同时为数十万名求学者提供大规模教育服务。把第五次浪潮的愿景变为现实，并不需要添加任何新东西。管理学生和教职员、跟进科研产能、管理设施和财务、实施大规模在线教学……实现这一切，现有的软件和系统足够了。我们只需要对这些资源进行网络整合，就可以支持第五次浪潮院校独立运作或协同运作。

大学的核心功能之一是生产知识，所以高校的基本任务就是探索、创造和创新。对于一个学术单位而言，这个功能优于其他功能，并且支持其他功能。优质的高等院校善于支持研究工作，善于支持研究人员在各自的领域进行重要探索，善于支持他们想办法将知识和创新广泛传播到社会和经济中去。第五次浪潮不光着眼于提高研究能力，它还通过三种重大且相互影响的方式重新定义了知识生产，打造出知识创新的新范式。

第一，第五次浪潮院校将利用独有或共享的知识资本来寻求知识型解决方案，应对全人类面临的挑战。全球化日益加剧，世界越来越小，我们面对的挑战已经不再局限于国界之内，目标明确的探索必须优先于纯粹的为探索而探索。认清这一现实后，各联邦资助机构，比如美国国家卫生研究院逐渐把关注重点放在有实际影响力的研究上。第五次浪潮院校将推动基础研究和应用研究以应对全球性的巨大挑战，并负责处理诸如贫困、气候变化、可持续经济增长、性别平等、公民安全和受教育机会等问题。

第二，第五次浪潮院校将通过跨学科研究来实现知识创新，因为当代面临的问题已超越了传统知识领域的界限。为了应对重大挑战，它们将鼓励教师们跨越学科领域，进行产生深远影响力的研究，探索新兴的学科和工具。例如，人工智能、机器学习和量子计算的最新发展提供了新的研究方法，可用于处理跨学科和多领域的复杂问题及恶性问题。

第三，第五次浪潮院校已经认识到，知识生产本身并不一定能带来问题的解决方案，也不一定能让公众受益，但它们作为知识创新者，可以想办法使研究的影响力最大化。这需要让新的利益相关者（例如，非专业研究人员、公民和大学生）参与探索活动，并建立有效的机制广泛传播研究成果。知识创新还需要大学与政府、私营部门、资助机构及社区建立起合作伙伴关系，将研究后的干预措施在社区中测试和推广。第五次浪潮院校可以作为先锋队，推动以影响力为导向的研究，同时，在传统大学的历史遗产的基础上，将社会进步、经济增长和人类繁荣视为探索和知识生产的首要目标。

制度创新使大规模学习成为可能，也让研究更具包容性。之前一直被排除在研究领域之外的力量开始得到重视，其中包括大学生、少数族裔、女性，还有一些从业者过去没有机会参与研究，因为学术工作都由教职员主导，现在，他们也成为研究力量的一部分。以亚利桑那州立大学为例，经过重新规划，其可以进行实用性研究，其研究成果转化为对社会、经济和环境的有益影响，其学术部门也不再按传统学科划分，而是根据全球化新挑战进行了重组。

有些本科生、非传统学生、专家及从业人员有技术、有想法，但无法进入传统的"从研究生到博士后研究人员再到终身制教授"的发展轨道。现在，科研单位开辟了供他们参与科研的专门通道。认知创新还为创造开辟了新渠道，使研究成果具有社会影响力。因此，亚利桑那州立大学开发了一系列机制，确保科研通过商业化、公营/私营领域及社区和发展中国家的直接应用而产生真实的影响力。

第五次浪潮院校还可以成为教学创新者，他们可以重新设计教学，通过基于技术的大规模教学，满足当代社会对高质量教育的需求。从历史角度看，小型文理学院模式与第一次浪潮紧密联系在一起，最能代表大学在传播知识方面的作用。始于第二次浪潮的大型公立大学以扩大受教育机会为使命，对第一次浪潮的模式进行了改革，但即便如此，该教学方式也已经达到极限。在未来的几年中，教学法的创新将需要满足日益增长的教育需求的大规模教学。第五次浪潮院校凭借在线教学的新功能，将检验、完善和部署新的教育平台，在不增加成本的情况下覆盖更多受教育的人。

高等院校为了大规模开放在线课程（MOOCs）等平台，研发并验证使用方法，同时提供具体的教学内容，促进了这些替代教学平台的诞生。如果在线平台还有学位授予权的话，实际上就进一步推进了教育大众化，因为它们推进了数字化教育的规划和大规模实施，使灵活的教学方式成为在线教育的一部分，可以为大量的潜在学生提供个性化的在线体验。灵活教学和人工智能技术已经将在线学习变成了一种完全个性化的体验，使跟踪每名学生的学习进度成为可能。这些技术手段可以覆盖整个国家服务型大学网络。创新院校在教学理论和实践方面都取得了进展，从而证明了各种新兴的在线教学法。这些院校将把自己的发现整合到了新技术、新方法中，通过与其他院校的合作来进行验证。作为教学创新者，第五次浪潮院校将以低廉或免费的方式，使更多受众获得服务；而且因为它们有机会接触到远程学习者，所以可以使这样的教学传播到社会的每个角落。第五次浪潮高等教育改革通过大规模部署新技术，可以服务全美国学生，这样的话，国民服务型院校就可以改变教学实践，从根本上改变学生在大学里的学习方式。

第五次浪潮与新型美国大学

第五次浪潮涉及多种性质相异的机构，跨越学术界、工商业、政府机构、实验室和国内外民间社会组织，因而涵盖了多种机构模式。但公立研究型大学因其在知识生产和传播中的带头作用，不可避免地成为本次浪潮的关键。相比第四次浪潮，不论是机构模式，还是办学范围和规模，第五次浪潮都更趋多样化，因此避开了各机构通常遭遇的同质化压力。新型美国大学就是这一浪潮中涌现的一种新模式。其实，"新型美国大学"一词可用来统指第五次浪潮中的所有研究型大学。因此，我们也可以把第五次浪潮看作是新型美国大学联盟。正如我们在本章开头说的那样，第五次浪潮完全就是新型美国大学的生动写照，而第五次浪潮也好，新型美国大学也好，其原型都是亚利桑那州立大学。

新型美国大学模式是对美国研究型大学的重新定位。该类大学应当致力于发现、创造和创新，是复杂的适应性知识企业，尽可能服务于最广泛的来自不同经济和学业背景的学生群体，并对国家和社会的广泛需求予以回应。该模式结合了三元素：第一，以知识生产为教学基础的学术平台的普及性；第二，对各地区乃至全美国的不同社会经济条件的人口群体的包容度；第三，尽量提高社会影响力，使之与报考规模和国家需求相匹配。新型美国大学的目标不仅包括知识生产和创新，还包括培养出色的适应性学习者。源源不断的创新推动着知识经济的发展，职场要求时时变化，这些学习者能够整合相关学科，终生保持与时俱进的姿态。

亚利桑那州立大学的全面改革塑造了新型美国大学的原型。因为人们广泛关注一流学术平台的普及性，所以才出现了这样的改革。我们在第 2 章中也将提到，这是为了应对人口结构的变化。亚利桑那州立大学为了履行美国公立高等教育隐含的社会契约，重新强调了公立研究型大学曾经确立的目标和抱负。当初，在《莫里尔法案》的号召下，美国公立大学力求为多元化的群体提供接受高等教育的机会，力求保持自己与社会的联结。据估计，美国公立研究型大学培养的学士数量将占美国高校培养总量的70%，完成的资助研究占美国资助研究总量的三分之二。新型美国大学以此为基础，扩大了招生数量，促进了录取多样性，使考进一流学府的学生背景多元化、个体差异明显。未来，该类大学的学生多数来自贫困人群和少数族裔，还有很多是家里第一代大学生。

亚利桑那州立大学的态度与第五波浪潮的宗旨一致，它决心以研究带动各方面的创新，以便实现全社会的广泛平等，从而通过科研为国家和世界做出更大的贡献。它最突出的科研项目跟美国在战略领域的关键目标一致，诸如地球和太空探索、可持续发展和可再生能源、高科技材料、柔性电子、医疗保健、国家安全、城市系统设计以及STEM（科学、技术、工程和数学）教育等。学习以研究为基础，教学尝试新方式，学生活学活用，有能力适应不同的领域，针对不断变化的职场要求做足了准备。此外，亚利桑那州立大学还完成了战略性体制精简，在降低办学成本的同时，保持了学术的核心竞争力。无论是在毕业生数量上，还是在具有社会意义的高影响力研究上，它的生产效率都位居美国大学之首。

亚利桑那州立大学的重新定位及其效果都说明，高校扩招和保持科研卓越并非只能二选一，实际上，二者相互促进，共同发展。新模式带来入学人数的飞速增长，同时也在新生人数、毕业人数、少数族裔入学人数和学业成就方面带来了前所未有的增长。这样的发展又必然带来科研基础设施和赞助资金的增加。自2004年以来，亚利桑那州立大学已成为美国发展最快的科研单位；它的学者和学生做出了无与伦比的学术成就；学校根据来自社会各方面的挑战重组各学科，不再局限于传统的学科界限。

新型美国大学模式旨在为主要研究型大学提供取代传统方案的替代方案，但新型模式不过只是众多可能性之一。因此，我们有时会使用"学术平台"这个术语，虽然不太贴切，却表达出尚有很多高校模式还未经过摸索，尤其有一些模式既可以提供优质教育，又可以根据社会发展的规模和节奏来生产知识和进行创新，取得理想的社会、环境和经济成果，这些模式也是全新的尝试。大学若能对自己重新定位，就可成为从第四次浪潮晚期向第五次浪潮早期过渡的原型。因此，对新型美国大学模式的看法及在第 2 章中介绍的亚利桑那州立大学案例都与之相关。我们可以从中概括出一些原则性经验供其他高校借鉴，无论它们是公立的还是私立的。某个具体院校重新定位的过程代表着它正往某个方向努力，机构间完全可以通力合作。然而，我们预测新模式的发展前景时也要附上告诫：高校在迎接新型模式时，千万不要被新模式同化了。换句话说，尽管我们意在描述一种全球通用的大型公立院校的运作机制，但具体做法必须视具体情况而定。

从理论角度对第五次浪潮进行初步探讨

本书提出的论点其实可以视为一个宣言，同时，我们推崇的新型美国大学模式可以视作是"启发式的"（heuristic）。《牛津英语词典》对这个单词的定义是"用于解决问题、决策或发现的过程或方法；在此过程中使用的规则或信息"，作形容词使用时表示"发现或解决问题的，或者使发现或解决问题成为可能的，尤其指通过相对不那么系统的实验、评估、试错等方法来发现或解决问题的。"这个词在词源上与"尤里卡"有关。我们从一开始就采用了描述性、解释性和规范性的方法。并且，第五次浪潮的发展规模要按社会需求这种说法还只是我们的推测和假想。因此，我们对第五次浪潮的状态的看法存在概念和时间上的变化。从概念上来说，我们会在其萌芽、产生和发展之间来回切换；从时间上来说也是，有时我们讨论它的过去，有时讨论它的现在，有时讨论它的未来。

由于第五次浪潮是第四次浪潮的衍生和补充，所以，对第四次浪潮的分析和评论将在各章节中占据重要地位。此处重申一遍，我们讨论的重点是主要的高校模式，与常规的历史研究不一样，我们希望能对其结构和功能形成一些新的见解。本书从头到尾讨论的都是美国研究型大学的"改革"，但我们采用比较宽泛的态度使用术语，与在描述组织性变革时采用传统方式的社会学家约翰·帕吉特（John Padgett）和沃尔特·鲍威尔（Walter Powell）不同，我们无意将此概念的含义限制在"逐步对现有内容进行有计划的改进"。恰恰相反，我们认为，第五次浪潮天生具备"真正创新"组织结构和功能的潜力，相当于我们假定有一种新型高校模式会诞生，即第五次浪潮中的公立研究型大学，而且这些学校还会形成联盟。无论如何，复杂的机制改革理应被理解为综合性的改革过程。这意味着变革有时候非常被动，充其量只能算是对现状的渐进改进，但有时候又呈现出有计划、有目标的干预形式，可以算是"机制改革规划"。

本书的内容属于高校形态学研究，因此我们讨论的是美国高等教育的几次浪潮的形态转变。而且，形态学更能准确捕捉高校功能的关键因素，如从录取人数来看高校规模，看学术组织是否能推动跨学科知识生产，以及从公共价值角度看高校的社会适应性。本书着重强调了高校在"机体目标性"（telenomy）方面的局限。"机体目标性"是指生物体在结构和功能方面的明显目的。所以，将我们的研究概括为对美国高校主要模式的形态学和类型学分析，倒是更恰当一些。

提到结构转型，有些读者会想起尤尔根·哈贝马斯（Jürgen Habermas），他对18世纪至19世纪公共发展的论述广为人知。不过，我们使用这个术语另有原因。19世纪末期，社会学家克雷格·卡尔霍恩（Craig Calhoun）将尤尔根·哈贝马斯的说法借用于解释美国高校的变革，因为公共领域和高等教育之间存在某些相似之处。克雷格·卡尔霍恩指出，尤尔根·哈贝马斯认为公共领域更开放,更容许理性批判,看似可以促进民主,实际上,其活力反而引发冲突:"公共领域规模扩大后,话语质量就下降了。"克雷格·卡尔霍恩还指出,这种困境类似于学术界在保持出色科研水平和扩大招生范围上的冲突。随后,我们将在本章中探讨他对这种困境的阐释。

我们对"浪潮"概念的使用——我们把它等同于"类型"——相当于马克斯·韦伯提出的"理想类型"(Idealtypus)。理想类型只是一种从某种对象或现象类别的不同实例中概括出的抽象的说法或构想,从而达到启发式的目的。马克斯·韦伯的理想类型"从现实经验中抽象而成,强调了构成整个体系的各部分在功能上的相互关系……而不是任何个体的独特性"。也就是说,各个浪潮模式同样属于启发式表达。利益相关者和政策制定者可以利用这个表达,对过去、当前和未来的大学的无政府状态发表见解、发起讨论、提供建议。在迈克尔·科恩(Michael Cohen)、詹姆斯·马奇(James March)和约翰·奥尔森(Johan olsen)的描述中,大学"是选择权、事件和情绪、解决方案及决策者的集散地,选择权在寻找自己的问题,事件和情绪在寻找可以发声的场合,解决方案在寻找事件以便成为答案,而决策者在找事情做"。其实这样的特征概括暗藏着自相矛盾之处,但我们仍能在刻意的混乱中识别出持续性的浪潮发展规律。规律以"浪潮"的形式出现。参与者和情况一发生变化,浪潮就会在大学或其他环境中出现。浪潮的出现是为了尽快评估并解决学术界面临的问题,让参与者达成共识,找到大家都满意的解决方案。

大学的机制问题一般不从历史角度来讨论,因为人们通常不将各高校按改革时间的不同由简到繁进行划分。不过哲学家彼得·考斯(Peter Caws)指出,在讨论学术运作的组成部分时,绝对不可以回避"如何规划一个能体现它自己的机制"。他说得非常有道理。彼得·考斯是从历史角度看待这个问题的,他间接证明了我们的看法,即历史视角必不可少,因为美国高等教育包括日益复杂的体制改革,而知识生产取决于其体制背景:

第 1 章 美国高等教育第五次浪潮的兴起

往回看,不过约 100 年前,那时美国还没有大学。但凡历史悠久的大学,最初都是学院、神学院之类的。它们在发展过程中增加了一些职能,放弃了另一些职能,慢慢演化为大学。整个过程零敲碎打、全无章法,因此在大多数情况下,人们全然不曾明确提出过院校整体性的问题。20 世纪,大量自称为大学的新院校纷纷成立,但它们都借鉴了美国或外国的知名大学的形式,鲜有例外,所以,我们是否真的可以从零开始重新规划整个教育系统?这个问题并没有真正出现过。[⊖]

高校机制从相对简单发展到日益复杂,这个过程与知识的激增有关,也与招生规模和范围的扩大有关,即变化发生在结构和功能两个方面。社会学家尼尔·斯梅尔瑟(Neil Smelser)将大学的扩张描述为结构性积累,并定义道:"在发展的过程中引入新功能,但不减少(删减)现有功能或各自为政。"我们在后面的章节中,将更详细地讨论结构性积累对高校机制从第四次浪潮向第五次浪潮转换的重要意义。其中,结构性积累集中体现为大学的规模化、专业化和迅猛发展。但我们的讨论与其说是历史意义上的,不如说是形态和类型意义上的,因此我们强调,研究与浪潮规律相呼应的机制类型,采用马克斯·韦伯提出的理想类型大概最容易讲清楚。再次说明,理想类型只是一种从某种对象或现象类别的不同实例中概括出的抽象的说法或构想,从而达到启发式的目的。

在第五次浪潮中,大学得以摆脱第四次浪潮的局限和问题。自 17 世纪以来,美国高校变得日益复杂,但仍保持着不断改革,这一过程体现在它们的指数性增长及结构性积累上。从某种意义上说,乔纳森·科尔的观点非常准确。新浪潮的种子都会在前一次浪潮的子宫里生长,每种高校类型的现有结构都天生束缚着其未来的功能和社会活力,既是发展的制约因素,又推动着

⊖ Peter J. Caws, "Design for a University," *Daedalus* 99, no. 1 (Winter 1970): 88.

它前进。从这个意义上讲,浪潮一波接一波,类似于托马斯·库恩(Thomas Kuhn)在《科学革命的结构》(*The Structure of Scientific Revolutions*)中描述的范式转变。换句话说,新模式或新范式的诞生正是"常规科学"在旧模式或旧范式中出现的异常结果。我们的观点与托马斯·库恩总结的物理学的特征类似。各次浪潮都由范式构成,也由社会突发事件所定义。这当然是不甚精确的临时性表达,但我们仍然认为该观点能帮助人们深刻认识到美国高等教育中的僵化和反常。

读者若是不熟悉"结构"这个概念,可以看看哲学家伊恩·哈金(Ian Hacking)是如何概述被托马斯·库恩称为"科学革命的结构"这一驱动力的:"常规科学形成范式,然后致力于解决学科内的谜题;随后谜题增多,直至出现一系列异常情况,从而导致危机;最后,经过一段混乱时期,新的范式得以确立,危机得到解决。"我们进一步发展了托马斯·库恩关于常规科学的概念。我们认为,第四次浪潮中的100多所"常规"研究型大学被困于美国研究型大学原型约翰斯·霍普金斯大学在19世纪末确定的发展模式中。这些高校是美国高等教育皇冠上的明珠,但它们并没有采取足够的行动应对新威胁和新机遇,这些威胁和机遇在一定程度上是由于同质化和顺从性等因素导致的,也就是人们常说的"哈佛化"(Harvardization)和"伯克利嫉妒"(Berkeley-envy)。美国研究型大学的发展停滞不前,陷入了路径依赖的循环。这意味着高等教育已经"常规化",未必能满足大多数学生的需求。美国大学把合格的学生们拒之门外,或者将他们录取进来之后,鼓励他们以循规蹈矩甚至死记硬背的方式来学习。

托马斯·库恩认为:"也许我们遇到的常规研究问题具有一个极为显著的特征,它们几乎不怎么在意概念或现象上的重大创新。"他指出,常规科学不是为了发现,而是"要确定重要事实,要将事实与理论匹配,以及要阐述理论"。他将这些过程比作"解谜"。就学术管理而言,也许有人会说,高校对自己进行结构复制就是第四次浪潮的解谜任务。此外,受制于同质化和同源性的知识生产不太可能带来变化和多元性，而要想解决当代社会特有的复杂性和不确定性，这两者恰恰又必不可少。知识生产本身的性质和质量是讨论的焦点，它们不可避免地受到行政条件和社会环境的影响。可以预见的是，少数学生条件优越，他们的社会经济状况让他们手握耀眼的成绩，对他们来说，第四次浪潮反而会为其带来满意的结果。构成第四次浪潮的院校并不期望自己按社会或经济的需求来改革创新，它们实际上也没有改革创新，从某种程度上来说，它们甚至因为维持现状而扼杀了教育创新和改革。

若托马斯·库恩的支持者的警惕性足够高，可能就会抗议，因为我们用他的概念来讨论高等教育中的系统性混乱，但使用方式却不大精准。例如，尽管我们认为五次浪潮将会同时存在，它们的服务对象各有不同，但托马斯·库恩坚持范式互不匹配的观点，他认为范式转换无异于世界观的转变。按照托马斯·库恩的观点，旧范式中的从业者根本看不到新范式中的新世界。但是，我们要再说一遍："变革时时发生。当常规科学发生变化时，科学家对其环境的认识也应该相应变化——在某些熟悉的情况下，他必须学会观察新格式塔。"⊖ 罗伯特·唐莫耶（Robert Donmoyer）引述理查德·伯恩斯坦（Richard Bernstein）的话说："不匹配并不等于逻辑上的不兼容。"尽管托马斯·库恩认为科学家通常韧性不足，无法适应不同的范式，但逻辑上并不存在禁止条件来阻止多个范式的同时存在。因此，"可以想到，在不同的情况下和/或要实现不同的目标时，可以采用不同的范式"。所以，"最先进的核物理学家早就否定了牛顿提出的机械性因果宇宙观，但当他们放下线性加速器，将脚踩在汽车的油门上时，也仍然利用常规脑回路来思考"。托马斯·库恩坚持认为，科学领域应按单一范式运作，而哲学家伊姆雷·拉卡托斯（Imre Lakatos）则提出了替代概念。伊姆雷·拉卡托斯提出了"研究计划"（research program）的概念，正如彼得·戈弗雷-史密斯（Peter Godfrey-Smith）解释的

⊖ Kuhn, *Structure of Scientific Revolutions*, 112.

那样,这个概念与范式大致相似,两者的不同之处在于,多个程序可以在任意给定的时间点同时运行并竞争。换句话说,"大规模的科学变革应理解为研究计划之间的竞争。"㊀

精英培养策略与公共利益

过去一些年里,美国大学每年春季发布录取榜单,哈佛大学、斯坦福大学等高校的新生录取率保持在大约5%。斯坦福大学宣布不再公布录取率。美国顶尖私立研究型大学多年来一直保持掐尖选拔状态,人们都见惯不惊了。这些精英院校的入学率通常与考生的家庭住址密切相关,学生的绩点或SAT分数倒没有那么能说明问题了,不过它们尽量向贫困人群和少数族裔的学生倾斜,还是值得表扬的。鉴于大多数符合标准的申请人都被拒之门外,人们很容易联想到"精英主义",甚至是"排他"。但是,招生政策实际上将大多数合格的申请者拒之门外,这绝非私立大学独有的现象。一流的公立研究型大学的选拔性也越来越强,它们的报考人数不断增加,高校工作者的项目预算得不到满足,国家为高等教育提供的资金急剧减少,实际情况就是公立高校也呈现出排他的特征。某学生被某一所或某些顶级高校拒绝,但收到了完全或者几乎同档次学校的录取通知,这样的事情经常发生,不过也并非总是如此。而且我们要讨论的是,学生未必能够接受替代方案,他们可能迫于生活状况,无法考虑其他选项。此外,正如我们在第3章中将讨论的那样,这种不同意见体现了我们对学校和学生个体的一贯评估,并没关注到美国高等教育体系的实际情况。其实,真正重要的是了解整个高校体系如何发挥作用且实现社会价值。

如果美国要在全球化知识经济中保持领先地位和竞争力,如果个人要在

㊀ Peter Godfrey - Smith, *Theory and Reality*: *An Introduction to the Philosophy of Science*(Chicago: University of Chicago Press, 2003), 102.

知识决定富足的时代取得成功，那么决策者和公众都必须认识到：美国需要增加几百万个研究型学习机会。这就是说，美国的学术基础设施必须在录取人数上符合知识生产和创新的需求。但是，正如我们在本书中所讨论那样，美国主要研究型大学都未能根据报考需求或人口增长比例相应扩大招生规模。顶尖的公立/私立研究型大学都不约而同地选择了提高入学门槛。在过去的25年里，人们的受教育程度稳步提高，约三分之一的美国人拥有四年制本科学位。这样一来，进入研究型大学的机会有限似乎并非什么大不了的事情。然而，学校的学术质量、学生的学习效果及他们的社会经济受益却因为就读高校的不同而大相径庭。主要研究型大学的扩招速度十分缓慢——如果它们真的扩招的话，反而是第二梯队的高校选拔性较低，其招生量明显增加。这种分流源自高校的纵向梯队划分，人们称之为垂直分层。后面我们将评估高校垂直分层对人力资源发展和国家经济竞争力的影响。再次重申：标准化教学若与探索和知识生产脱节，哪怕学生有机会接受大学教育，也无法实现预期的社会效果。

尽管美国的顶尖公立/私立研究型大学始终在全球排名中名列前茅，且为数不多的学校取得并维持了全球领先的学术成就，但却难以保证广泛且公平地分配研究型教育的成果，它们培养的毕业生也未必一定有能力和技术保持美国的国际竞争力。世界各国都在进行战略性投资，培养广大公民适应知识经济，相比之下，美国顶尖的研究型大学一直保持着较低的入学率，自20世纪中叶以来几乎没有变化。

这并不是说，在过去四五十年中，某些旨在培养精英的私立研究型大学在规模上并无明显变化，只是招生比例跟之前相比持平。但正如乔纳森·科尔指出的那样，它们的起始规模小。第四次浪潮中的一流院校通常保持着很低的录取率，说得再好听些，也只能算是录取率适度而已，就其学位产出而言，可以称为"精英生产策略"。名气似乎是无形资产，在学术圈，声望与学校的利润息息相关。第四次浪潮院校淘汰掉绝大多数合格考生，低录取率是它们界定一所大学是否"著名"的标准。它们认为录取人数的增长会让学校付出名气和竞争地位的代价。高等教育政策研究者罗伯特·萨缪尔斯（Robert Samuels）指出："大学在学生进校后做了什么，根本不会影响它的排名；它们在排行榜上的位置取决于录取了谁以及淘汰了多少人。因此，大学招生宣传背后的动机并不纯正，它们拒绝学生的申请，就可以提高学校的淘汰率。"罗伯特·萨缪尔斯强调了这一过程的反常："即便那些淘汰了绝大多数学生的大学，它们在吸引学生报考时也是不遗余力的，这样就可以淘汰掉更多的人。"

约瑟夫·苏亚雷斯（Joseph Soares）谈到美国高等教育中的特权阶层的特权时说："有些美国人根本不了解'精英制'（meritocracy），却无比拥护这个制度，好像这是人们与生俱来的权利似的。"事实上，第一梯队的大学声称自己执行的正是精英制招生政策。杰罗姆·卡拉贝尔（Jerome Karabel）将近10年来的"准精英制"称为对"过去更明显的歧视性和世袭性体制"的明显改进。但是，实施精英制的代价是牺牲平等。正如克里斯托弗·纽菲尔德（Christopher Newfield）在参照了传统的等级制度后所说的那样："说到底，精英式评价是为了分出等级，为了优中选优，为了排出名次。比起按出生来选拔的贵族制，精英制更适合运作，也会导致严格而持久的分层。"而且，对精英的认定中会掩盖有人利用权力关系网占便宜。正如杰罗姆·卡拉贝尔所说："那些能够定义精英的人几乎总是拥有更多的优绩，而那些资源丰富的人，无论是文化资源、经济资源、还是社会资源，通常将能够确保自己的子女成为教育系统认定的更精英的人。"尽管一流大学追求精英，但它们的排他行为其实就是防御心态的体现，因为它们放弃了自己的潜在责任。第五次浪潮旨在扩大招生，尽可能使生源能反映美国的人口结构。第五次浪潮中的这些院校有可能通过择优评估甚至是平权行动政策，纠正大学招生中的不平等现象，从整体上挽回影响。第五次浪潮对精英制的看法更为开放，正如克里斯托弗·纽菲尔德所认识的那样，"知识在人类社会中广泛传播，路径并不狭隘。"

他引用克里斯托弗·拉施（Christopher Lasch）的观点，将这一理想称为"知识的民主化"。

第五次浪潮推动知识民主化的出发点不光是为了知识和创新，通过研究型教学环境培养毕业生也是一个重要打算，以便让学生们能更好地进入社会，承担全球公民责任，参与美国的民主实验。高校改革旨在推进普及教育体系的应用，建立新的课程体系和教学方式，培养适应能力强的专家型学习者，使其能够将相互联系的各学科的知识点融会贯通，适应知识经济的迅猛发展和不断变化的职场需求。学业水平必须要达到世界领先水平的不仅是传统意义上的前5%~10%的学生，至少要保证前25%的学生达到这个水平，因为他们代表着美国经济和知识的多元性。但要将教育水平提升到如此高度，公立高等教育的基础设施必须大幅度提升。正如我们在接下来的章节中所提到的那样，这个目标甚至可以用一种更恰当的方式来表达：必须按传统年龄划分（比如，18~24岁群体），为学生提供研究型教育环境，让半数以上的美国人有终身学习的机会。研究型教育是智力或知识基础设施的基础，美国艺术与科学院（The American Academy of Arts and Science）呼吁各州和联邦决策者要像重视物质基础设施那样重视知识基础设施。这么说可能太低调了，毕竟人类的生存与知识基础设施的建设有关。所以，如果第四次浪潮院校认为必须淘汰大多数学生，保持低录取率，那么我们必须要有其他的研究型学术平台为更多的学生——代表美国社会多元性的学生群体——提供大学学习机会。

第五次浪潮重振公立高等教育中隐含的社会契约

经济学家克劳迪娅·戈尔丁（Claudia Goldin）和劳伦斯·卡茨（Lawrence Katz）指出，美国的公立高等教育在20世纪前75年间领跑全球，让无数人跨越上一代所处的经济阶层，实现了社会的阶层流动。实际情况确实如此。第二次世界大战后，研究型大学开展了几十年的科技创新，激发了经济竞争力。所有这些成就与经济、政治和社会潮流形成合力，实现了人人参与的景象；繁荣的基础是生产力的迅速提高，生产力迅速提高的背后是教育程度高、创新能力强的社会实力。这样的经济增长和共同繁荣都是公立高等教育中隐含的社会契约的产物。克里斯托弗·纽菲尔德的总结十分到位："1945—1975年，聪明的普通人会拼尽全力上大学，甚至不惜放弃有收入的全职工作，从而学习知识和技能，提高自己的生产力。生产力的提高在求职时将通过更高的工资得到确认。"但在多种因素的冲击下，这种成功模式开始出现拐点。"此情形维持了30年，到20世纪70年代中期，好事儿慢慢消失。"一流高校原本就存在报考人数多但录取名额少的问题，公共投资减少使得矛盾加剧，大萧条开始之后尤其如此。而撤资只是阻碍高校扩大招生的众多因素之一。很多学生原本最能从阶层的向上流动中受益——那些通常被归类为贫困人群和少数族裔的学生，但那时却无法被研究型大学录取。

克劳迪娅·戈尔丁和劳伦斯·卡茨发现，从20世纪70年代开始，美国的大学毕业生数量保持不变甚至缩小，伴随而来的是生产力的滞后和社会不平等程度的加重。他们认为自1980年以来教育水平增长放缓是大学工资溢价的最重要的因素，从而加剧了不平等，让美国在过去几十年间成为"所有高收入国家中收入和工资分配失衡最为严重的国家"。人们对美国收入和财富不平等的估算并不相同，但最近研究证实，自20世纪70年代后期以来，两者都急剧增加。在过去40年中，财富导致的社会分层快速取代了收入差距，成为不平等的决定因素。但经济学家托马斯·皮凯蒂（Thomas Piketty）的观点和发起第五次浪潮的高校的观点一致："主要的趋同机制"（principal mechanism for convergence）是知识的传播。趋同机制意为减少财富和收入不平等。"换句话说，穷人和富人拥有相同的技术知识、技能和教育水平，穷人就追赶上了富人。"⊖然而这正是问题所在，处于不利的社会经济地位的人，包括中产阶级在内，逐渐被剥夺了进入研究型教育机构的机会，在那样的环境里，他们可以学到知识、技能和教育，从而促进社会经济的有效流动。

人们普遍承认知识是一种公共产品。主要研究型大学不仅促进了人们对知识的探索和发现，也促进了基于科学的技术创新，继而催化了产业应用和经济增长——产生了经济历史学家乔尔·莫基尔（Joel Mokyr）所说的"雅典娜的礼物"，还促进了艺术、人文、社会科学和覆盖全社会的专业领域的知识生产。法兰克·罗德（Frank Rhodes）的说法进一步证实了这个观点："其他资产的使用和投资受到收益递减规律的限制，知识作为资产，跟它们都不同，知识会自动催化。知识越用越多；知识越用越好用，即使在实际应用中也如此；知识的适用范围越来越广，即使知识共享也如此；知识越用越完善，即使受到质疑、挑战和争议也如此。"事实上，他注意到，"知识已成为原动力。"数学家艾伦·威尔逊（Alan Wilson）是英国国家学术院（The British Academy）和英国皇家学会（The Royal Society）的成员。他也发现，当代社会中，知识是主要资本和社会资源，它"赋予人们在知识经济中的权力，决定着任何形式的批判思维。"知识是人力资本的来源，当然，从最普通的意义上讲，这个说法意味着，知识、技能和创造力来源于对教育和培训的投入，而我们应对其存量进行价值评估。

许多经济效益评估已经充分证明了高等教育的公共价值：就个人而言，在于因大学工资溢价产生的高收入；对社会而言，在于与整体教育程度的增长相关的经济增长。高等教育对个人和社会的重要效益，既有直接的也有间接的，既有市场形式的也有非市场形式的，但都有助于国家的繁荣昌盛。正如经济学家沃尔特·麦克马洪（Walter MacMahon）所解释的那样，在短期货

⊖ Thomas Piketty, *Capital in the Twenty-First Century*, trans. Arthur Goldhammer (Cambridge, MA: Belknap Press of Harvard University Press, 2014), 71.

币回报无法轻易量化的领域中，私人和社会收益几乎无法估量。因此，他提出了一种人力资本方式，"强调高等教育的私人和社会效益的性质、衡量和估值——尤其关注非市场性的私人和社会效益、直接和间接的影响及短期和长期的影响。所有这些都与总投资成本有关。"㊀

撇开高等教育的内在价值不谈，很多研究都显示了个人与高等教育之间的关系，其中最重要的包括可观的经济回报和显著增加的代际社会经济流动前景。美国财政部的一份报告显示，个人获得的机会"截然不同"，这取决于个人是否完成了学士学位。（岔开说一句，不能因为这类评估就认为所有学士学位都能带来相同的致富效果，我们后面会讨论这一点。）然而，集体受教育程度会带来多种结果，其中，人力资源池越大，公民的参与度越高，经济总回报越多。教育程度更高的劳动力会带来更多的税收，并影响当地的决策质量。经济学家恩里科·莫雷蒂（Enrico Moretti）预计说，在任何一个地方，所有工薪阶层都受益于学士学位持有者比例的增加。受教育程度较低的人的工资上涨幅度更大，这意味着与大学毕业生相比，高中毕业生甚至辍学者从与高学历劳动力相关的溢出效应中获益更多。高等教育带来更多优质的就业机会，还影响着人们的生活方式，让人们更健康，并且参与更多的公民活动。大卫·布鲁克斯（David Brooks）这样概括了与教育程度相关的行为差异和社会规范："大学毕业生的离婚率正在直线下降，但……目前，高中毕业生与大学毕业生相比，离婚率翻番，吸烟率翻番，健身率低得多。大学毕业生投票的比例是他们的 2 倍，从事志愿工作的可能性超过他们的 2 倍，献血的人数也要多得多。"

如果政策制定者和公众都怀疑高等教育对公共利益的服务性，那么，公立研究型大学的规模扩大最终会变成高校和相关人士的拖累。然而，如果不

㊀ Walter W. McMahon, *Higher Learning, Greater Good: The Private and Social Benefits of Higher Education* (Baltimore: Johns Hopkins University Press, 2009).

往这个方向努力的话，我们将要面对：高校——作为一个国家最重要的资产——将不可避免地衰落。政治学家苏珊·梅特勒（Suzanne Mettler）指出："长期以来，高等教育以其卓越的学术能力和生源背景的多样为特色，这是美国最出色的成绩和历史遗产之一，但现在却正在慢慢消失。"美国的研究型学术基础设施仍然在很大程度上保持着 20 世纪中叶的规模，尽管录取需求激增，并且预测表明受过高等教育的劳动力将出现短缺，但近几十年来，一些高校的扩招极其有限。乔治城大学教育与劳动力中心的安东尼·卡内维尔（Anthony Carnevale）和斯蒂芬·罗斯（Stephen Rose）说："自 1980 年以来，美国没有培养出足够的有大学学历的劳动力，供应未能跟上不断增长的需求，因此收入不平等急剧扩大。"因此，苏珊·梅特勒的总结恰如其分："我们培养的受过高等教育的工人太少，无法提供经济发展所需的创新性和创造力；我们的国际竞争力正在减弱；参与政治越多的人越能得到好处；而美国梦对大多数公民来说越来越遥不可及。"大卫·布鲁克斯指出："曾经，我们按血统划分社会阶层，新教在一个阶级，移民在一个阶级，非裔美国人则在一个阶级。现在，我们按所受的教育划分社会阶层。"他告诫说："一道鸿沟划过全社会，一边是受过教育的人，另一边是未受过教育的人。"

第五次浪潮模式的与众不同之处在于，它能够催化创新知识的生产，并将其传播给越来越多的公民。虽然第五次浪潮最初主要包括大型公立研究型大学，但各种各样的其他机构也将通过跨学科合作和公共服务参与其中。第四次浪潮中的研究型大学是美国创新体系中的关键环节，但第五次浪潮中的机构将与政府机构、联邦实验室、工商业、其他学术机构及世界各地的众多知识网络联合在一起，进一步推进知识发现和革新。此外，第五次浪潮的机制创新是地方层面自主决策的结果。话虽如此，证据也表明，这样的事情必须在政府主导的国家综合创新体系中完成，尽管人们对此观点一直存在争议。不同行业和领域的互动与合作可能正在让第五次浪潮越来越异质化、多样化和差异化。因此，从大体上讲，第五次浪潮的统一模式理应被视作启发性假想，尽管目前这种说法主要指的是一些大型公立研究型大学逐渐在改革中转型。

在第四次浪潮的坚实基础上前进

美国媒体在报道不同类型高校之间的区别时，往往一概而论，满篇尽是对学费猛涨的批判，言辞政治正确，却与事实不符。不同高校的办学宗旨、校园规模和专长领域各不相同，共同构成了竞争激烈的异质化学术市场，但要找一篇针对不同高校进行细分评论的文章，难度不亚于大海捞针。美国大约有 5000 所高校拥有学位授予权，其中仅有 115 所高校的资助科研可以算得上"广泛研究型"，再加上约 100 所研究范围不太广泛的大学，共同构成了次要研究力量。杰森·欧文－史密斯（Jason Owen-Smith）指出，主要研究型大学占美国高校总数的 3% 不到，但贡献了近 90% 的学术研究和技术开发。而且，尽管这些研究型大学有种种不尽如人意之处，但在上海交通大学高等教育研究的评估中，排名前 20 的高校，它们占了 17 席；曾在《泰晤士高等教育》发布的世界大学排名中，14 所美国高校位列前 20 名。看看多少国际学生报考美国高校，就知道这些高校提供了多少在别处无法获得的机会。这些高校除了在各个领域培养一代又一代的学者、科学家、艺术家、政策制定者、专业人士和从业人员之外，还是科学发现和技术创新的主要力量，推动着全球知识经济中的经济增长和社会发展。同时，它们作为人文、社会和行为科学真知的发源地，作为常常被忽视的艺术创意的摇篮，也具有十分重要的地位和作用。它们全面渗透到整个美国的知识体系中。

美国一流高校在全球的领先地位很可能让人们因此认为美国拥有全世界最好的高校，但确定这些高校是否卓越看的是它们作为世界顶尖高校的科研能力，与美国高等教育的整体表现无关。虽然顶尖的研究型高校主导着知识的生产和传播，但大多数学院和大学的能力范围有限，能提供的仅有标准化教学而已。以教学为主的高校对美国高等教育的生态结构至关重要，但它们在知识生产和传播中却处于边缘地位。"大多数情况下，边缘性大学基本上只是知识的传播者。"菲利普·阿尔特巴赫（Philip Altbach）解释说。经济学家查尔斯·克洛特费尔特（Charles Clotfelter）借用"疯狂拼布"（crazy quilt）这个说法，准确地描述美国高等教育中少数顶尖院校和绝大多数学校严重的两极分化，这里有"世界上最好的 50 所大学和最差的 500 所大学"。克里斯托弗·纽菲尔德总结美国高等教育的特征时指出，在如此"惊人的层级"体系中，"规模小的精英院校拥有越来越多的资源，大部分院校的资源则越来越有限"，教育结果极度不均衡。"选拔性较低的大学地位也较低，但这是否意味着它们的教学质量也较差？"克里斯托弗·纽菲尔德反问道。然而，他最后却不得不承认："不幸的是，它们的教育质量确实要差一些……尽管学生、教职员和管理人员干劲十足、全力付出，却没有扎实的学术成果。"

20 世纪，知识呈指数级增长，包括但肯定不限于战后的科学发现和技术创新。这在很大程度上要归功于第四次浪潮院校在研究、开发和教育三个方面的努力。尽管我们会讨论该模式的局限性，但永远不能忘记的是，这些主要研究型大学曾为社会繁荣做出过十分重要的贡献。乔纳森·科尔的表述简洁有力：

> 尽管大学的核心使命是传播知识，但这并不能让它们成为全球最拔尖的高校。我们的大学之所以是最好的，原因在于世界上最重要的知识和最实用的研究发现很大一部分是它们生产出来的。使它们脱颖而出的，让全世界眼红的，是它们的科研质量，以及对投资并培养年轻人成为杰出学者的体制。

因此，第五次浪潮的起点是一个非常成功和非常有影响力的模式，这个模式定义了当代学术文化。克雷格·卡尔霍恩对研究型大学的定义简洁而实用，其中就提到了第四次浪潮中的元素："研究型大学的完整模式包括（学生和教授）探究知识的自由、通过研究对新知的创造、打通不同领域的学术社区培育、开放的公共交流，以及作为公共产品的知识的普及性。"虽然我们认为大型公立研究型大学将成为第五次浪潮的先锋，克雷格·卡尔霍恩却认为，对公立大学与私立大学的区分往往过于简单："私立大学往往也追求公共利益，比较基础的方式是保存和共享知识，比较高端的方式是通过科研解决公共需求和公众问题。"在这种情况下，公立大学与私立大学之间的区别通常取决于资金来源，但从经济或政治领域的不同角度切入讨论，意义就会发生相应的变化。西蒙·马金森（Simon Marginson）沿用了保罗·萨缪尔森（Paul Samuelson）对二者区别的表述，从经济学角度做出了解释：二者的区别在于非市场活动和市场活动。他还借鉴了约翰·杜威（John Dewey）的政治定义，从教育是否受到州政府控制的角度来区分。

乔纳森·科尔提出了12个核心学术价值观，它们必将持续影响并定义第五次浪潮：普遍性（"以既定的非个人标准评估对真理的新主张和新推断，而非依据个人、主张者或推断者的社会属性"）；系统怀疑论（"对几乎所有事实或教条持怀疑态度，用严格的方法论看待任何发现或发明"）；新知的创造（探索发现"为全世界人民带来幸福"）；自由、开放的思想交流（"知识成为共同财产，在思想市场里供人任意检查、批评、纠正和推进"）；无私（"规定大学里的个体不应直接从自己的想法中获利"）；自由探究和学术自由（"将大学与其他大多数机构区分开来，政治、宗教或社会约束在大学之外更容易限制新思想的出现"）；国际学术圈（"由此而来的知识力量——产生的智力资本——是巨大的"）；同行评审（"学术自由的核心，对学术的可持续发展至关重要"）；为共同利益而工作（"知识生产能让更多的人受益"）；权威治理（相当于"合伙人"模式，教职员工承担重要的管理责任）；知识传承（"教学的核心价值"）；学术界的学术活力（"基本目标是……学术发展既稳步前进又突飞猛进"）。他指出，这些价值观既民主又充满活力，与欧洲大学固有的阶层性权威和治理概念形成鲜明对比。

乔纳森·科尔提出的核心价值观是对默顿标准的充实和拓展。所谓默顿标准，是指科学社会学先锋罗伯特·K.默顿（Robert K. Merton）提出的科学文化精神。1942年，在一篇颇有影响力的文章中，默顿断言，科学精神——"以规定、禁令、偏好和许可等形式来表达的规范，作为制度性价值而确立"——由"四类制度性价值"定义：公有性、普遍性、无私利性和有条理的怀疑论，后来被称为CUDOS标准。公有性表达了一种信念，即"重大科学发现是社会合作的产物，应由全社会共享"。尽管"生产者受到尊重"，但科学知识"构成了共同遗产"。普遍性等同于客观性，以及对知识的自由追求。默顿将其称为必然功能。追求真理必须"服从预先确定的非个人标准"，必须超越"以种族为中心的特殊主义"。民主社会自然包含普遍性，"使用和发展有社会价值的能力曾受到限制，民主化过程会逐步清除这些限制"。默顿将无私利性与利己主义和利他主义做了区分，但将其动机定位于严格的制度性控制因素："科学家对其同行负有最终责任，从而有效地实践了无私利性这一标准。"最后，有条理的怀疑论——"既是必然的方法论，也是必然的制度"——主要是指"根据经验和逻辑对观点进行独立审查"，审查要彻底，让发现与探索跨越"神圣与世俗之间的鸿沟"。

关于合作规范，托马斯·吉林（Thomas Gieryn）指出，默顿假设科学界存在"竞争性合作"的动力，尽管有原创的必要和对优先权的追求，但他认为合作是跨代的行为。根据默顿的说法，发现的过程"本质上是合作的结果，因为人们认识到，科学的进步其实是过去与现在的合作"。默顿再次引用牛顿的名言：他之所以"比其他人看得更远"，是因为"站在巨人的肩膀上"。知识生产确实同时需要竞争和合作，但是，托马斯·吉林说得对，无私利性要求"暂时性的知识发现应当由科学家及其权威对手按专业要求进行评估。"○

试图全面描述与第四次浪潮相关的美国高等教育的结构转型，眼下不太

○ Gieryn, "Paradigm for the Sociology of Science."

有必要。要这样做，就得从第四次浪潮的知识、行政和社会文化维度入手，并考察各维度的相互关系。而且，要想全面描述第四次浪潮，还必须努力证明一点，即其知识生产模式不仅定义了当代学术文化，从更宏观的角度看，更定义了学术规范、价值观和当代社会制度。我们试图证明第四次浪潮在很大程度上继承了德国研究型大学的衣钵，拥有无可争议的"知识权威"和对合法知识享有的特权，尤其是当这些知识足够"科学"的时候。"知识权威"这种提法出自查德·威尔蒙（Chad Wellmon）。知识生产本身将对制度产生依赖，按学科分类之后尤其如此，而学科分类始于人文科学、社会科学及自然和物理科学。随之而来的是教师进入各学科的学院，然后本科专业和研究生领域也相应分类。社会学家安德鲁·阿伯特（Andrew Abbott）发现，按学科分类的院系组织擅长"个人职业生涯规划、教师招聘和本科教育"，似乎成为美国学术界"必不可少且不可替代的基石"。此处无法充分说明，仅以院系组织对国家级学术协会形成的影响为例。比如，美国历史协会（American Historical Association，1884）、美国经济学会（American Economic Association，1885）、美国心理学会（American Psychological Association，1892）、美国政治科学协会（American Political Science Association，1903）、美国社会学协会（American Sociological Association，1905）和社会科学研究委员会（the Social Science Research Council，1923 年）都出版各种学术期刊。这些组织和期刊构成了一种精神，约翰·塞林（John·Thelin）将其描述为"学术专业素养，对大学教授制的形成至关重要"，包括对学术等级的明文规定和事关晋升和终身制的程序正规化。如果从这个角度来看第四次浪潮院校，它们倒开了商业、法律和医学等专业学院的先河。专业学院附属于大学，提供研究生阶段的教育，这从某种意义上定义了专业教育的模式。安德鲁·阿伯特指出："虽然实际上职业教育并不需要成为大学的附属机构……然而各行各业仍然纷纷向大学求助，以便增强自己的教育掌控力。"但是，上述一切都只是触及安德鲁·阿伯特称为"导致现代大学机制缓慢变形"的表面现象。况且，"大学机制不过反映出竞争逐渐加强的事实,而竞争本身正是最终带来变化的原因。"①

始于19世纪后期的重大体制变革塑造了美国高等教育,其中之一便是第四次浪潮中大学的教学科研一体化。克雷格·卡尔霍恩对此进行了阐述:"在许多领域,研究的定义发生了变化,教师原本以个体身份在工作之余从事的研究活动,现在变成了高成本、有外部资助的大规模事业,通常需要依托复杂的组织结构。"特别是战后几十年间,一项联邦层面的科学政策带来了大量投资,凡符合国家利益的研究都能享受。这一点我们将在第4章中讨论,现在只简单点评一下。众所周知,当代学术文化中,教学与科研之间关系紧张,但主要研究型大学的科研活动却加强了本科和研究生阶段的教育,起到了良好的补充作用。正如加利福尼亚大学前教务长 C. 贾德森·金(C. Judson King)发现的那样:"研究对教育影响巨大,尤其对研究人员和有创造力的人来说更是如此。这是研究型大学的基本特征,认识到这一点非常重要,免得我们误以为支持科研和提高教学效率是毫不相干、截然不同的两件事情。"

沃尔特·麦克马洪解释说:"依托大学完成的研究,除了部分转化为专利等知识产权形式的个人收益之外,其余绝大部分收益都是社会性收益,一方面,研究结果会通过出版而传播,另一方面,硕士、博士毕业生将基础研究和应用研究的方法和成果带到全社会。"研究能造福社会,与研究成果覆盖面的广泛密不可分。它们实在是无处不在,我们甚至根本没有意识到,"在社会科学、人文科学、数学、商业、农业经济学及其他很多领域中,几乎没有研究成果不能申请专利和制造生产,其中有些甚至会对经济、法治或生活的其他方面产生广泛影响。"②

在本科教育中,这种方式被称为"基于研究"或"基于探究"的学习,更常见的简称是"研究型学习"。博耶研究型大学本科教育委员会(The Boyer

---

① Andrew Abbott, *The System of Professions*: *An Essay on the Division of Expert Labor* (Chicago: University of Chicago Press, 1988), 205–208, 321–322.

② McMahon, *Higher Learning*, *Greater Good*, 256–257.

Commission on Educating Undergraduates in Research Universities）在卡内基教学促进基金会（Carnegie Foundation for the Advancement of Teaching）的号召下成立。该委员会给出的报告中，有一份比较重要：研究型学习应成为标准学习模式。这份报告的提出思路受约翰·杜威的启发。它指出，学习的最佳方式"是在督导下探索与发现，而不是单方面传输信息"，同时，这种学习方式还能促进学者型教师和学生之间的教学相长。然而，该报告认为第四次浪潮院校受限于其机制，需要进行改革："教学一体的教育概念要求研究型大学从教学法和一体化方面重新调整运作机制。"在这一点上，它跟我们观点一致。该报告发表于1998年。关于本科教育方法必须采用新形式这一点，它得出的结论是："大学多数时候回避了根本性改变，原本需要彻底翻新的大工程，最终采纳的却是小修小补的表面方案。"⊖

研究型大学提供全球领先且具有竞争力的教育。学生能够接受这样的教育，就能获得在其他高校不一定能得到的机会。高校合作委员会（Committee on Institutional Cooperation）由美国中西部12所主要研究型大学组成，其一份报告描述了这种高效的研究型教学环境在本科教育上的独特属性。学生可以接触到前沿研究，课程体系中融入了最新研究和突破性进展；学生有更多的机会参与各领域顶尖专家的研究，有最先进的实验室和图书馆可用；学生可以在线跟众多各领域的专家联系，可以通过学校平台和各行业的领袖接触；学生有辅修和体验式学习的机会；学生、教职员和课程体系都与国际接轨；顶尖研究型高校的毕业生就业形势更好。以上这些都是研究型大学可以提供给学生的优势和附加值。查尔斯·M. 维斯特（Charles M. Vest）是麻省理工学院前校长，已经过世。1994年，他在给家长的一封信中指出，主要研究型大

⊖ Boyer Commission on Educating Undergraduates in the Research University, "Reinventing Undergraduate Education: A Blueprint for America's Research Universities" (Stony Brook: State University of New York, 1998), 6, 14–16.

学的独特性在于它鼓励本科生参与到学者们的前沿研究中去。"社会会对这些学生提出更多的要求，他们也会对自己提出更多的要求，光了解他人的成就是不够的。要扩展人类认知，要解决社会问题，他们必须知道如何研究、分析、综合和交流，他们必须学习如何收集数据、提出假设、测试和完善数据，以及及时停止并重新开始。"当然了，研究型学习也是许多文理学院的特点。对此，狄金森学院（成立于1783年的第一次浪潮学院）的名誉院长威廉·德登（William Durden）指出：据估计，文理学院培养的学生中，最终获得自然科学博士学位的学生数量是其他高校的2倍。

尽管第四次浪潮模式取得了成功，当代学术界提高了数十亿人的生活质量和生活水平，但主要研究型大学仍然存在某些机制局限。这些高校注重历史传承，注重按学科分类的组织体系，因此执着于固守20世纪中叶的学术基础设施。尽管报考人数激增，未来即将出现受过高等教育的劳动力资源的短缺，但这些大学扩招的数量微乎其微。第四次浪潮高校在知识经济初始化过程中发挥着举足轻重的作用，但大部分院校的招生已经日渐排外，录取的学生只占合格申请者的极少部分。此外，虽然财政经费的制约并非导致当前招生数量少和生源范围窄的唯一因素或主要因素，但财政经费的减少会导致学费飙升，同时加剧供需的不匹配。

知识生产既要有社会价值又要有科学价值

各高校要结盟推动第五次浪潮，必须在追求知识的过程中坚持社会价值和科学价值。19世纪10年代，现代研究型大学现身柏林，从那时起，学术界便声称对真知拥有特权。研究型大学将科学制度化，并将足够"科学"的知识视为认知标准。现代科学塑造了研究型大学，因而知识生产在制度上是有依赖性的。对第四次浪潮中的研究型大学而言，首要任务是探索未知，并将日益专业化的知识独立出来进行分析。第五次浪潮中的高校则不同，它们努力推进适应性知识创新,并重新将知识用于促进更广泛的社会进步。许多研究的主要目的是求知,同时也可能具有社会价值,但全球化带来的挑战很复杂,要求研究必须有组织、有系统地展开,以便达到预期的社会成效。

从认识论的角度来看,第四次浪潮中的研究型大学已将科学制度化,并且青睐收缩式招生政策。知识生产在很大程度上仍然是按学科进行的。但是,在第四次浪潮中,人们很少明确地认识到,我们作为一个整体,获取、整合和应用知识的能力非常有限。对人类局限的认知为第五次浪潮提供了信息,也推动着高校继续摸索和实践,建立乔纳森·科尔所谓的"完美的美国研究型大学"。乔纳森·科尔列举了当代学术价值观,其中一条称:"凡提出的事实或理论,几乎都应当有条理地怀疑。"另有一条称:"凡宣称的发现或真理,都应当采用适当的严格标准。"我们在对高校进行评估时,必须坚持乔纳森·科尔提出的这两条价值观,同时秉持友善、反省和规范的态度。因此,在面对不确定性和复杂性时,第五次浪潮承认其局限性,正视学术在社会中遭遇的失败,以确保学术研究带来的收益能得到公平的分配。

迈克尔·波兰尼(Michael Polanyi)首创了"科学共和国"一词,他通过这个词描述了一种由"无形之手"支配的纯科学价值观,即无形之手引导着科学走向探索与发现,而探索与发现必将有益于社会。关于这一假设,物理学家阿尔文·温伯格(Alvin Weinberg)认为是"科学家对其职业所持有的十分规范的价值态度——价值陈述"。对此,罗杰·皮尔克(Roger Pielke)解释如下:"纯科学优于应用科学;普通科学优于特殊用途科学;研究优于编撰;打破范式优于分析研究。"困境中的细微差别常被人忽略,一群针对该问题的专门研究者认为:"社会价值观、政治背景、技术创新和传播相互作用,基础设施、经济体制和高校机制又难以撼动,两个方面结合在一起,往往阻碍有效的社会、政治、科技行动。"其实丹尼尔·萨雷维茨(Daniel Sarewitz)针对科学技术政策的制定发表过一段经典言论,他研究了一些看似科学的流行说法,第四次浪潮正是以这些说法为指导的:

无限受益说（"更多的科学技术将带来更多的公共利益"）；研究无约束说（"任何对基本自然过程的合理科研都能产生社会效益"）；责任说（"同行评审、结果的可重复性和对科研质量的其他控制因素体现了科研体系的主要伦理责任"）；权威说（"科学信息为解决政治争端提供了客观依据"）；无限前沿说（"科学前沿产生的新知识进入社会后，不受道德和实践后果的影响"）。

第五次浪潮的所有概念都隐含着一个假设，即"知识应当有用，从而带来实际行动"。这样的表述符合美国实用主义原则。支撑这一假设的是一个推论：知识是协商和共识的产物，尤尔根·哈贝马斯称之为"交流理性"。实用主义坚持思想和行动的不可分割性，强调知识在社会实践中的实际应用。19世纪最后25年，美国研究型大学的模式逐渐确立，实用主义随之出现。知识应导致行动的实用主义信念与第四次浪潮中专业化知识的价值化趋势形成对立。因此，在理想情境下，知识影响现实的目标应该成为明确的要求，哪怕这个要求来得晚了一些。

第五次浪潮寻求用知识影响人间万象，结果一连串挑战和责任随之而来，无经验可借鉴，牵涉千丝万缕。新知是必不可少的，但新知本身并不一定能激励研究者和决策者优化并实现其社会影响，更不要说能起多大的指导作用了。这并不是说，第四次浪潮多少有些故意不引导研究往预期方向发展。对于如何将发明、发现应用到实践中，科学家和技术专家出版了厚厚的专著，还有人专门讨论万一知识被滥用时可能出现的伦理问题。但当代学术界在求知创新的日常努力中，会时常忽视一点：学术界会对人文社会科学产生潜在的影响，能引导人文社会科学的观点、发现及应用朝着既定目标推进，或者形成有用的产品、流程和思想。哲学家罗伯特·弗洛德曼（Robert Frodeman）不禁感叹"笼罩我们的知识氛围——无限的、几乎是自由放任的知识生产"竟然如此有限。他援引了一份研究作为论据。正如那份研究预测的那样，10

年前发表的数百万篇同行评审的期刊文章中，在发表后的 5 年内被引用比例不到一半。另据估计，在所有发表的文章中，有 48% 的文章从未被人引用过。

这样看来，第五次浪潮作为社会技术一体化平台机构出现，是要允许并帮助研究人员立足现实，努力破局转型。当然，立足现实要解决的问题复杂而棘手，这个过程无疑充满了不确定性和争议。基础研究和应用研究总是针锋相对。为了揭示其局限性，政策研究者唐纳德·司托克斯（Donald Stokes）设计了一个表格以列出不同的研究类型［表名为"科学研究的象限模型"（Quadrant Model of scientific Research）］。这些研究都是为了理解实用概念或追求现实价值而开展的，但也许角度各不相同。在该概念中，玻尔象限——这个命名是纪念尼尔斯·玻尔（Niels Bohr）对原子结构的探索——代表了与应用毫不相干的基础研究。托马斯·爱迪生（Thomas Edison）是技术改变现实的集大成者，以他的名字命名的象限代表了应用研究。巴斯德象限结合了尼尔斯·玻尔和托马斯·爱迪生的科研方式，代表着"追求前沿知识但也有现实考量的基础研究"。该命名是为了纪念著名化学家和微生物学家路易斯·巴斯德（Louis Pasteur）开创的研究方法。在职业生涯的晚期，路易斯·巴斯德致力于开发疫苗，保护数百万人免受疾病的侵害。"巴斯德努力理解和使用科学，实现了技术和现实的结合。"㊀在第四次浪潮的成就之上，第五次浪潮将借用巴斯德象限的精神来解决实际问题。

因此，在第五次浪潮中，研究型院校鼓励综合研究，将人为分裂的基础研究和应用研究合二为一，不再受困于标准线性创新模式的假想。文卡特希·那拉亚那穆提（Venkatesh Narayanamurti）和图鲁瓦洛戈·欧度茂苏（Toluwalogo Odumosu）解释说，线性模式"代表着人们对创新过程的认识，即现代技术产品始于基础研究，继而是深入研究，在此阶段，具体问题得以

㊀ Donald E. Stokes, *Pasteur's Quadrant: Basic Science and Technological Innovation* (Washington, DC: Brookings Institution Press, 1997), 72–75.

解决，其结果是可能开发出有市场价值的产品和服务"。此外，综合研究还推进了专有技术，丹尼尔·萨雷维茨和理查德·R. 纳尔逊（Richard R. Nelson）解释说，专有技术"标志着有些知识是明确表达出来的，有些则是心照不宣的，它们指导着对其熟悉的人的行为，实现特定的实际目标。也就是说，专有技术定义了人类活动中的最佳状态"。由此可见，第五次浪潮将要校正高校机制，从而推进和维持专有技术的发展。

从某种意义上讲，第五次浪潮将新兴的知识生产范式制度化。科学政策的研究者迈克尔·吉本斯（Michael Gibbons）及其同事认为，当代学术界的认知取向和社会实践处于持续变化中，已经逐渐取代了旧有的科学和学科规范。旧有的科学和学科规范随着现代研究型大学的形成而确立，而现代研究型大学是当初科学革命和启蒙运动的产物。吉本斯团队称以上主张为"模式Ⅱ"。相比之下，"模式Ⅰ"的知识生产与学科分类、科学主导和学院派理论霸权联系在一起，而模式Ⅱ的知识生产主要是跨学科的，以应用和社会责任为目的。此外，模式Ⅱ对应的是由问题驱动的综合性协作研究，化解了标准线性创新模式对基础研究和应用研究的一贯割裂。模式Ⅰ对应的知识生产可以和第四次浪潮挂钩，其源于19世纪德国的科研机构，并且在第四次浪潮中得到巩固；模式Ⅱ则可以和第五次浪潮挂钩。我们认为，模式Ⅱ的知识生产由各种不同的机构参与、完成并持续推动，第五次浪潮的研究型大学事实上是其中的关键点。从这个意义上说，模式Ⅱ代表了第四次浪潮院校在整个蓄势上升过程中的顶点。第五次浪潮院校通过实施模式Ⅱ的知识生产，将突破第四次浪潮的机制局限，应对人类共同面临的棘手挑战。

如果能深入了解当代科研在认知上的局限，我们就会承认其不确定性和偶然性。文学研究者M. H. 艾布拉姆斯（M. H. Abrams）发现，"有效的知识和理解必不可少，但一切都处于不确定之中"，因为"规则并非白纸黑字一成不变，它们难以捉摸，千差万别"，因此我们必须从人文学科中学习领会情况的微妙复杂。他提醒我们说，这些情况"之所以创造出来，正是为了解决人类困境。"我们至少要认识到,"如果发现一个属于科学但却无法用科学来解决的问题,我们就应该去人文学科中寻找方向",阿尔文·温伯格在 1972 年一篇开创性文章中称其为"超科学"领域。

知识对社会的影响越来越大,这是因为高校、工商业、政府机构、实验室和社会组织与社会紧密联系,同时时代精神也涤荡着知识生产。第五次浪潮必须适应这样的知识,其边界变得越来越"模糊"。正如赫尔嘉·诺沃特尼(Helga Nowotny)、彼得·斯科特(Peter Scott)和迈克尔·吉本斯指出的那样:"越来越强调科学对财富创造和社会进步的贡献,越来越尊重所谓的用户视角,现在越来越重视道德和环境,都是所谓'与社会环境的联系日益紧密'的活生生的例子。"实用主义认为真理是社会共识,学术界对此深信不疑,第五次浪潮必须适应这样的学术氛围。就像哲学家理查德·罗蒂(Richard Rorty)提醒我们的那样,"词汇"也许产生于某种情境,但认识到这一点并不妨碍我们想象和构建一个美好的世界。事实确实如此,在他设想的"文学文化"中,"知识分子将不得不放弃一种观念,即人类想象的产物并不由它的社会效用来衡量,因为社会效用是全人类以最自由、最悠闲、最宽容的态度来判断的,自有衡量标准。"⊖

发现和创新作为主要工作目标,是研究型大学与其他高校的不同之处。但同时,它们也要对社会承担义不容辞的责任,必须要参与各种社会活动。如果我们以为第四次浪潮的学术目标自然又必然地与社会的重要目标保持一致,特别是在科学研究和技术创新方面,那可就大错特错了。恰好相反,知识生产要对社会有用,同时还要具备科学价值。因此,学术界就必须承担起更多责任,让知识能够发挥社会作用。如果第五次浪潮要建立一个体系,使

⊖ Richard Rorty, "Philosophy as a Transitional Genre," in *Pragmatism*, *Critique*, *Judgment*: *Essays for Richard J. Bernstein*, ed. Seyla Benhabib and Nancy Fraser (Cambridge, MA: MIT Press, 2004), 27.

所有创新都有社会意义，使所有发展都做到可持续，那么，学术界必须欣然接受哲学家汉斯·约纳斯（Hans Jonas）所说的责任感。他谈到"普罗米修斯技术成就"时说："我们的行为会产生长远影响，因此，责任成为伦理问题的关键，正如人类要对其目标对象承担责任一样。"此外，"人们公认，责任与权力相关，责任必须与权力的范围和行使相称。"有时候，模棱两可的结果预示着学术治理或科学技术政策的错误，但从更广泛的意义上说，它们只是勾勒出了必然存在的人类局限。除了想办法克服之外，我们对这些局限别无他法，而乔纳森·科尔对"完美的美国研究型大学"的追求就是克服局限的重要体现。毫无疑问，这是第五次浪潮兴起的基础。

化解扩招和科研领先的冲突

我们在其他著作中讨论过研究型高校扩招的必要性，这类高校通常更喜欢录取那些来自收入排美国前10%～20%的家庭的孩子。在第五次浪潮逐渐形成的过程中，研究型高校更有必要扩大招生范围。假如日益加剧的社会不平等让你担心，唯恐其对社会凝聚力和共同繁荣造成威胁，那你就应该关心这个问题。收入排在美国前四分之一的家庭中，82%的孩子能念大学，而处于后四分之一的家庭中则只有45%的孩子能念大学。关于孩子24岁时从大学毕业并获得学士学位的可能性，前四分之一家庭是后四分之一家庭的5倍——比例分别为58%和11%。对收入排美国50%～75%位置的家庭来说，该比率为20%。学士学位是影响阶层流动性和经济潜力的关键因素，但半数的美国国民的学位获得率不超过16%。尽管四分位数的比率有所波动，但仍然高度失衡。几年前，最高组和最低组的数据差距还要更加明显。2013年，前四分之一家庭的孩子从大学毕业并获得学士学位的可能性是后四分之一家庭中的同龄人的8倍——分别为77%与9%。

戈尔迪·布鲁门斯蒂克（Goldie Blumenstyk）著有一本上佳的入门读物，

介绍美国高等教育面临的一些困境。在谈及家境富裕与学业成功之间的相关性时,她写道:"1970—2012 年,24 岁低收入人群(家庭年收入为 34160 美元及以下)拥有学士学位的比例从 6% 上升到略高于 8%。与此同时,24 岁高收入人群(家庭年收入为 108650 美元及以上)拥有学士学位的比例从 40% 增加到 73%。"而且,1980—2011 年,收入较低的一半人口中,24 岁获得学士学位的比例实际上下降了 5 个百分点。我们通过以上数据可以得出结论,处于什么样的社会经济环境中仍然决定着一个人能取得什么样的学习成果,同时,家庭收入仍然是个人能否获得大学学位的最主要预测指标。大学毕业率的差距威胁着社会阶层的流动性,而阶层构成了社会的基础。它让美国低收入阶层的孩子从事低技能、低薪的工作——最容易受自动化和社会混乱影响的工作,让数百万人无法实现美国梦。

但凡研究美国顶尖私立研究型大学的学生家庭收入,就会提到家境富裕和获得录取之间的关联,这个问题特别严重,这是"特权的再生产",让"世袭精英制"大行其道。"常春藤 +"高校(8 所常春藤高校,加上芝加哥大学、斯坦福大学、麻省理工学院和杜克大学)中,来自收入前 1% 家庭的学生比后 50% 家庭的学生还要多,分别占比为 14.5% 和 13.5%。如果一个孩子出生的家庭能达到这种富裕程度,那么他进"常春藤 +"的可能性是收入排在后 20% 家庭的 77 倍。人们通常认为中产家庭的孩子在掐尖选拔院校中比例偏低,因为招生政策偏向经济弱势群体。拉杰·切蒂(Raj Chetty)及其同事们通过经济流动性项目(The Economic Mobility Project)发现了截然相反的事实:"在选拔性最高的私立大学中,无论是绝对数量还是相对于同等排名的公立学校的数量,低收入家庭的孩子的入学比例最低。'常春藤 +'中只有 3.8% 的学生来自收入排在后 20% 的家庭。"包括布朗大学、达特茅斯学院、宾夕法尼亚大学、普林斯顿大学和耶鲁大学在内的 38 所高校里,来自收入排名在前 1% 家庭的学生人数比来自后 60% 家庭的总人数还要多。例如,哈佛大学学生的平均家庭收入约为 450000 美元,从而使这一群体跻身美国前 2% 之列。托马斯·皮凯蒂发现,家庭收入"几乎能精准预测大学的录取结果"。他解释说:"研究表明,1970—2010年,如果家庭收入处于美国后50%,则孩子获得大学学位的比例停滞在10%~20%。而如果家庭收入处于美国前25%,则这一比例从40%上升到80%。"

没人对常春藤学生的富裕家境大惊小怪,但顶尖公立研究型大学——人称公立旗舰校或公共常春藤——录取的学生竟然在社会经济状况上与处于社会顶层的学生没有太大的差别。以密歇根大学为例,大卫·莱昂哈特(David Leonhardt)称,最近一届新生中,收入超过200000美元的家庭多于收入处于美国后50%的家庭。根据最近一项估算,美国193所选拔性最高的院校里,来自家庭收入排名前25%家庭的学生的数量大大高于来自经济条件差的家庭的学生数量,达到了14:1。另据一项估算,在大学理事会眼中的高选拔性高校里,四分之三的学生来自收入处于美国前25%的家庭,来自收入处于美国后25%家庭的孩子只占3%。人口统计学家内森·格雷威(Nathan Grawe)指出:"2002年,与年收入低于50000美元的家庭(即后54%)相比,年收入超过100000美元的家庭(即前13%)的孩子考入任一类型高校的可能性要高50%——后者的入学率为90%,前者的入学率为60%。"他解释说,富裕家庭的孩子比低收入家庭的孩子的入学率高出43个百分点(分别为73%和30%)。在选择性更高的院校,"来自高收入家庭的孩子进入排名前五的学院或大学的可能性是低收入家庭的6倍以上(分别为13%和2%)"。

公共开支对高等教育的投入日渐减少,而且经费削减通常针对最需要资金的院校,不过这只是阻碍美国高校扩大招生的众多因素之一。以2018年的美元价格计算,过去10年,公立四年制大学公布的平均学杂费增长了35%。1980—2015年,公立大学学杂费的涨幅超过通货膨胀率的4倍。2012年收入在美国排后25%的家庭子女的平均纯学杂费占家庭平均收入的84%,而前25%家庭的子女则为15%。其结果就是,最能受益于这条阶层上升通道的学生——我们普遍归为贫困人群和少数族裔——往往不太可能被研究型大学录取。不同年龄、不同社会经济背景、不同学业背景、不同智力和创造力的美国人都在申请读大学,而这些大学是为了满足美国当时的需求而建立的,当时人口不到现在的一半,只有略高于1%的人会上大学,到了现在,面对越来越多的报考者,这些院校不堪重负。事实上,录取人数、招生范围和招生公平性是公认的全球高等教育宏观问题的"关键三环",跟教学质量、社会责任和评估同样重要。虽然恢复公共支持至关重要,但高校本身必须重新考虑它们的战略目标,重新规划它们的机制,尤其是在扩大招生范围上,应使其覆盖社会各阶层,满足报考需求及社会经济和知识的多样性要求。

延续代际特权的录取实践与维持招生现状的高校政策相吻合,但少数精英高校领先全球并不能确保美国的持续繁荣和竞争力,尤其考虑到被这些顶尖学校录取的幸运儿少到了何种程度。经济学家、普林斯顿大学前校长威廉·鲍恩(William Bowen)及其同事马丁·库兹韦尔(Martin Kurzweil)和尤金·托宾(Eugene Tobin)十分准确地描述了第四次浪潮的典型困境,称之为"美国高等教育中的公平与卓越"之间的较量。他们在2006年出版的著作广受赞誉,其中一段写道:"哪种做法更好?是以极高的标准来教育极少的学生,还是扩大受教育机会,哪怕这意味着较差的效果和较少的资源。"他们观察到,公平和卓越是相辅相成的,因为人才分布在整个社会经济领域,国家竞争力取决于各阶层是不是都能有足够多的成员得到机会,民主社会的胜利取决于公民所受的教育。他们认识到,要超越这种排他性商业模式,"只有高校尽力开发每一个人才库,社会才能建立整体所需的教育规模。"⊖

克里斯托弗·纽菲尔德对这一困境的描述十分精确:"无论是难以撼动的具体操作,还是根深蒂固的传统,无论是持续存在的意识形态,还是现实的

⊖ William G. Bowen, Martin A. Kurzweil, and Eugene M. Tobin, *Equity and Excellence in American Higher Education* (Charlottesville: University of Virginia Press, 2005), 1–4.

生活，美国高等教育都是通过筛选来定义卓越的，通过提高录取标准来提高大学的排名，却将大学的使命完全抛之脑后。"克里斯托弗·纽菲尔德进一步解释，扩招和科研领先间的冲突严重，根源在美国高等教育的系统性不公平。他非常直言不讳地评论说，学生不得不去选拔性低一些的学校，哪怕他们劲头十足，教职员工和管理人员也尽心尽力，但这些高校是"无法保证可靠的教学效果的"。选拔性高的高校的教学效果更好。在传统模式中，选拔性是教育质量的一个标志。威廉·鲍恩后来与其同事马修·钦戈斯（Matthew Chingos）和迈克尔·麦克弗森（Michael McPherson）进行了合作研究，他们指出："按照定义来看，选拔性更高的大学招收的学生具有更优秀的入学资质，无论他们在哪里上大学，毕业的可能性都更高。"克里斯托弗·纽菲尔德和他们的主要论点类似："影响毕业率的首要因素是大学的选拔性：选拔性越高，毕业率越高。"固守传统模式的高校坚持日益严格的招生标准，背后的动机显而易见："提高淘汰率将会带来更多的钱和更好的学生，这些学生更有可能学业成功，找到更好的工作，让教授们得以进行更好的研究，并反过来促进学校吸引更好的学生和更好的——更富有的——捐助者。"而且，从高选拔性学校毕业，收入水平和职业前景都会非常光明，对经济条件不好的学生来说更是如此。现在一旦讨论高等教育，人们就会提到种种危机和功能失常，然而对大多数人来说，从顶级文理学院或主要研究型大学毕业仍然是最有可能实现社会阶层和经济条件向上流动的途径。苏珊·梅特勒强调了考进高选拔性大学会带来的额外收益："精英大学的学位通常会给毕业生惊人的回报：他们的收入比获得其他大学学位的人高 45%，他们成为一流企业和政府领导人的比例也高得不成比例。"

而新型美国大学的运作规模不向知识生产的质量妥协，相反，新型模式还坚持认为，只有当所有合格的考生都有机会接受研究型教育，不受社会经济条件制约，才算实现了公平。因此，第五次浪潮摆脱了夸张但虚假的零和平衡的制约。威廉·鲍恩及其同事关注贫困人群和少数族裔，同时，第五次浪潮欢迎所有家境的学生，只要他们能够在研究型环境中学有所成，并且有天赋、有创意，哪怕不符合传统学术条件，他们都会受到欢迎。此外，第五次浪潮院校将重新调整自己的定位，从普遍的以教师为中心转向以学生为中心。因为经济状况不再能预测教育成效，所以新型美国大学的目标是破除社会、文化和经济因素对学生个体造成的限制，推进研究型学习，促进广泛的社会进步。

对于贫困人群和少数族裔，如果招生重点只关注其中学业超常的学生，那么，其余合格考生会因缺乏吸引招生官的个人资料而在录取时吃亏。这些措施往往只会实现表面的多样化，因为无论如何定义阶层，实际运作时总是可以浮光掠影，而不是深入整个社会的人才库。经济学家罗伯特·戈登（Robert Gordon）发现："常春藤和其他精英高校的校长指出，他们为中低收入学生提供了巨额补贴，减免他们的学费，但绝大多数不够幸运或不够聪明的美国大学生还是无法考进这些大学。"但是，高智商的人与低智商的人在全体人口中的分布相同，对于数百万个体而言，智商通过技能、能力和经验体现，而现有招生政策却不考虑这些因素。招生官匆匆浏览排名前5%或前10%的学生资料，从中做出选择，委屈了无数有天赋和有创造力的人。我们在本章开头就说了，高中排名前5%或前10%的学生受到什么教育不是问题的关键所在，那只是标杆大学的一贯做法。问题的关键在于，大学必须为前四分之一或前三分之一的适龄学生提供良好的教育，让他们学成后具有国际竞争力。另外，建立普及教育体系，为半数以上的美国人提供终身学习的机会，也是问题的关键部分。

必须再次强调，淘汰符合学业资格要求的学生是由美国高等教育基础设施不足导致的。我们曾估计，在2015年时，常春藤和美国50所顶尖文理学院的招生总数，占当年美国1820万本科生总数的1%不到。享有盛誉的美国大学协会（AAU）由60所成员高校组成，这些高校的本科招生总数约占美国大学生人数的6%。当时108所广泛研究型大学（卡内基教学促进基金会将其指定为 R1 院校，包括美国大学协会的 60 所成员高校）的本科总入学人数略高于 200 万人，约占美国学生总数的 11%。第 3 章中的数字因统计更全面而略有变化，但对于美国高等教育的困境，这就意味着，一个国家的高等教育容纳了约 1820 万本科生，其中 45% 就读于社区大学，10% 就读于营利性高校，但所有广泛研究型大学（包括美国大学协会的 60 所成员高校）的本科生总入学人数仅占全部两年制及四年制学位授予院校就读人数的 11%。如果将广泛研究型大学（或者叫作 R1 院校）纳入研究型大学（卡内基将其称为深度研究型大学或 R2 院校）的第二梯队，则本科生总数攀升至 370 万人，约占美国本科生总数的 22.1%。5 年来，入学人数略有下降，最近估计，可怕的局面可能在某种程度上有所缓和，但数字并没有太大变化。我们将在下一节中论证：较低选拔性的第二梯队院校，甚至无门槛院校（例如，社区大学和高职院校）的入学人数的增长继续远超研究型高校的入学人数。

曼哈顿政策研究所高级研究员奥伦·卡斯（Oren Cass）发现，每年春季，大约 350 万美国学生从中学毕业，他们几乎都想上大学。但根据预测模型，这些学生的发展轨迹截然不同。奥伦·卡斯粗略估计：五分之一拿不到高中文凭；五分之一不再继续接受正规教育；五分之一进入大学但不能毕业；五分之一将完成一定程度的大学学业，但进入劳动力市场后，从事不需要学位的工作。"尽管我们在教师培训、学生测试和标准制定、学校选择方面进行了数十年的改革，每年在教育上的开支高达数千亿美元。从高中到大学，再到职业生涯，这是教育的理想模式，但只有最后五分之一的人能够成功地走完这条道路。"㊀大卫·布鲁克斯对此的评价是："我们的教育体系支离破碎，却要求人们适应这套体系，而不是按人们的实际需求量身定制教育。"

㊀ Oren Cass, *The Once and Future Worker: A Vision for the Renewal of Work in America* (New York: Encounter, 2018). Cass derives his estimates in part from the Digest of Education Statistics, tables 219.10, 302.10, and 326.40.

美国大约有三分之一的人口拥有四年制学位,但毕业生的前途往往并不理想,而且因毕业院校不同,差异非常大。威廉·鲍恩、马修·钦戈斯和迈克尔·麦克弗森指出,完成学士学位——从高校毕业,而不只是入学和出勤——可能是"判断受教育程度的唯一重要指标",但仅凭这些就认为所有本科学位含金量相同,却是谬断了。根据美国教育部自2015年以来的数据,近一半的美国大学生未能毕业。最近有一项研究认为未毕业的大学生超过了学生总数的三分之一,他们当中有不少在就读期间背负了巨大的学生贷款债务。美国约有五分之一的大学新生未能坚持到第二年。对就读于社区大学的学生而言,前景更加令人担忧,这些两年制院校的学生毕业率不超过13%。对于刚开始进入社区大学的学生而言,有时学习生涯会带来意想不到的惩罚。经济学家研究发现,他们于6年后获得学士学位的可能性降低了32个百分点。然而,尽管社区学院的证书含金量低,威廉·鲍恩、马修·钦戈斯和迈克尔·麦克弗森却援引数据指出,社区大学的学生毕业后,成功转入四年制大学并拿到四年制学位的比例相对较高,甚至可以说非常高:"跟高中GPA(平均学习绩点)和SAT/ACT分数相似的大学新生相比,转学生从四年制大学毕业的可能性更大。"在优质的州立大学里,这个差异可能高达7~10个百分点。

此外,自2000年以来,美国联邦政府在佩尔助学金(Pell Grant)项目上的花费超过3000亿美元,人称"美国最昂贵的教育项目",但人们无从了解被资助者实际获得学位的情况如何。根据美国教育部的说法,该项目根据家庭收入发放补助金,以帮助低收入学生能接受高等教育,2016—2017学年花费纳税人266亿美元,低于2010—2011学年的394亿美元。这些学年的受助人分别有710万人和940万人。自1972年启动该项目以来,纳税人可能已在该项目上花费了大约5000亿美元。然而,超过一半的佩尔助学金受助人从未获得任何类型的学位,包括由社区大学或公立大学颁发的学位。

对于大多数美国人来说,学业成功之路的路况再好,也是崎岖不平的,有些同胞很有可能受制于社会经济条件,被排除在高等教育的直接和间接利益之外,这些同胞占美国人口的大部分。美国的一流大学认为保持低录取率没问题,也就是说,这些高校通过淘汰大多数合格考生的录取方式来标榜自己的卓越。但必须要有其他研究型院校出现,这样,更多的学生才能有学习机会。我们重申,第五次浪潮发生的必然性是基于其平台的整合能力的。第五次浪潮院校将研究型教育和知识生产及创新结合起来,让经济条件不同、学业背景不同的学生获得学习机会。我们再次强调,标准化教学若与探索、发现及知识生产脱钩,哪怕学生念了大学,也无法实现理想的社会效果。

扩大招生范围和保持学术卓越之间的矛盾

新型美国大学和第五次浪潮这两个概念意味着广泛招生和学术卓越不必相互排斥。然而,当你明白了扩大招生范围和保持学术卓越的确切含义时,你就会发现兼顾二者势必导致矛盾。这种矛盾是当代学术界与生俱来的。克雷格·卡尔霍恩认为它与意识形态有关,不太可能得到解决。他的看法实际上默认了这两个概念对于理解第五次浪潮的重要性。从本质上讲,如果追求卓越,势必导致少数族裔接受高等教育的机会减少,无论我们接不接受这个观念。克雷格·卡尔霍恩认为,学术界所追求的卓越已经迫使高校"对一场本身带有一定目的性的竞争进行投资"。他发现"大学变得越发不平等,与此同时,高等教育和研究的组织、资助和推广都越来越统一,规模越来越大——无论地区层面、国家层面还是全球层面,莫不如此"。第五次浪潮反对大学设立过高的门槛,主要招收来自富裕家庭的学生。相反,它欲以规模化资助和推广学术企业,为具有广泛人口代表性的学生尽可能地提供获得优质学术研究的机会。

克雷格·卡尔霍恩注意到,"卓越"是学术界的常用术语,传递的意思是"非参考性的具体的优点",其内涵充分反映出转型中的社会价值观。他引用了加拿大文学研究者和敏锐的学术界评论家比尔·雷丁斯（Bill Readings）对"卓越"的解释。根据比尔·雷丁斯的说法，以前人们说到卓越，是对"文化的大学"的一种好评。"文化的大学"的首要关注目标是社会整体，并且致力于服务公共价值。然而最近几年里，"卓越的大学"取代了"文化的大学"，反映了与全球秩序一致的个人价值观，确立了功绩的合法性。克雷格·卡尔霍恩发现："在卓越的概念中，许多特定的含义（尤其是出自亚里士多德的那些）已经被清空了，与其说它如今仍意味着生活中与众不同且难能可贵的事物，不如说它已经被视作了价格的同义词。"以前，卓越一词充满生机，现在，卓越退化为盲目地"追求认可，追求次序胜过他人"。第五次浪潮尝试恢复高校在普及和卓越方面的公共价值观，并在高等教育中加以应用。

克雷格·卡尔霍恩坚持认为，卓越和普及之间的矛盾很难调和，因为卓越已经退化为等级森严的排名了，肤浅草率，无关紧要，无法准确反映任何学术质量。观念的扭曲危害十足。卓越与排名有关，但排名的基础并非实际学业，而是淘汰率，只要淘汰掉那些处于劣势的优秀申请人就行了。媒体报道中的等级比实际生活中还要高，因为它们夸大了少数精英高校的卓越程度。在当前体系下，扩大招生范围意味着高校要向所谓的不合格学生开放，而追求卓越与扩大招生范围不是一回事，凡是合格的学生，哪怕处于劣势，也能从世界一流的研究环境中平等受益。相比之下，第五次浪潮中的国民服务型大学将以符合美国民主理想和平等价值观的方式，将科研卓越与扩大招生范围相结合，重新打造所谓的不可通约性。

从"文化的大学"转变为"卓越的大学"有一个转折点，杰森·欧文－史密斯（Jason Owen-Smith）借用杜鲁门高等教育委员会（Truman Commission on Higher Education）的研究成果确认了这一点。该委员会于1947年发布了一份报告，确定了高等教育的国家目标，在总体目标中，其中一条要求"更充分地在生活各阶段实现民主"。该报告要求美国联邦政府与各州合作，支持大学提供"学习途径，让每个公民、青年和成年人都愿意并能够在自己的能力范围内接受正规或非正规的教育"。但杰森·欧文-史密斯认为："关注教育，原本是要支持独特的民族文化，却最终让位于个体的卓越、身份和效率。"

谈到扩大招生范围，克雷格·卡尔霍恩认为，这不过是一种带意识形态的表达方式，其意思就是"旧式大学要转型，它们已是现代国家的中心了，不能再继续以象牙塔模式存在。"但高校在多大程度上满足招生需求，就可能在多大程度上影响大学的认证功能："扩大招生范围可能意味着发放更多的证书，当然也就会导致文凭通胀，原本相同的证书在人们眼中可能就会出现新的贵贱差异。"⊖

事实上，只有了解大学在学术卓越和扩大招生范围上的矛盾，才能充分评估当代大学在多大程度上能为公共服务，以及第五次浪潮有多大可能影响其为公共服务。对此，克雷格·卡尔霍恩引用社会学家杰拉德·德兰蒂（Gerard Delanty）对大学的定义："从一般意义而言，大学是公共服务和现代性的典范。"但克雷格·卡尔霍恩进一步指出，为了全面理解研究型大学的公共性，必须对"公共"的4种含义进行评价："①钱从哪里来？②谁说了算？③谁从中受益？④知识是如何产生和传播的？"除了这些问题之外，大卫·古斯顿（David Guston）还建议，从历史的角度出发，谁为高校建设做出了贡献及谁做出了牺牲，也可能同样值得我们考虑。无论大学属于尤尔根·哈贝马斯或杰拉德·德兰蒂定义的公共领域，还是构成了参与对话的大众，我们与克雷格·卡尔霍恩一样，都相信大学贡献了大量的公共价值，但同时，公立大学的大部分价值已经私有化。我们认为第五次浪潮将带来高校体制的转型，从而带来高等教育公共价值的复苏。

大卫·拉巴里指出，将不同类型的高校分层可以化解学术卓越与扩大招

⊖ Calhoun, "The University and the Public Good," 9, cites Randall Collins, "Credential Inflation and the Future of Universities," in *The Future of the City of Intellect*, ed. Steven Brint (Stanford: Stanford University Press, 2002).

生范围这对矛盾,也就是他说的"社会普及性与社会排他性之间的矛盾、录取所有人和只录取少量精英之间的矛盾"。他认为这种矛盾是自由民主制度所固有的问题:该制度"愿意限制自由,从而最大限度地提高社会平等,而自由市场愿意包容不平等,从而最大限度地提高自由"。分层机制同时适应了这两种趋势:"我们可以让所有高校形成金字塔关系,既普及化又精英化。金字塔结构的底层包容性强,而顶层则仅对少数人开放。"他认为,一个"同时扩大机会和保护特权"的系统导致"大学的形式平等,但功能完全不同。在这样的结构中,最包容的高校提供的社会收益最少,而最难进入的高校为世界打开的新窗口最多"。

但第五次浪潮在没有将大学分层的情况下,积极处理扩大招生范围和学术卓越的关系,这往往会使许多经济条件差的合格考生在金字塔结构中向下流动。正如我们在第 2 章中阐述的那样,亚利桑那州立大学作为新型美国大学和第五次浪潮院校的原型,集学术卓越与扩大招生范围于一体,就如同将加利福尼亚大学体系的卓越科研和加利福尼亚州立大学体系的广泛录取范围结合到一起了似的。

等级分化与高等教育梯队分化的一致性

目前,美国约有四分之三的中学毕业生升入大学,在包括社区大学和营利性高校在内的某类高校就读,比 21 世纪中叶翻了四番。青少年的整体大学入学率——即 18~24 岁念本科或研究生的百分比——从 2000 年的 35% 增加到 2016 年的 42%。2016 年秋天,当年毕业的中学生中有近 70% 进入大学。美国劳工统计局的数据显示:"2016 年,16~24 岁的中学毕业生有 310 万人,其中约 220 万人(即 71%)在当年 10 月进入大学学习。"这一数字与上一年相比几乎没有变化,而 1995 年的对应数字为 61%。尽管贫困家庭与高收入家庭学生的入学率差距逐步缩小,但在 2016 年,高收入家庭学生的入学率为

83%，而中等收入家庭学生和低收入家庭学生的入学率分别为64%和67%。

接受高等教育的人口比例可能在上升，但我们主张的是提高贫困人群和少数族裔的入学率和毕业人数，也为之付出了相当大的努力。研究型高校在扩大招生范围这件事情上明显做得还不够。社会学家马丁·特罗（Martin Trow）表示，高等教育的扩张通常遵循从精英到大众再到普及阶段的发展模式。他的分析证实，研究型高校的扩招规模与高等教育的整体增长不成比例。高校扩招的表现有多种维度，比如高校扩招率的变化和高校的绝对规模变化，再比如各年龄群体在精英、大众、普及三个阶段的大学入学率。三个阶段都存在数量和质量上的不同。精英阶段的入学率非常有限，人们视之为"特权，因为出身或天赋而拥有的特权，或者两者兼而有之带来的特权"。马丁·特罗概括了精英阶段的特征："主要是为了打造统治阶级所需的头脑和性格，因为高等教育要为学生将来在政府和学术领域中担任的精英角色做好准备。"大众阶段意味着各个年龄段有超过15%的人念大学；普及阶段的大学入学率则要超过50%。在大众阶段，念大学被视为"具有某种正式资格的人的权利"；在普及阶段，念大学则是中上阶层儿童所承担的义务。在大众阶段，高等教育的首要任务发生了变化：为更多精英（"社会上所有技术和经济组织的领导层"）"传授技能，使之能够胜任具体的技术岗位"。普及阶段实际上可能涉及所有人。马丁·特罗就此解释："这是一个社会和技术都飞速发展的时代，高等教育在这个阶段的主要任务是最大限度地提高美国人民的社会适应力。"政策研究者西蒙·马金森得出的结论是："获得高等教育从精英阶段的特权转变为大众阶段的权利，然后在普及阶段成为'义务'。那时，要全面有效地参与社会生活，更高的资格成为其必要条件。"

第二次世界大战后的30年是美国大学的扩张时期，被称为美国高等教育的"黄金时代"，包括社区大学在内的本科招生人数增长了5倍，研究生院招生人数增加了近9倍，扩张的主要生源来自退伍军人、妇女和历史上被大学拒之门外的少数族裔。这种扩张的成因是导致婴儿潮的人口结构变化、战后经济的繁荣增长，以及冷战时期，联邦政府对与国防、经济和公共卫生相关的研发投资制度化，而这些研发都以高校为依托。但高等教育的扩张伴随着高校的逐渐等级分化，人们称之为"高校间的垂直分层"。布莱登·坎特维尔（Brendan Cantwell）和西蒙·马金森对此进行了解释："垂直分层包括：①念大学的价值不同；②学生群体根据自己学校的等级不同被划分为三六九等；③高校的等级差别。"他们引用了社会学家弗雷德·赫希（Fred Hirsch）的"位次竞争"，意思是"从在显性或隐性的等级结构中，为了争取更高地位而开展的竞争，其结果是以一些人的损失换来另一些人的收益。按博弈论的说法，位次竞争属于零和游戏：赢家赢得的，正是输家输掉的"。

尽管低选拔性的二线高校和无门槛高校（如社区大学和高职院校）在扩招速度上远远超过研究型大学，但一些主要研究型大学无疑也试图采用发展卫星校区（录取标准要宽松一些）这种方式来增加招生人数。这种区别招生也许可以看作烟幕弹，因为实际上，贫困人群和少数族裔的学生被疏导到了较差的学校。拉杰·切蒂及其同事在研究中发现，2000—2011年，虽然低收入家庭学生的大学入学率增长了，但他们念的大学主要是营利性高校和两年制大学。尽管"常春藤+"在此期间颁布了大幅减免学费等政策，但家庭收入在美国排后20%位置的家庭的学生进入这些学校的比例不过增加了0.65个百分点。此外，"家庭收入在美国排后60%位置的家庭的学生进入"常春藤+"的比例增加了0.8个百分点，进入其他精英高校的比例下降了3.1个百分点。"⊖

理查德·阿鲁姆（Richard Arum）、亚当·加莫伦（Adam Gamoran）和尤西·沙维特（Yossi Shavit）尖锐地指出："教育扩张的关键问题在于，它是通过为弱势阶层的人提供更多的机会来减少不平等，还是通过不成比例地为已经享有特权的人增加机会来扩大不平等。"另一项评估发现："任何两个社会

⊖ Chetty et al., "Mobility Report Cards," 35.

阶层在获得给定教育水平的概率上都存在不平等，这种不平等会持续到优势阶层达到饱和点为止。"⊖西蒙·马金森的解释是："高等教育的入学率高，并且在不断增长，但如果社会等级分化与高校垂直分层一致的话，它未必带来大规模的阶层向上迁移。"他为此引用了马丁·特罗的话："不同类型高校的出现，反映了社会大环境中的地位等级。高等教育成为加强阶层的有效方式，完全起不到瓦解作用。"苏珊·梅特勒警告说："总而言之，如今，高等教育正在成为一种种姓制度，不同经济背景的学生处于不同的阶层，他们在这些阶层中的经历最终使他们越发不平等。"

早在几十年前，这一概念还没进入关于社会经济机遇的讨论范围，那时人们就已经意识到高等教育分层会带来可怕的后果。1947 年，哈里·杜鲁门（Harry Truman）总统在杜鲁门高等教育委员会报告的前言中对其后果提出了警告："如果教育机会的阶梯在一些年轻人的门前升得很高，在其他人的门前几乎没有上升，同时，正规教育又成为人们取得职业及社会发展的先决条件，那么，教育可能成为加深并固化种族及阶级差异的手段，而不是消除它们。"第五次浪潮旨在纠正高校垂直梯队分层导致的不平等。尽管形成第五次浪潮的必要性不仅仅是看研究型高校的录取政策和招生能力是否与需求相称或其规模是否适合国家需求，但大学毕业生数量明显不足，已经威胁到了美国的繁荣昌盛和经济竞争力。顶尖高校几乎只录取了很小一部分合格的申请人，而且美国人口的发展趋势不利于贫穷家庭和少数族裔的学生进入好大学，但如果美国要保持社会繁荣，就必须在第四次浪潮的基础上扩充高校规模，从不同经济条件和族裔背景的人才库中吸收新鲜血液，让知识的生产和分配造福社会。

⊖ Adrian E. Raftery and Michael Hout, "Maximally Maintained Inequality: Expansion, Reform, and Opportunity in Irish Education, 1921 – 1975," *Sociology of Education* 66 (1993): 41 – 62, cited in Arum, Gamoran, and Shavit, "More Inclusion Than Diversion," 3 – 4.

拥抱新兴的第五次浪潮

普及高等教育是国家的一个基本奋斗目标，因此，扩大招生规模和招生范围必须成为高校改革的核心，这是各章节的一个主要观点。同时，我们也再次强调，研究型大学将大多数合格考生拒之门外，这已是美国各高校的常规做法，但这不仅不能促进生产，也有违道德原则。美国联邦政府里的高等教育决策者都还没意识到事态的紧迫性，但研究型高校扩招事不宜迟。大家在讨论美国高等教育时，不能将目标武断地锁定在培养更多大学毕业生这一件事情上。我们反复强调，标准化教学若是脱离了知识生产和探索与发现，是不可能带来理想的社会影响的。教育是一种公共产品，借口精英制来证明当前招生政策的合理性，其实是一种被动姿态，也是主动撕毁美国公立制高等教育中所隐含的社会契约。大学并不是人人都必须得上的，但如果美国要在全球知识经济中保持竞争力，就必须开始认真建设高等教育的基础设施，使其能够承担适龄学生总量的 1/4～1/3，让所有符合学业资格要求的学生都有机会读大学，并且通过大学学习都具备全球竞争力。美国大学生的总体面貌要能反映出美国经济及智力的多样性，不再像以前那样，只着重培养前 5% 或 10% 的精英学生。同时，我们还要建立普及教育体系，为半数以上的人口提供终身学习的机会。普及教育体系为来自各种社会经济背景的所有学习者服务，在学习者工作和学习的任一阶段，提供教育、培训和技能培养机会。

国家若是支持上述观点，就必须立刻采取行动，推动知识发现、创造和创新，确保每位公民的身心健康和大好前途，确保整个国家的经济增长和竞争实力。为此，第五次浪潮最终形成一个网络，联结公立/私立研究型大学、文理学院、商业和工业、政府机构和实验室及民间社会组织，通过学术创业、跨学科合作和公共服务，团结美国创新系统中的各种机构主体。美国需要大型公立研究型大学作为第五次浪潮的先锋,率先建立新型模式,按先进的知识生产和社会影响来改革招生模式,使教学和科研与招生形成互补和协作。

第四次浪潮从一开始就坚持教学和研究相结合的基本原则,研究型大学在整个发展过程中不断聚集能量,因此,第五次浪潮其实是对这个过程的加速。但在此背景下,第五次浪潮要借助第四次浪潮的成就,将尖端技术创新和教育的社会影响相结合,有意识地突破教学和研究之间的虚假界限。在研究型高校中,本科和研究生教育的质量与研究企业的覆盖面直接挂钩,因为在深度研究环境中,学生可与身处探索前沿的科学家和学者互动。新模式不仅要培养能进行知识创新的人才,还要培养具有跨领域适应力的专家型学习者,他们能够整合各种相互关联的学科,并能够不断适应变化的职场要求和永远处于创新中的知识经济转型。

很多高校对第五次浪潮几乎没有什么共鸣。第一次浪潮中的多数院校——如鲍登学院、威廉姆斯学院、阿默斯特学院、格林内尔学院或科罗拉多学院等领先的文理学院——选择继续按现有模式发展,因为它们有各自的宗旨。后一次浪潮的院校模式不会取代之前浪潮的院校模式,各种模式互不干扰,虽然某种模式的院校可能会选择与其他模式的院校合作。再说一次,从相对简单到日益复杂,院校的变革和创新是推动浪潮翻滚的力量。从第一次浪潮到第四次浪潮,比如哈佛学院转型为19世纪的哈佛大学,每一次浪潮中都有持续的变革和创新。并非所有的变革和创新都预示着下一次浪潮的出现。尽管如此,第五次浪潮中的新院校可能会从先前的浪潮中涌现出来,如亚利桑那州立大学。亚利桑那州立大学成立于1885年,那时它还是一所师范学校,或者叫作地区师范学院,属于第二次浪潮晚期建立的高校。到1960年之后,亚利桑那州立大学逐渐成为一所大型地方性公立大学,再到1990年之后,也就是第四次浪潮晚期,它转型成为一所研究型大学,目前正处于新兴的第五次浪潮的风口浪尖。我们反复强调,亚利桑那州立大学虽然可以被视为第五次浪潮的先锋,但普渡大学、宾夕法尼亚州立大学和马里兰大学系统都有可能成为我们的同伴。

第五次浪潮将增加新的高校类型，对现有高校类型进行补充，从而解决21世纪美国高等教育面临的众多关键问题。近年来，美国联邦政府及各州政府宣布了一些举措。我们可以看到，美国为了恢复高等教育在世界的领先位置而采取的措施，但美国高等教育模式目前受到重重束缚。提高大学学位获得率需要对整个教育系统进行改造，包括高中毕业率、大学就读率及两年制、四年制大学的毕业率。要50%以上的12年级毕业生拿到大学学位，就需要进入高等教育体系的学生人数几乎翻倍。但除了扩大现有规模外，还有更多的挑战。

如果没有包含院校模式创新在内的改革，增加高中毕业人数和上大学的人数可能只会导致大学毕业率的降低。第五次浪潮将关注每名学生的学业，通过培养学生举一反三的能力和增强教学的技术支持，大幅度改变教学方式。我们反复说，许多第五次浪潮中的大学可能会扩大规模，学生人数达到目前招生人数的2倍，毕业生人数达到目前的3~5倍，所服务的学习者人数增加到10倍以上，这些都是有可能的。要实现这个目标，美国可能需要30~40所大型公立研究型大学，如此，高等教育改革才能取得有意义的成效。要想实现这样的规模，我们需要从招生、科研、公共服务等多个方面付出努力，而且肯定需要社会和技术的干预。结果导向的具体目标有助于人们清晰了解全过程，如果各高校选择了这条路，它们就可能过渡到第五次浪潮。

半个多世纪前，时任加利福尼亚大学校长的克拉克·克尔（Clark Kerr）创造了"多元大学"（multiversity）一词，用来描述他眼中的这种"对整个社会的行为至关重要"的机构。他指出，当代大学作为"由一个共同的名称、一个共同的管理委员会和相关的目的凝聚起来的一系列社群"，其中包括"对停车问题不满而聚集在一起的个体企业家"。当代大学的组织结构已经变得异常复杂，并且"捆绑"了如此多的不同功能，以致克雷格·卡尔霍恩建议将"多元大学"一词替换为"巨型大学"（megaversity）。这个新造词也许有效地传达了第五次浪潮院校模式所固有的复杂结构,正如克里斯托弗·纽菲尔德提到新型美国大学时指出:"通过整合而不是分拆来起作用。"克里斯托弗·纽菲尔德恰当地概括了这类高校的管理:"精密协调多个目标,宛如指挥多种乐器奏响交响乐一样,比起公司式的命令和控制,能更好地为令人生畏的复杂社会服务。"这种管理"虽然是官僚作风的膨胀,但也是促进社会发展的工具"。

呼吁"分拆"高等教育来实现所谓的高效率和低成本,与全面通识教育的教育目标形成了鲜明对比,但全面通识教育正是研究型大学的标志。克莱顿·克里斯坦森(Clayton Christensen)感叹,由于研究型大学背负着"知识创造(研究)、知识扩散和学习(教学)及帮学生为生活和职业做准备"的"多元价值主张",它们"糅合了三种商业模式,既是提供解决方案的商店,又有增值流程业务,还提供便利的用户网络"。因此,州立大学通常被比作"麦肯锡咨询公司、惠而浦公司和西北互助人寿保险公司"的合体。也就是说,三种根本不同且不兼容的商业模式都位于同一机构内。在《创新的大学》(*The Innovative University*)一书中,克莱顿·克里斯坦森和亨利·艾林(Henry Eyring)为了从经济学角度进行论证,特地比较了哈佛大学和杨百翰大学爱达荷分校的本科毕业生的能力。他们认为,学术研究在学生获得学士学位方面并没有多大价值。尽管该分析具有重要的经济意义,但本科和研究生层次的卓越科研对第五次浪潮的研究教学环境至关重要。克里斯托弗·纽菲尔德描述了分拆主张背后的假设:"大学是学位工厂,为了削减成本,政府可以将认证职能与学术研究分开,并将培训课程与四年制学位分开。学生为自己需要的职场知识付费,不必为不需要的东西多花一分钱。"只不过这种说法存在一个问题:"完整的教学大纲旨在培养学生拥有全面的认知,但这样做的效果恰恰相反,不好就不好在这里。"他在别处也提到:"这种想法似乎要将大学教学内容转变为大量的考证课程,把教学放到线上。"大学课程向自助餐式结业证书方向发展,可能会成为传统学位课程注册的替代方案,但全面、完整的通识教育才是基础，同时也是全球知识经济中竞争力的先决条件，以专业认证为目标的课程最好作为通识教育的补充形式。

人们对先进教学和科研的需求，对它们产出的新思想、新产品和新工艺的需求都处于高潮，并且供不应求，但对高等教育的公共投资不太可能恢复到经济衰退前的水平。为了适应有限的国家资源，高校需要创新，可以从丰富财政收入渠道和实施创新战略入手，提高成本效益，包括利用新的互动教学技术。简而言之，有战略眼光的州领导人会拨款支持高等教育，但公立大学不能再继续将州政府当靠山了。以前的模式中找不出任何适合当下的模式，根深蒂固的观念和僵化的社会结构妨碍了大学对社会发展的适应性，与此同时，固有的机制阻碍了高校根据现实需求进行改革。因此，如果社会要繁荣发展，在学术领域冒些风险是必不可少的。此外，我们如何判断还有多少需求尚未被满足？或者他们根本无所需求，无数学生彻底放弃希望，退出了申请读大学的队伍，就像数百万人决定不再求职一样？

很多文章都在讨论美国高等教育的混乱、无效及人们由此产生的不满。但在上一个千年里，大学到底还是在不断发展，应对各种社会挑战，因此才出现了第五次浪潮，让我们有机会思考如何应对全球化过程中出现的复杂挑战。如果教学大纲认为应该首先在集体学习的基础上培养学生的能力，然后再考虑个性化和差异化，会怎么样？如果无法依据新生的社会经济条件预测他们的学习成效，会怎么样？如果所有学生都养成了定量科研能力和社科人文类的批判性能力，会怎么样？如果本科生毕业时同时拿两三个学位成为常态，高校降低成本，培养学生的能力翻了两番，会怎么样？假如新的教学方法可以部分或全部实现以上成果，第五次浪潮将在招生规模的社会影响方面迈出重大的一步。

一方面是招生范围和录取规模，另一方面是加速进行的改革，但这绝不是作为第四次浪潮主力的研究型大学面临的唯一挑战，也不是在亚利桑那州实施新型美国大学模式的唯一考量因素。我们要再次强调一个关键内容，如果第四次浪潮中的精英大学认为,淘汰大多数合格的学生、保持固定的录取率并无不妥,那么替代性的研究型高校就必然会出现,从而为更多学生提供卓越的学术环境。我们要培养他们的竞争力,而不光是关注传统意义上前5%或10%的尖子生,在所有符合学业资格要求的学生中,我们要能把前四分之一或三分之一的学生培养成功,这样,学生群体才能反映美国社会经济和学业的多样性,但要想做到这一点,对高等教育基础设施的投入就必须与这个任务成正比。唯有如此,才会促进探索、发现、创造和创新。美国要在21世纪保持繁荣昌盛,那么公立大学——单体大学也好,多校区的大学系统也好——就必须迎接挑战,扩大自己的专业范围和社会规模,促进卓越的科研和广泛的扩招。公平和繁荣都要求美国提高高等教育能力,在未来几十年内多培养数以百万计的大学毕业生。对依赖知识生产和应用的美国经济而言,这些毕业生既是催化剂,又是受益者。从这个意义上说,第五次浪潮的所有院校共同构成了建国元勋们心目中的国立大学——这些大学致力于为国家服务,完全可以算作国民服务型大学联盟。

第 2 章
第五次浪潮的高校原型

虽然学界、工商界、政府和社会各界共同发起组建第五次浪潮高校联盟的倡议，但具体而言，这个联盟是以新型美国大学模式为雏形，并在亚利桑那州立大学试点运行的。这种新模式有效地补充了大规模公立研究型大学的现有模式，出现在第四次浪潮转向第五次浪潮的转折点上。该模式为来自于不同国家、地区和经济社会背景的学生提供学习和科研机会，使学生不仅能探索新领域，更能参与知识生产。该模式不仅功能强大，而且影响深远。自2002年以来，亚利桑那州立大学经过全面的重新定位，成为世界一流的知识生产学术平台，不仅关注社会成果，而且范围广、规模大、普及性强。这就是新型美国大学模式的基本原型。

作为美国最年轻、规模最大的独立运行的公共研究机构，亚利桑那州立大学无论是在范围上还是在规模上，都经历了前所未有的变革。对相关指标重新定位后，亚利桑那州立大学成功地证明了顶级知识的生产、高普及率和社会影响力可以并行不悖。在新模式下，入学人数大幅攀升，新生在入学率、学位获得率、学习成果方面，以及少数族裔生源入学率都显著提高。学生群体的治学态度更加严谨，学生的家庭背景也更加多样，其中包括更多贫困人口和少数族裔群体，以及家庭第一代大学考生。该校大力新建研究用基础设施，大力增加教育财政支出。自2004年以来，亚利桑那州立大学的师生取得了无与伦比的学术成就，多个跨学科院级、校级研究机构得以创建，研究中心打破传统学科设置，通过重组应对社会挑战。

首先，我们将概述2002—2019年，重新定位给亚利桑那州立大学带来的成就，然后再评估这些数据及其意义。在此期间，亚利桑那州立大学的入学人数增长了116%，从2002年秋季学期的55491人增至2019年秋季学期的119979人，包括本科生、研究生和在职学生。其中，44253人是通过亚利桑那州立大学在线（Arizona State University Online）注册的。本科生入学人数增加了1.26倍，从2002年秋季学期的42877人增至2019年秋季学期的96727人，包括通过亚利桑那州立大学在线注册的33410人。2019年秋季新生班级人数为15606人，比2002年秋季新生班级人数增加了128.8%，学位授予率大幅增长，超过了1.33倍。与2002—2003学年所授予的11803个学位相比，2018—2019学年亚利桑那州立大学授予学位27485个，其中包括研究生和职业教育学生的8145个。在过去的6个学年中，亚利桑那州立大学已授予学位超过139500个。亚利桑那州立大学的实践证明了，学术的高水平与学生群体的多样性是密切相关的。到2019年秋季学期为止，少数族裔入学人数猛增3.1倍，从11487人增至47104人，占总入学人数的39.3%和新生班级的46.1%。虽然白人新生的绝对数量增加，但占比却降低了。2017年秋季学期，白人新生占比为49.4%，史上第一次低于50%，随后的2019年秋季学期为46.8%。在2018学年间，35%的本科生成了他们家庭中的第一名大学生。自2002年以来，第一代大学生人数至少翻了两番，从2002年的7560人增加到2018年的23583人。其中，22.2%的新生家庭收入低于美国联邦贫困线。在日益多样的学生群体中，2017年秋季学期新生在学率为85.5%，比2002年秋季学期高出11.5个百分点，入学4年后的毕业率提高至51%，其中绩点为4.0的学生占比高达70.3%，平均绩点为3.67。多样性进一步提升了学术水平。亚利桑那州立大学跻身美国前10名公立大学之列，入选美国优秀学者的人数超过斯坦福大学、麻省理工学院、杜克大学、布朗大学、加利福尼亚大学洛杉矶分校和加利福尼亚伯克利分校。获富布赖特奖的人数与普林斯顿大学和罗格斯大学相同，仅次于哈佛大学和密歇根大学。

大学的研究成果不仅要回馈社会，而且要为经济生产力和社会福祉做出贡献。亚利桑那州立大学于 2002 年成立的科研企业，不仅发展势头强劲，而且持续取得进展。2002—2018 财年，在教师规模没有显著增长的情况下，科研经费支出增长了五分之一。2018 财年达到创纪录的 6.18 亿美元，远远高于 2002 财年的 1.23 亿美元。根据美国国家科学基金会（National Science Foundation）公布的最新数据，亚利桑那州立大学已经成为美国发展超快的高校科研企业之一。该校科研总支出在过去 10 年中增长了 1.43 倍，超过了美国高校科研总支出的涨幅（46%）2 倍。美国联邦政府划拨给该校的科研经费增幅达到 92%，超过了美国联邦政府科研经费涨幅（29%）2 倍。根据美国国家科学基金会的数据，该校在 747 所没有医学院的大学中排名第八，领先于加利福尼亚理工学院、普林斯顿大学和卡内基梅隆大学。所有学科的科研支出和投资都在增长，这意味着该校的科研企业步入正轨，到 2025 年，年度科研支出将达到 8.15 亿美元。

本章将回顾和重估《建设新型美国大学》（Designing the New American University）中的案例，不仅证明其合理性，并能以此为出发点，对第五次浪潮的兴起进行深入的实证分析。因此，回顾该校的建设目标及挑战，有利于制订第五次浪潮高校模式的通用方案。自 2003 年起，亚利桑那州立大学依照其制定的目标进行建设，以大规模实时实验为主。由于建设规模大和范围广，亚利桑那州立大学严格执行所有相关方面，边实践边反思，最终成为美国高校建设中的示范院校。本章不是严格意义上的个案研究，它既没有按照定性研究的要求严格执行，也没进行成熟缜密的分析。在罗伯特·殷（Robert Yin）的专著中，他将个案研究分为 3 类：探究模式、探究方法或用于个案研究中的研究方法及调查单元。不同于罗伯特·殷的精细分类，我们聚焦亚利桑那州立大学，视其为个案或调查单元，证明了新型美国大学和第五次浪潮模式的可行性。

但是，罗伯特·殷的个案研究方法中有两个方面值得借鉴。首先，该方法可以解决实践中真实存在的问题，如亚利桑那州立大学与其所处的大环境间界限模糊的问题。此外，个案研究的方法可以解决变量过多的问题。比如，在现有数据无法处理过多变量时，我们就可以从理论上将多渠道获得的大量数据归纳整理。这些方法都有助于形成针对性的规律。所以，本章采用了有利于本文观点的数据，不包括看似合理却相互矛盾的假设或解释。约翰·帕吉特和沃尔特·鲍威尔提出了历史归纳与演绎模型相结合的分析框架："历史归纳与演绎模型是互补（而非相斥）的，它们都有助于发现并记录某组织的诞生这一社会过程。"这种框架更加适合本章的研究。历史归纳方法是以经验和现实世界为基础的方法，而本书中的新型美国大学和第五次浪潮模式的构建过程恰恰符合演绎模式。尽管定量研究的数据和其他相关数据可以说明亚利桑那州立大学代表了第五次浪潮的大学模式，但因为该校是个复杂的机构，与地方、州、国家、国际甚至星际有密不可分的关系，所以我们通过定性研究得出结论。当研究人员在调查或测试中运用定量方法时，他们不考虑测量方法对研究对象的影响。与之不同的是，学术界直接参与了企业的设计和运行，并通过与个人、团体、社区和不同文化族裔之间的持续互动，进行定性评估。归根结底，我们希望以常规的方式来看待本章中的个案研究，而非从专业的角度去审视它。

重新定位的必要性

新型美国大学模式的出现，表明美国研究型大学已经开始重新定位。作为一个复杂的、综合的、自适性的知识生产型企业，美国研究型大学一直致力于发现、创造和创新，并向最广泛群体开放，包容其经济和智力的多样性。我们将在第5章中评估这一观点的理论基础。重新定位指的是高校设计建设，随后我们将在本章中详细介绍其过程。在高校建设的过程中，学术界努力打造一个致力于公共价值和公共利益的机构，并推动其快速发展。这种过程大都循序渐进，除非面临重大危机。据预测，到21世纪中叶，区域内的、单一的综合性研究型大学的入学人数将翻一番。面对前所未有的区域人口结构变化，受教育程度滞后和经济产出低迷问题突出，这都要求高校做出适当应对。高校的重新定位，就是试图重新评估并设计其课程、组织和运行。人口统计学家内森·格雷威写道："毫无争议，人口结构的变化正在改变美国人口分布，同时也为高等教育带来了挑战。""由于移民、跨州移居和不同人口群体间生育率的差异，从总体上看，以西班牙裔为主的西南部的人口增幅最为明显。"内森·格雷威还提到："人口结构的变化给这些地区的高等教育带来了不利的影响，人口从教育优势明显区域迁移到教育获得感偏低的地区。"这让亚利桑那州立大学的重新定位迫在眉睫。

教育程度对人力资本和知识资本的影响最为显著，对个人发展的影响也是不言而喻的。没有比四年制学位教育更好的投资了。大学教育的预计年回报率大于15%，这个回报率是股票投资的2倍，与公司债券、黄金、国库券和住房所带来的回报相比，保守估计也在3倍以上。没有什么比学士学位更能帮助你摆脱贫困了。高中文凭持有者的失业率，几乎是学士学位获得者的2倍。美国范围内，学位与人均国内生产总值的增长成正比。那些学位授予率高的州，其人均国内生产总值普遍增长更多（见图2-1）。2000—2010年，亚利桑那州的学位授予率为美国最低，其人均国内生产总值在此期间也下降了。人力资本、产业集群、经济增长和公民个人发展之间的关系显而易见：因为不具备高薪工作所要求的资格证书和技能，人们只能被迫从事低收入岗位。可见，高新技术行业是智力密集型行业。自2005年以来，亚利桑那州在职业、科学和技术服务及制造方面的产量增长几乎为零。尽管其信息产业有所增长，对国内生产总值的贡献率仍低于40.4%的美国平均水平。虽然亚利桑那州的税收和营商成本已经很低了，但该州的产业增长慢、产出低，这都是专业技术人员短缺所引起的。亚利桑那州的产品和服务的贸易价值不大，本地产业工人往往技术水平低，这也给本地经济带来较低的价值。

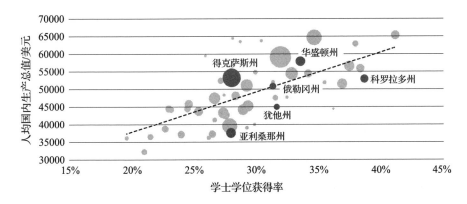

图2-1 2016年美国各州成年人学士学位获得率与各州实际人均国内生产总值的关系

来源：美国人口普查局（U.S. Census Bureau）、美国社区调查（American Community Survey）和美国经济分析局（U.S. Bureau of Economic Analysis）。

亚利桑那州在创造人力资本方面的表现如何？对该州居民家庭财富意味着什么？事实证明，在亚利桑那州，每100名九年级的孩子中，64名将在4年后从高中毕业，18名将在1年内完成4年制高等教育课程，仅有9名会在6年内完成他们的学士学位学业。在这些数字的背后，一场完美的风暴正在酝酿，随着它在亚利桑那州的登陆，将对该州的社会和经济产生冲击。几十年来，按照经济发展战略，该州创造了低成本、低税收的商业环境，而非创造人力资本。这种策略毫无疑问地吸引了低附加值产业并促进其增长。不可否认，这些行业创造了就业机会，但随着我们的经济变得越来越高效，这些行业的工作岗位也最有可能被新技术取代。这些领域的就业机会和劳动力的需求肯定会被打乱，这样一来，亚利桑那州的居民在经济和社会上都处于弱势地位，该州适应新机遇和应对新挑战的能力都会有所下降。亚利桑那州遭受的经济损失比其他州更大，需要更长时间才能恢复。虽然我们永远无法完全了解区域经济增长的方方面面，但任何行之有效的提升人力资本和知识资本增能方案都值得尝试。通过了解该州经济发展战略的不足，我们能为该州提出更好的替代方案。在这种背景下，对亚利桑那州立大学的要求非常清晰：

亚利桑那州立大学将为该州高效地培养人才，提供方案和技术支持，从而满足知识密集型产业长期持续发展的需求。学术型企业的运行模式势必带来巨大的转变。

该州大萧条后的数据支撑了这个观点。美国各州的公共教育投资保持低位，普遍低于大萧条之前的水平。预算和政策研究中心（The Center on Budget and Policy Priorities）的研究发现，在2017学年结束时，美国对高等教育的投资接近90亿美元，去除通货膨胀因素，这一数字低于2008学年。即使国家财政收入已有所恢复，除5个州外，其他州的人均学生支出均低于2008学年，各州平均支出仍为16%，相当于经济衰退前的低水平。在这10年里，包括亚利桑那州在内的8个州给每名学生的拨款额减幅超过30%，学生资助也减少了53.8%。事实上，自经济衰退以来，亚利桑那州所获得的财政拨款在美国高校中减幅最为明显。据我们估计，亚利桑那州立大学财政拨款的锐减程度，在美国高等教育史上是最大的（见图2-2），不论是绝对资金支持还是立法机关通用拨款支持。事实上，自1979年以来，亚利桑那州高等教育人均经费支出减少了大约75%（见图2-3）。经费减少的同时，入学人数达到

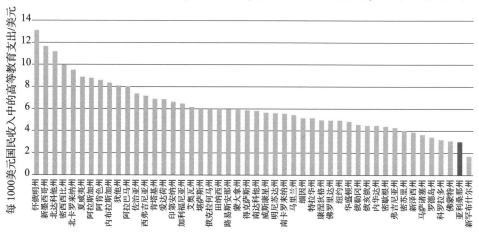

图2-2 亚利桑那州的高等教育投资落后
来源：伊利诺伊州立大学教育政策研究中心。

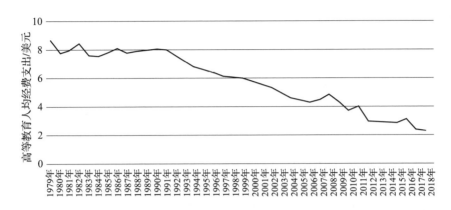

图2-3 亚利桑那州高等教育人均经费支出（自1979年以来）

来源：美国商务部（U. S. Department of Commerce）、美国经济分析局（U. S. Bureau of Economic Analysis）和亚利桑那州联合立法预算委员会（State of Arizona Joint Legislative Budget Committee）。

新高，即2002年秋季学期至2019年秋季学期之间，入学人数大约增长了116%。而且在同一时期，少数族裔入学人数增加了3.1倍，每年学位授予数也提高了1.33倍。

亚利桑那州立大学旨在树立独特、自主的高校形象以区别于现有学术结构和运作过程。该校认为高校的身份不是通用的，也不是由立法命令规定的，这点对公立大学显得尤其重要。自主权可区分官僚机构和充满活力的跨界学术企业。缺乏自主权，同构复制可能会带来倒退。同构鼓励官僚化。正如安东尼·唐斯（Anthony Downs）指出的那样，同构崇尚常规和标准化，遵守规则和滋生惰性，这同自治企业的目标背道而驰。官僚化在一般的公立大学中最为明显，这种陈旧的服务模式把本科教育看作基本任务。新模式所带来的变革是实实在在的且迅速的演化，而不是循序渐进的演化。该模式打破惰性和停滞，它或许会带来革命性变革，正如进化学中的间断平衡论所分析的那样。第五次浪潮模式必须体现公共价值并服务于公众利益。因此，为了重振植根于美国公立高等教育理念中的社会契约精神，该校恢复公立大学的历史模式，按照其初衷和愿景努力实现高普及率和高社会参与度。该模式依据

1862年颁布的《莫里尔法案》建立的赠地大学为原型。新型高校模式能扩大招生能力，鼓励多样性，并为多元异质的学生群体提供世界一流的科研机会和求学机会。这个群体能充分代表本地人口情况，其中很大部分学生来自于贫困家庭和少数族裔家庭，还有一部分学生是他们家里的第一位大学生。同时，该模型推动知识生产和创新，旨在实现该校的转型目标，即到2025年成为全球领先的跨学科研究、发现和研发中心。

该模式为不同阶层的学生营造研究氛围，使其学有建树，那些不符合传统学术标准，但具备天赋和创造力的群体也包含在内。几乎所有顶尖高校都向成绩优异的学生提供机会，他们可来自贫困家庭和少数族裔家庭。这种方式可以体现生源多样性，高校也不必在人才库里层层选拔，虽然这个人才库由不同经济背景和种族背景的人员构成。尽管聪慧的人遍布在整个人群中，但是聪慧对于大多数人而言是通过技能、能力和经验体现出来的，而当前的招生条款都无法体现。高校只是按照传统意义上的优秀进行人才选拔，未能公正对待大量有天赋和创造力的群体。

亚利桑那州立大学实施多项策略，致力于营造世界一流的求学体验，并在多项研究中表现出色。这包括：教育设计和教育开展技术，为缩短学位完成时间而进行的指导和课程创新，积极提高学生的在学率和毕业率，减少获得学位所需的资源；横跨四大校区的统一行政管理机构，负责管理全国最大的高校；利用协作式投资模式建设基础设施，不断提高大规模运作效率，兼顾数量和质量，将包括智力资本在内的那些易被忽略的资产货币化。此外，或许最独特的是，该校认识到用不同方式思考的价值，从而有机会成为与企业、行业和政府间跨界合作的"先行者"。

即使亚利桑那州立大学是美国高校中招生人数最多的学校，成本效益也一直是该校的关键性指标。我们看到，通过战略性的组织精简，亚利桑那州立大学削减了成本并保持学术核心的质量。这样一来，在美国，该校不仅在大学毕业生的培养上处于第一阵营，也在前沿研究中硕果累累，由此每年为本州贡献高达数亿美元的经济成果。在该校获得学位的成本比美国该方面的中位数低了将近20个百分点。此外，学校严肃财政纪律，并且引入战略伙伴，成功控制成本。一直以来，该校每名学生的师资配备大概是其同行高校的一半，即每100名学生配备的师资为12.42人，而其余15所示范性研究型高校的师资配备的中间值为25.18人。与其他所有同类型高校相比，无论是完成学位的成本指标还是科研企业的产出指标，该校的进步是显而易见的。预计通过严肃财政纪律、技术应用和规模经济，成本可以稳定在目前水平。

为了推进新美国基金会"下一代大学"的发展计划，此处重申本书中的4个关键性结论："以学生为中心的远景目标至关重要；规模越大，做得越好；招收大批准备不充分的学生并将其培养成才；高校可以大规模、快速地进行创新。"新型美国大学和第五次浪潮的方式与新美国基金会的报告原则一致。但却与公立高等教育的规范背道而驰。正如克里斯托弗·纽菲尔德指出的那样："由于高校像工厂般高效运作，组织大型讲座，进行机械化评分，最大限度地减少师生间接触，40年来更多地启用临时导师，这些确实让公立大学的每位学生的花费比私立学校少。"他认为在这种背景下，简单粗暴地使用慕课的例子恰恰说明，一味追求效率可能适得其反。"在高等教育上省钱会迫使其标准化，从而越来越不适应知识经济。"相比之下，标准化显然不适合新型美国大学模式，保留学术核心力远比最大限度提高效率要重要。

让更多人享有高水平的学术资源

大量证据显示，大学学位能给个人和社会带来回报，所以创造人力资本就是以提升个人能力为核心。我们通过各项与学生相关的指标，评估人才培养过程创造的人力资本。其中最为重要的是入学总人数的增加，这意味着四大校区学生群体的壮大。另外，新生在学率也是一个重要的指标，它指的是学生能否继续在校学习并获得学位的比率。还有毕业率和学位授予率，体现学校在生产人力资本方面取得的全面成功。亚利桑那州立大学的招生人数在美国是最多的。这是学校建设中一个深思熟虑的选择，完美地体现学校章程中的精神。我们经常被问到的是，亚利桑那州立大学什么时候停止扩招？这是一个错误的问题。亚利桑那州人力资本发展滞后，受其影响，只有寥寥无几的高中新生能进入大学并毕业，这时我们更该问："怎样才能更快地扩招？""我们该如何解决这些问题？"为了应对这些挑战，亚利桑那州立大学大胆地制订计划，预计2025年招生人数将超过120000人。目前，已注册的学生为100000名。我们正在逐步实现这一目标。

新型美国大学模式体现广泛的普及性、包容性而非排他性，重视产出而非投入。在本章开头，我们分享了一些关键数字，包括本科生、研究生和职业学生的入学人数增长了116%，从2002年秋季学期的55491人增加到2019年秋季学期的119979人。在随后的教学区域分类评估中发现，网上注册人数为44253人，大力拓展了亚利桑那州立大学的沉浸式校园。2018年秋季学期的入学总人数为111291人，其中37384人是通过网上注册的。可见，一学年内入学人数增长速度如此迅速。我们再强调一下，本科生入学人数增加了1.26倍——从2002年秋季学期的42877人增至2019年秋季的96727人，其中33410人通过网上注册。在此期间，研究生入学人数也增加了约84%——从2002年秋季学期的12614名研究生和在职学生增加到2019年秋季的23252人，其中10843人通过网上注册。2018年秋季新生班级人数为13975，第二年则增至15606人。高中平均绩点3.45，SAT分数中位数为1210。2017年的新生班级高考中位数为1200。由于2016年3月的考试重新设置，对分数进行了调整，2018年的新生班级高考中位数为1180。2019年秋季新生班级规模比2002年秋季班级增加了128.8%。在2018年秋季班级统计排名中，27.5%的高中毕业生排名处于班级前10%。在拥有这些学历的学生中，前十分之一的优秀新生比哈佛大学所有新生班级的总人数还要多1000人。

四年制的毕业率已上升至51.0%，但对于平均绩点为4.0（>3.67）的学生，毕业率为70.3%。2003—2012年，亚利桑那州立大学四年制的毕业率几乎翻了一番，五年制的毕业率增加了将近15%，六年制的毕业率增长超过20%。2012年入学的新生中，六年制的毕业率为67.7%，与1995年秋季入学的新生28.3%的毕业率相比，增长了37.6%。2011年进校的大一新生中，六年制的毕业率达到63.1%，比1995年秋季入学新生的毕业率增长了28.3%。2010年，美国四年制公立高校的大一新生中，六年制的总体毕业率为58.9%。学生群体构成越来越多样化，亚利桑那州立大学2017年秋季新生的在学率为85.5%，比2002年秋季新生在学率高出11.5%。

  毕业率的提高意味着学位授予率的提高。由于在线项目的启动，在过去5年里，亚利桑那州立大学学位授予率显著提高，超过了同行高校中的佼佼者。学位授予率增加了约1.33倍，从2002—2003学年的11803个增至2018—2019学年的27485个，含8145名研究生和在职学位。在过去的6个学年中，该校已授予超过139500个学位。亚利桑那州立大学每年颁发的学位数量都在增加，特别是紧缺专业学位。亚利桑那州立大学在科学、技术、工程和数学（STEM）及教育和卫生专业方向的学位授予量大幅提升。这些领域有助于提升亚利桑那州在美国乃至世界的竞争力。亚利桑那州立大学计划到2025年将急需紧缺专业的学位授予量增加1倍。STEM专业的大批毕业生将助推亚利桑那州高新技术、高附加值产业的持续发展。该校培养的师范专业毕业生也将增强师资，推动该州的教育产出，为高考考生保驾护航。该校毕业的护理和医疗保健人员人数也在增加，这有利于该州医疗保健系统满足不断增长的人口需求。

  这里要重申一点，先前个案研究中也有提到，我们需要对毕业率持续提升的意义进行区别性的阐释。四年制的毕业率的数据（2014年）和六年制的毕业率的数据（2012年）显示，毕业率在很大程度上受到学生入学前高中绩点分数的影响。随着学生从入学后的学习时间从4年延长到6年，GPA为4.0和3.0的学生之间的毕业成绩差异会逐渐缩小。

传统模型下，大家普遍认为根据学生在高中阶段的学业水平，很大程度可以预测其在大学期间的在学率和毕业率，所以高校录取时，不同的学业水平尤其重要。亚利桑那州立大学招收来自不同群体的学生，而有些高校只录取特优生。拿他们进行比较的话，我们容易忽视这类高校在提高所有学生的成功率方面所做的努力。而且，亚利桑那州立大学四年制和六年制的毕业率，与掐尖选拔的加利福尼亚大学系统高校相比毫不逊色，毕业率的最新数据分别为63%和83%。但加利福尼亚大学系统的高毕业率源于"学生入学时的高水平"。亚利桑那州立大学已超过俄亥俄州立大学、得克萨斯大学奥斯汀分校等同行高校。

从2002年秋季到2019年秋季，少数族裔的入学人数猛增了约3.1倍，从11487人增加到47104人，2019年的少数族裔学生占到入学总人数的39.3%。自2002年以来，全日制应届新生班级规模扩大了1.29倍，有色人种的入学率远远超过了新生班级规模扩大的比率。2019年秋季入学的应届新生班级中，原有比例低的少数族裔生源首次占比达46.1%。这意味着，从2002年至今，原有占比低的少数族裔学生的招收数量已经增加了3.73倍。在这期间，少数族裔本科招生总数增加了3.24倍，非裔学生从1768人增加到6404人，增长了2.622倍。亚裔学生从2535人增加到7434人，增长了1.933倍。西班牙裔从6018人增加到26350人，增加了3.38倍。尽管白人新生的绝对人数有所增加，但在2017年秋季，其在班级内人数占比首次低于50%，显示为49.4%，2019年秋季则为46.8%。

毋庸置疑，高中毕业生的学术天赋并不专属于有优越背景的学生群体。因为亚利桑那州立大学一直相信，出色的学术能力与学生群体的多样性密切相关，所以一直坚持向贫困人口和少数族裔学生提供就读机会，只要他们潜心钻研学术，就能在研究领域有所建树。例如，2018学年，35%的本科生是他们家庭中的第一代大学生。在过去10年里，得益于扩招、外部努力、经济援助方案和学生成才项目的共同影响，该校培养的家庭第一代大学生人数翻番。自2002年以来，家庭第一代大学生的人数增加了2倍多，从2002年的7560人增加到2018年的23583人（见图2-4）。

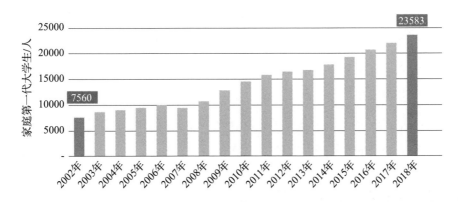

图2-4 亚利桑那州立大学培养的家庭第一代大学生
来源：亚利桑那州立大学机构分析办公室。

自2002财年以来，亚利桑那州立大学身体力行，确保每个合格的亚利桑那州的学生不会因经济原因被学士学位挡在门外。在此期间，大学已从低学费、低入学率方式转变为收取适量学费的方式。这样一来，学校可以预留出一部分学费收入，资助有需要的入学申请者。因此，2002财年，该州全日制应届新生中，低于美国联邦贫困线的学生人数为300人，在每个新生班级中占6.9%。但到了2018财年，据初步数据显示，该类学生人数增加到1514人，在每个新生班级中占22.2%。家庭年收入低于20000美元的入学新生人数从2002年秋季的219人增加到2017年秋季的1036人（受资助的应届本地生源新生），增加了3.73倍。巴拉克·奥巴马总统启动的学者项目带来了巨大的改观。自2009年5月启动以来，亚利桑那州内中等年收入家庭新生，可以在背负较少债务或无债务的情况下完成学士学位。来自困难家庭的学生，只要符合申请资格，都将由该项目为其支付学费。

2018财年，亚利桑那州立大学向101400名学生提供了各种形式的经济资助，总额达到创纪录的15.8亿美元。其中，7.6亿美元以奖学金和助学金的形式给了80443名学生。针对本科生的财政补助总额，从2002财年的1.95亿美元增加到2018财年的12亿美元，增长了5.15倍。获得经济资助的本科生人数从2002财年的25594人增加到2018财年的83297，增长了2.25倍。佩尔助学金获得者从2002—2003学年的10344人增加到2017—2018学年的35595人。低收入家庭学生按需申请此类奖学金，完成高等教育。2003—2018财年，应届新生获得佩尔助学金的人数从1209人增加到4706人，增长了2.89倍。2018财年，62%的本科生获得了经济补助。对有需求的全日制本科住读学生而言，每人获得的经济资助套餐的均值为14227美元。在2018财年，该校本地生源毕业生，人均获得22579美元的贷款。大学理事会称，该校本科生的平均债务水平远低于美国公立大学的平均水平，如2015—2016学年估计为30100美元。亚利桑那州立大学向本地生源提供求学机会，解决其后顾之忧，这成为该校历史上重要的成就之一。

根据《美国新闻与世界报道》杂志的排名，亚利桑那州立大学已连续5年被评为美国最具创新力大学，这不仅肯定了其开创性的倡议，而且也认可了其全新的合作伙伴关系及项目和研究。这套广受赞誉的年度排名比较了1500多所高校的各项指标和同行评议，包括学院和大学校长、教务长和招生主任。他们依据各校对课程、教师、学生、校园生活、技术或设施的最富创意的改进来提名，最多可提名10所院校。紧随其后的是斯坦福大学和麻省理工学院。过去15年里，亚利桑那州立大学的毕业率提高了80%以上，这大致解释了创新力排名如此靠前的原因。事实上，该校是美国发展最快的研究型大学，它强调包容性和学生成才，吸引了州内大量少数族裔新生，他们占到了州内新生总数的一半以上。此外，该杂志将亚利桑那州立大学的特点总结为，最适合"B等生的A+级别的高校"。在这类大学招收的考生中，有部分考试成绩和班级排名未达到A等，但其新生在学率却保持在75%以上。

学校出台多项措施提高学位授予量、鼓励经济多样性、招收少数族裔新生和保证新生在学率。与此同时，该校学术成就斐然，多样性潜力巨大，科研企业得以成功推广。不论经济状况好坏，它一直坚持向符合学业资格要求的本地生源提供入学机会，体现学生群体的多样性。通过层层筛选，毕业率和新生在学率很容易提高。尽管普及率提高了，却不影响该校的新生在学率和四年制的毕业率，它们依旧高于美国公立高校的平均水平。此外，招收的新生中有为数不少的学生群体的学术能力与常春藤盟校和美国顶尖的文理学院的新生水平不相上下。该校向来自不同背景、达到学术资格要求的学生提供进入世界一流的研究型大学求学的机会，否则他们将被其他高校拒之门外。这恰恰是在高校强势扩招和财政拨款锐减的历史时期做到的。该校创办学术企业和提高成本效益。正是这种高校文化提高了生产力，推动了创新。该校并不是要同百年名校正面对决，作为美国最年轻的研究型大学，该校要重新定义高校该如何参与社会事务并发挥积极作用。

努力实现国家目标和全球福祉

高校科研企业通过不断开拓知识前沿，促进了自身的成长壮大，并且推动了第五次浪潮的发展，为实现国家目标和全球福祉贡献力量。亚利桑那州立大学科研企业的不断发展壮大来之不易。直到1958年，该校才获得大学地位。随后在1994年，卡内基教学促进基金会认定其为广泛研究型（"Ⅰ类研究"）大学，成为拥有此项殊荣的88所高校中的一员。更重要的是，在没有农学院和医学院的情况下，它成为美国屈指可数的几所研究型大学之一。在研究方向上，该校关注社会成果和人类福祉，推进各方面创新，积极应对各项威胁全球健康幸福的大规模复杂挑战。该校最核心的研究倡议符合美国国家核心目标，如地球和太空探索、可持续性和可再生能源、先进材料、柔性电子、医疗保健、国家安全、城市系统设计和STEM教育等战略领域。

从2002年科研企业启动后，亚利桑那州立大学开始了雄心勃勃的扩张，并持续取得进展。2002—2018财年，在教师规模没有明显增长的情况下，科研支出增长了五分之一以上,2018 财年达到创纪录的 6.18 亿美元,远远高于 2002 财年(见图 2-5)的 1.23 亿美元。这一数字表明,在过去 10 年中,科研支出实际值和百分比增长都达到最大值。美国国家科学基金会公布的数据显示,在 2007—2017 年年度科研支出超 1 亿美元的高校中,亚利桑那州立大学一直是增长非常快的大学研究型企业之一。亚利桑那州立大学的研究进展速度仅次于印第安纳大学和纽约大学。印第安纳大学接管了原隶属于印第安纳大学与普渡大学印第安纳波利斯联合分校的医学院,而纽约大学合并了之前独立运作的理工学院。过去 10 年,亚利桑那州立大学的科研总支出增长了 143%,超过美国高校科研总支出(46%)的 2 倍。亚利桑那州立大学的联邦拨款增长了 92%,增长率约为美国在该项平均值(29%)的 3 倍。根据美国国家科学基金会的数据,在美国 747 所没有医学院的高校中,亚利桑那州立大学的科研总经费排名第 8 位,领先于加利福尼亚理工学院、普林斯顿大学和卡内基梅隆大学。在参与调查的 903 所高校中,亚利桑那州立大学排名第 44 位。在非医学院支出方面,亚利桑那州立大学在 903 所院校中排名第 21 位。在美国国家科学基金会资助的经费方面,亚利桑那州立大学排名第 20

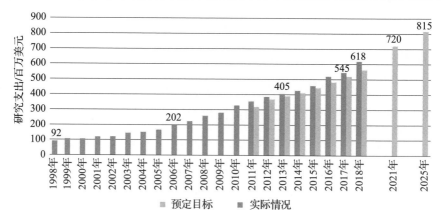

图 2-5　亚利桑那州立大学的研究支出(1998—2025 年)

来源:美国国家科学基金会、高等教育研究和发展调查局(HERD);亚利桑那州立大学知识型企业。

位，领先于哈佛大学、芝加哥大学、宾夕法尼亚大学、普林斯顿大学、杜克大学和约翰斯·霍普金斯大学。在美国国家航空航天局（NASA）资助经费中排名第8位，领先于斯坦福大学、哥伦比亚大学、佐治亚理工学院和加利福尼亚大学洛杉矶分校。在非科学和工程学科排名第13位，社会科学学科排名第4位，人文学科排名第5位。

所有学科的科研支出和大量的基金资助都表明，亚利桑那州立大学的科研经费有望在2025年达到8.15亿美元。这有利于实现美国成为全球跨学科研究、发现和发展中心的愿景。为了实现这一目标，我们需要提升教师能力、实验室能力和设施能力，并加大投入，拼尽全力中标大规模联邦项目，建立伙伴关系，以及向包括国际发展在内的资助新领域发展。在2017财年，只有两家机构在没有医学院的情况下，总科研支出超过8.15亿美元：麻省理工学院（9.52亿美元）和得克萨斯大学M. D. 安德森癌症中心（University of Texas M. D. Anderson Cancer Center，8.88亿美元）。只有21家拥有医学院的机构报告研究支出为8.15亿美元。

在教师规模保持稳定的情况下，科研企业不断壮大。2002年以来，亚利桑那州立大学的学生与教师比一直保持在21∶1。这充分证明了教师在创造力和生产力方面所取得的成就。目前，亚利桑那州立大学的教职员工中，有5名诺贝尔奖获得者、5名麦克阿瑟研究员、7名普利策奖获得者、35名古根海姆研究员、196名富布赖特美国学者、77名美国国家人文基金获得者，另外还有人数已达到该校有史以来的高位的各类科学院成员，其中包括10名美国国家工程院院士、23名美国国家科学院院士、3名美国国家医学院院士、22名美国艺术与科学研究院院士。顶尖的学术能力也离不开学术群体的多样性。2002年秋季至2018年间，少数族裔的终身教授和进入终身制轨道的教职人员，从占该类别总数的18.5%增加到28.9%，增长了56.2%。在这个时间范围内，终身教授和进入终身制轨道的教职人员的人数从1671人增加到1994人，增长了19.3%，而少数族裔的终身教授和进入终身制轨道的教职人员的人数从309人增加到576人，增加了86.4%。

各学科研究人员参与在建资助项目的数量攀升，一定程度上说明了该校在跨学科合作方面的强劲势头。2003—2018财年，其数量增长了182%，超过了单一学科研究项目27%的增长率。2003财年，20%的在建项目涉及一个以上的学科单位。2018财年，这个数字增加到35%。在此期间，单一学科在建项目的总价值增长了106%，而多学科在建项目的总价值增长了367%。

与同行的绩效指标相比，亚利桑那州立大学一直保持较高的技术转让创收水平。截至2018年，在没有医学院的情况下，该校的科研人员成功申请美国专利数全球排名前十，在美国排在第3位，仅次于麻省理工学院和加利福尼亚理工学院。亚利桑那州立大学与密歇根大学并列第十，其中还包括加利福尼亚大学、斯坦福大学、哈佛大学和约翰斯·霍普金斯大学。校园孵化的专利将由Skysong Innovations中心负责管理，其前身是成立于2003年的亚利桑那科技企业（Arizona Technology Enterprises，AzTE）。它为大学提高专属的知识产权管理和技术转让服务。该创新中心与教师、投资者和行业合作伙伴一起，加快产品从实验室到市场的创新流程。它专注于组织规模缩放和运营效率的提高，这样一来显著优化了从实验室到商业应用的技术流程。跨校产出统计数据显示，该创新中心的交易流量很高，其娴熟的流程管理扩大了影响力。该中心坚持按照企业方式运营，先发制人，以数据为驱动，寻找专利许可人、开发合作伙伴和投资者，并通过合伙、许可和收购创造更多的外部收益。

大学技术经理人协会（AUTM）提供的年度调查数据显示，考虑到研究型企业的规模，该校在知识产权投入（技术发明）和产出（许可交易和初创企业）方面，一直处于美国表现最佳大学之列。米尔肯研究所（Milken Institute）统计了高校在技术成果转化为商业成果方面的表现，亚利桑那州立大学在美国排在第20位，在没有医学院的高校中排在第6位。该排名强调，大学是国内经济增长强大的引擎之一。迄今为止，该校已经孵化了120多家创新公司。这些公司经济影响力大，筹集了超过 7 亿美元的风险投资和其他资金。塞德曼研究所（Seidman Research）在对 Skysong Innovations 中心登记在册的 36 家公司进行调查后发现，它们都成立于近 10 年，并由亚利桑那州立大学孵化。该调查估测了这些公司 2016 年和 2017 年对亚利桑那州的经济的整体影响，发现它们每年提供了大约 2600 个工作岗位，创造了 2500 万美元的州生产总值，在现有基础上多支付 1.7 亿美元的员工工资，为该州和地方的税收多创收 2200 万美元。Skysong Innovations 中心不仅立足于亚利桑那州，而且持续拓展实体业务，比如建立位于圣莫尼卡的亚利桑那州立大学加利福尼亚中心（ASU California Center），深化亚利桑那州和加利福尼亚州创新生态系统之间的合作。

15 年来，该校通过重新定位，取得了前所未有的成功，科研支出持续增长，影响力不断扩大。现在，各层次的制度创新和跨学科合作已经成为常态，该校正在深化下一阶段的制度创新，其力度远非传统公立大学所能及，包括建立外部附属组织、鼓励学术界开拓知识和探索的前沿。亚利桑那州立大学科研企业（ASURE）是该校附属的非营利性公司，旨在为国家安全和国防提供更好的服务。该企业协调国防部门和该校科学家之间的工作，打破组织和文化界限，推动科研合作。美国国防部和国防情报局每年发布价值数十亿美元的研发招标公告，但高校的科学家们望而却步，主要是因为在如何与机构协作、满足安全要求和熟悉联邦技术采购操作等方面缺乏必要的帮助。该企业通过聘请经验丰富的专业人士，补齐短板。他们在军事、国防和技术方面拥有丰富的经验，能为专业技术知识、运营能力和领域知识方面提供帮助。该企业组建专家教师团队，解决跨领域的国家安全问题，比如计算机网络、供应链管理、数据挖掘、无人驾驶车辆控制、人机决策、水净化和医疗保健等。它虽附属亚利桑那州立大学，却享有自治权，这就能在项目执行时尽量简化安全许可手续，简化规定，提升整体灵活度。尽管在项目实施过程中，由于国防和情报采集的特殊性，要求诸多，它也积极应对，充分挖掘教职人员的专业潜力。

此外，亚利桑那州立大学研究合作实验室作为具备创新能力的新企业，提供研究成果转化服务。该实验室作为孵化器，负责将有影响力的想法引入市场，并提供法律、财务报告和管理服务。这些想法大多来自教职工和学生。美国国家生物标志物开发联盟是该实验室首个重大项目，它推进生物标志物开发的全球标准，并将其引入广泛的临床应用。针对极为复杂的项目，该实验室提供间接帮助，确保项目能顺利完成。例如，有些项目将大学推到了个性化医疗革命的前沿。作为私人管理类别为501（c）3（享受税费减免的非营利性）组织，该实验室负责该校国际项目的财务管理，扩大国际影响力。例如，它帮助该校位于墨西哥的特奥蒂瓦坎研究实验室（Teotihuacan Research Laboratory）保有相关文物和艺术品。

在机构排名的权威评估中，上海交通大学高等教育研究院发布的世界大学学术排名（ARWU）是世界公认的探索和创新成果榜单。在2015年的榜单上，亚利桑那州立大学在世界百强大学中排在第93位，在美国高校中排在第47位。尽管目前该校出现在第100名至第150名区间中，但它在2002年甚至没能进入前200名，直到2006年才第一次跻身前100名。该榜单覆盖全球1200所高校，同时也是此类评估中最为严格的。2018年，在世界上最负盛名的大学中，亚利桑那州立大学名列前1%。《泰晤士高等教育》通过综合教学科研、知识转移和国际视野等方面的精准评估，将亚利桑那州立大学排在第126位。另据联合国的可持续发展目标显示，2019年该校在《泰晤士高等教育》的大学影响力排名中，排在第35位。

重新定位的细则

亚利桑那州立大学坚持为所有符合学业资格要求的本地学生提供入学机会，无论其经济状况如何。部分学生学业水平高，但经济困难。为了提升这部分学生群体的入学率，该校沿用了加利福尼亚大学 20 世纪中叶的招生政策。第五次浪潮集合了部分研究型公立高校，从公共利益角度重新评估了大学的使命和目的，针对这部分学生群体，坚持大规模地扩招，以体现经济和智力的多样性。亚利桑那州立大学对第五次浪潮院校的宗旨深表认同，并在 2014 年的章程宣言中表达了同样的愿望，即实现学术机构公共价值的最大化："亚利桑那州立大学是一所公立的、综合性研究型大学。它认为招收学生并将其培养成才会创造巨大的社会价值，而非将他们淘汰出局。它坚持推动体现公共价值的研究和科学发现，并为社区的经济、社会、文化和健康提供服务。"

章程宣言重申了长期植根于公立大学中的社会契约精神，同时也再次确认了高校的自主权。2004 年起草的白皮书中，首次提出了重新定位的概念，并且通过高校建设过程阐述其目标和运作范围，并最终在章程中得以成形。白皮书指出，经济上的不佳表现和前所未有的地区人口结构变化确实存在。但是，更应该引起重视的是，中小学及学前教育阶段，整体学业表现持续欠佳；州政府对每名学生教育投入的持续减少，对学生个人发展和大学的发展支持力度不够；经济结构过于单一，无法适应人口扩张的要求，急需发展以知识为导向的经济模式。这些问题更为迫切地要求建立新型的体制平台。亚利桑那州低收入家庭孩子最新入学情况表明，该州急需一种新模式改变现状。在低收入家庭高中毕业生中，大学入学率中位数为 34%（全美国），一些东北部州会高达 56%，而亚利桑那州处于垫底的十几所高校之中，仅为 27%。

高校建设的初步目标是建立一所立足于本土的、综合性研究型大学，坚持开展"高水平学术研究，同时为社会、经济、文化和多个领域提供服务"。亚利桑那州立大学一直坚持推动社区的更好发展，通过毕业生成果体现其学术水平，而非新生的入学成绩。这里的科研人员在找到研究兴趣的同时，服务于公共利益。他们不仅积极参与社区服务，而且为社区的经济、社会和文化注入活力。

白皮书的核心部分介绍了一整套建设愿景，包括 8 个相互关联和依存的部分，展望了理想的高校文化和实现目标的战略部署。这些基本原则旨在激发创造力和创新力，并且促进个性化制度的建立。这要求学术界：①应对各种文化、社会经济和自然环境的挑战；②成为社会变革的强大动力；③建立学术企业文化和进行知识型创业；④开展务实的研究；⑤关注个人在多样知识文化环境中的表现；⑥打破学科限制，追求知识融合（跨学科性）；⑦将大学融入社会，通过直接参与促进社会企业发展；⑧提升全球参与度。建设远景包括不同的解决方案，更为简洁的描述如下：

1. 充分利用亚利桑那州立大学的定位优势：亚利桑那州立大学欣然接受文化环境、社会经济环境和实体环境的多样性。

2. 改变社会：亚利桑那州立大学结合社会需求促进社会变革。

3. 看重创业：亚利桑那州立大学善于运用知识和鼓励创新。

4. 开展应用导向型研究：亚利桑那州立大学所进行的研究不仅目标清晰，而且影响深远。

5. 帮助学生成功：亚利桑那州立大学致力于帮助每名独一无二的学生获得成功。

6. 融合各知识学科：亚利桑那州立大学通过跨学科研究创造知识。

7. 融入社会：亚利桑那州立大学乐于和社区建立互利的伙伴关系，促进共同繁荣。

8. 积极参与全球事务：亚利桑那州立大学乐于和当地人打交道并解决问题，同时通过国内和国际合作解决问题。

修订后的目标（面向 2025 年及以后）体现了 2002—2017 年取得的成就，这些具体的目标概括了顶尖公立大学的社会成果。但在评估目标完成情况时，我们必须强调，亚利桑那州立大学坚持为贫困人口和少数族裔学生提供求学机会。这种体制在文化上认同学术型企业，并通过提高生产力和不断创新来

提高成本效益：

开展高水平学术研究，扩大招生范围。

坚持向所有达到学业资格要求的学生提供入学机会。

坚持制定适应亚利桑那州社会群体多样性的招生政策，并确保教育成果无差别。

将新生的在学率提升到90%以上。

将毕业率提高到80%以上，培养超过32000名毕业生。

在降低获取学位所需成本的同时提高教学质量。

通过在线和远程教育，招收100000名学生，并授予学位。

优化现行的学生发展计划，并针对个别学生制订精英培养方案。

确保学生与大学各部门的联系畅通。

确保在学术质量、高校影响力和各领域的美国排名中榜上有名。

确保每个学院的学术质量均在美国排名中位于前5%。

确保亚利桑那州立大学各学院毕业生的学位价值登上美国排行榜。

至少凭借一个系部或学院在其师资、探索、研究和创造力方面的突出表现，保持亚利桑那州立大学在学术上的领先地位。

2025年前，将亚利桑那州立大学打造成为全球领先的跨学科研究、探索和研发中心：

成为美国领先的综合社会科学和综合艺术与科学领域的探索和学术研究中心。

提高科研竞争力，达到每年超8.15亿美元的科研支出水平。

通过研究、探索和增值计划改善区域经济竞争力。

打造美国领先的多级别创新和创业中心。

提升本地影响力和社会参与度：

加强亚利桑那州互动式的教学网和交互式的资源探索网的建设，并使其符合亚利桑那州立大学综合知识型企业的规模。

针对 21 世纪亚利桑那州所面临的社会、技术、文化和环境的关键性问题，共同开发解决方案。

通过助力家庭对孩子的教育，提供个性化的学习途径以帮助学生取得成功，并鼓励亚利桑那州所有的高三学生考取大学，以此满足 21 世纪学习者的需求。

与梅奥诊所（Mayo Clinic）合作，建立创新的健康解决方案，为 2 亿人提供卫生保健教育；为 2000 万人提供在线医疗保健服务；并优化 200 万患者的治疗。

从官僚机构转变为学术企业

为实现新型美国大学模式的宏伟目标，亚利桑那州立大学采用学术企业的模式运营。作为一所公共服务型的研究高校，该校的学术企业模式，为促进知识生产和创新，持续推动社会、文化和经济多维度发展，提供了一种新的解决方案。这种模式适应性强、响应力度大、目标极为明确。下文将阐明亚利桑那州立大学转型为学术企业的基本原理，并回顾美国高等教育诞生之初，高校作为官僚机构的基本定位所带来的反思。

一所公立大学要想成功地重组为一个学术企业，就必须突破政府指定机构的限制。公立大学内部的讨论，常常会流露出政府和官僚机构的措辞风格。例如，大学因致力于公共服务和社会稳定而受到表扬，此时就会使用这种风格的行文。而公立高等学校的批评者，指出官僚主义实则是低效率和过高成本的代名词。官僚主义是所有现代社会的基本特征，也是许多重要组织不可或缺的一部分，不管是像高校这样由州政府拨款并完成使命的机构，还是私有的以利益最大化为使命的商业机构。德国政治经济学家和社会学家马克斯·韦伯帮助我们认识资本主义及其治理情况。他指出官僚组织在各类型的组织中无处不在。他说:"仅在现代国家,才会拥有像政治团体和教会团体这样成熟的官僚组织。在个体经济中,仅最先进的资本主义制度中才能滋生官僚主义。"他还指出:"官僚组织是'私有的'还是'公有的',并不改变官僚机构的特征。"同样,经济学家约瑟夫·熊彼特(Joseph Schumpeter)观察到:"官僚主义不是民主的障碍,而是民主的必要补充。"政策研究学者安东尼·唐斯观察到:"具有讽刺意味的是,官僚主义仍然是一个表示蔑视的贬义词,尽管官僚机构在全世界每个国家往往是很重要的机构……它们做出关键性决策,影响着经济、政治、社会和道德的方方面面,甚至是地球上每个人的道德生活。"

尽管像政府这样的官僚机构发挥着重要职能并保证社会正常运转,但大型的公共机构为了确保有效地完成标准化且具重复性的任务,总会制订毫无人情味的限制措施。这些限制措施通常不利于知识发现、创造和创新活动。《牛津英语词典》将官僚主义定义为:"按照规定好的程序,由等级森严的专业人员,常规地和有组织地进行管理的机构。"从贬义层面看,作为一个系统,"其特征是过度重视正式程序,并通过增强其行政权力使其变得更加集中,从而导致效率低下、缺乏人情味、官僚主义和繁文缛节"。事实上,安东尼·唐斯认为例行公事、标准化和惰性是官僚机构的主要特点。他观察到,各部门经常"争取自主权"。他说:"任何官僚部门必须向有较大影响力的群体证明其价值,才能生存下来,并保持活力……如果是政府机构,一定要说服掌控预算权的政治家,政府能提供政治支持或满足重要的社会需求。"美国公立大学延续了一种过时的服务模式,这种模式的价值主要体现在本科教育中。因此,在这种情况下,人们可能会从安东尼·唐斯的话中得出结论:"一旦机构的加入者相信他们从该机构的服务中获益,并且与它保持了常规联系,该机构就可以依靠一定的惰性来维持它所需要的外部支持。"而且,"随着机构存续时间的增长,他们倾向于使用更为僵化的系统规则……这样就会将官员的注意力从履行社会职能转移到遵循规则上去——这就是社会学家所讲的'目标转移',"安东尼·唐斯解释道。一成不变的安排"增加了结构复杂性。由于现有程序的沉没成本上升,反而增大了它的惯性。机构拒绝变化,其适应新情况的能力便降低了"。詹姆斯·Q. 威尔逊(James Q. Wilson)仔细观察官僚机构后认为,产出的数量改变不一定改变产出质量,"如果有的话,世界就会因为产出而改变"。

与官僚机构的僵化和固化不同,企业享有主动权和自主权。高校若按官僚机构模式运行,而非企业模式,很难发挥其潜能。尽管人们通常将"企业"一词与商业联系在一起,但企业的属性不限于任何特定的部门。《牛津英语词典》将企业定义为"大胆的、艰巨的或重大的事业",以及"倾向或准备从事困难的、冒险的或危险的事业"。如果一个组织想成为企业,必须具备企业家精神。作为一家学术企业,亚利桑那州立大学通过扩大知识规模来促进社会发展和提升经济竞争力,创造性地应对挑战。生产知识的创业模式,促使企业在所有领域开展实验、积极思考、接受挑战,并在探索前沿科学领域、技术创新、人文洞察力、社会科学严谨性和创造性表达等方面树立规范。新兴的企业模式要求企业根据实际情况统一思想和行动,通过机构重组创造更多的社会成果。该模型克服了公共价值和市场价值两者间二元对立的错误看法,认识到了将两者结合的必要性,并取得最终成功。按照社会和经济标准,成功的内核是多维的,于是学术界可以利用社会经济的多维度,应对高等教育新模式所带来的挑战:根据市场和社会的标准设计成功的机制。新型机构可以将代理型的传统大学模式与新兴的适应型企业创新模式相结合,促进社会成果和科学成果的产生。在创造知识的激烈竞争中,这种模型再次凸显了大学无与伦比的地位。在激烈的竞争中,大学扮演着创造知识资本的主要角色。这不仅体现在商品和服务上,还体现在人力资本上。知识资本主要用来衡量教育投资和培训所带来的知识、技能和创造力的存量价值。经济学家西奥多·W. 舒尔茨(Theodore W. Schultz)指出,通过人力资本投资,"人类活动的质量及其生产力都可以大大提高"。

经济学家和政策研究者查尔斯·克洛特费尔特指出，美国高等教育系统拥有"庞大而多样的"四年制高校，"大约有 1600 所学院和大学提供学士学位，其中大约 4 成是政府创办的——主要是州政府，其余的仅对董事会负责"。他认为这是同构复制的结果。"极具讽刺意味的是，这种多样性却与长久以来推行的标准化同时存在。"我们认为，如果普通公立大学有意对官僚模式的束缚视而不见的话，就会心甘情愿地满足于"政府出品"这一定位。有两个基本推论需要重温一下，并非所有的学院和大学都是一样的，并非所有学位都具有同等价值。在接下来的段落中，查尔斯·克洛特费尔特完美地表达了一个普遍共识，即所有学院和大学提供了几乎一样的产品。

> 这些不同的大学有许多共同的外部特征，如学位名称、评分规则、部门组织和职称。在这个行业中，我们看到了一系列"公司"，它们都旨在兜售（向能够完成某些任务的顾客）多个看似标准化的商品，其中之一便是学位，并且每个学位都以"学士"开头。这些学位是标准化的产品。对于雇主、大学和几乎所有的统计数据机构，大学学位的质量经由国家的某个地区性认证机构认证，就能代表所取得教育成就的普通水平。成为大学毕业生只意味着从已获得认证的大学或学院获得学士学位而已。

为了推动知识生产和创新，第五次浪潮努力区分和发展各种新型的组织框架。普通的公立大学的标准化过程与企业模式格格不入。

学术企业不应被称作"企业大学"。虽然经济学家亨利·埃茨科维兹（Henry Etzkowitz）提出的大学—产业—政府"三螺旋"创新战略，对国家的创新体系至关重要。但反对声音却认为，学术界、企业、产业之间的合作会让知识商品化，从而影响科学发现的客观公正性。但是，如果大学要通过知识生产和促进创新造福公众的话，这种跨部门的合作就是必不可少的。但这并不意味着商业模式完全受经济原因主导。路易斯安那州立大学前校长约翰·隆巴迪（John Lombardi）曾指出："虽然大多数大学对话都集中在学术的本质问题上，如课程内容、研究成果和课程问题，但几乎每次对话的潜台词都是金钱。"他打趣地说道："大学使用一些特殊词汇来指代金钱问题。他们所谈论的'资源'或'项目支持'的实际意思就是'金钱'。"

约翰斯·霍普金斯大学凯瑞商学院院长伯纳德·费拉里（Bernard Ferrari）和战略管理理论家菲利普·潘（Phillip Phan）的研究指出，当代研究型大学通常对学术机构进行战略管理，从而应对"企业集团的挑战"。他们将这类机构的商业模式归纳为"独立商业战略部门（SBU）组成的多元化企业集团"。这里的部门指的是院系等学术部门。学术集团将资源分配给各部门的同时需处理如下情况："兼顾经济效率低的学术部门（即长期无法从学费、捐赠或研究经费中盈利的部门），以及无法替代的专业不动产和科研设备；保证进入终身教授序列的稳定性。"企业集团是可以自由重组、出售或剥离无利可图和无法充分利用的资产的，但大学仍受到僵化和规范化的学术文化限制。除了这些原有的阻力，新动向也让大学步履蹒跚，比如学费飞涨、人口结构重组、研究资金缩水、无处不在的在线学习，以及对高等教育价值的质疑。伯纳德·费拉里和潘建议，企业部门的受托人应鼓励学术领袖和董事会成员"把大学看作是由可创收或可产生成本的资产组合，每个资产都有不同的风险状况和应对颠覆性变革的可能性，而不是由独立商业战略部门（SBU）组成的集团"。管理人和受托人通过冷静评估，解决以下问题：

> 哪种学术项目组合最能产生可持续性增长、稳定的现金流（用投资组合的说法，企业的反周期战略）和品牌资产？哪些项目至关重要？哪些项目还不错？目前有哪些学术项目和研究领域无助于提升整体的可持续性、稳定性和声誉？哪些新的创新项目（学术项目和新兴研究领域）能增加创收途径、带来目标和品牌建设的机遇，从而值得进一步投资？

从官僚机构转型为学术企业，这一轨迹描绘了第五次浪潮大学的发展蓝图。在此基础上,高等教育政策研究者伯顿·克拉克(Burton Clark)指出了转型过程中的 5 个至关重要的方面:①更具活力的管理方法;②组建名为"周边开放部"的实体部门,负责协调学术部门、企业和产业合作伙伴;③多元化的融资;④"备受激励的学术核心团队";⑤创业文化。伯顿·克拉克点明了研究型大学模式的局限性:它们"被动排队,接受类似的财务增减安排——因为政府也是如此,政府的激励程度决定了大学的响应程度"。但还有个选项,就是积极开源,寻求多元资金保障。这个选项激励着心怀抱负的高校。他指出研究型高校充满竞争力的生态系统,本质上要求其向创业型高校转变。他认为"企业级响应"在市场行情中占据优势:

> 企业级响应为高校发展提供高度自主的解决方案:通过收入多元化增加财政资源,提供可自由支配的资金,并减少对政府的依赖性;在传统部门之外组建新部门,由此引入新的环境关系、新的思维模式和新的培训;让核心部门运用企业家眼光、主动出击、筹集资金,主动挑选可持续发展的领域;发展出一套核心理念,用其指导合理的结构性变化,从而提升响应能力;培养核心操控能力,制订重大决策。企业级响应最大限度地重新划定了大学的影响范围——包括提供更实用的知识,在多项目间适时灵活转换,最后成功塑造组织身份和划定组织重点。

在高等教育方面,我们通过重新发现大学使命和运作方式之间的内在逻辑性,可以更好地发挥新型企业模式的潜力。探索和教育学的狭义概念可以追溯到 13 世纪欧洲的行会文化,直到今天,这些概念一直指导学术机构的管理工作。在我们认为"传统"的学术模式下,大学教师管理着人类文明发展所积累的知识,有时为了守护知识,还得对抗市场和社会变革的压力。许多美国最负盛名的(通常是私立的)高校,其组织结构类似于英国和德国学术模式的合体。它们仿效这种学术模式,遵循悠久的传统,并拒绝创新来适应社会发展。这种倾向主要体现在领导层面,他们容易忽视社会需求,狭隘地聚焦于围墙内的园景。结果，这些大学未能满足扩招的要求，录取的人数少于公立大学，教职人员自主决定研究重点，而不是以公共价值为导向系统去探究未知领域。

在社会效益方面，公立大学获得显著成功，提供技能培训和证书，帮助个人发展和提升社会流动性，并围绕经济增长从事研究工作。大多数公立研究型大学，最初是按照传统的学术模式进行建设的，但因为它们的创建基本是为了提供更多的教育机会，更好地服务于公众，所以，只有新模式才能确保其完成任务。因此，接受州政府拨款的公立大学，通常在官僚模式下运作，其复杂的行政结构能为更多学生服务，并能按照各州目标和指示来运行。虽然官僚的学术机构比规模小、更传统的同行高校培养的毕业生更多，但容易滋生机构内的惰性，这被机构理论家称为"保守心态"。因为州立法机构控制他们的预算，他们会尽可能有效地使用资源，通常以牺牲教学、科研的创新和质量为代价。作为官僚机构，大学往往无法充分发挥其潜力，变化迟缓，成本效益低，忽视非传统学生的需求。跟传统学术机构模式一样，官僚学术机构规避风险，只是出于完全不同的原因而已。官僚思维指导机构运行，从而削弱了教职人员的代理权，导致管理人员关注报告的指标而非效果，并将领导层的视野局限在影响其生存的短期成效上，而非成长和进步。

营利性大学在美国高等教育中占据特殊位置，其市场模式既不看中知识启蒙和发现，也不为公众服务。营利性机构只谋求股东利益最大化——有时以牺牲学术质量为代价，尽管它们的存在说明它们创造了市场价值，但却先天不具备提升公共价值的意识。可见，按传统学术模式运作的大学和以市场营利为导向的大学都无法满足社会和经济发展的需要。公立研究型大学仍然是提升公共价值的最佳工具。为了有效地实现这一点，他们必须克服学术官僚主义的缺点，这就得靠建立学术企业来解决。这种新兴组织机构的基本思路是，由于公立大学的宗旨是推动社会变革，所以它将为全社会创造正面的社会、经济和环境成果，而不仅仅为股东。企业型学术大学意识到，它们有能力通过知识生产和创新对全国乃至全球产生影响，并非狭隘地关注学术界、社区和州的需求。学术型企业的文化与其他模式截然不同。教职人员与行政管理人员合力参与学校管理，共同担责，确保学校创造价值的最大化，而非仅仅节约资源。作为知识型创业者，教职人员具备能力承担各项风险，不论是在深化教学改革的过程中，还是在建立重要的合作关系上，或者是在影响深远的科学发现上。具有企业家精神的领导力，可以决定大学到底是官僚学术机构，还是学术型企业，以及是否能承担巨大创新风险，并为股东提升价值。约瑟夫·熊彼特认为，在资本主义制度中，企业家的基本作用是通过技术生产新商品或者用新方式生产旧商品，利用新的供应源为产品开辟新市场，甚至重组整个行业。正如约瑟夫·熊彼特所言，学术企业可以利用技术、尚未被利用的知识和外部资源，在企业内部实现教育质量和研究影响力的重大突破。此外，如果高校的领导层不仅致力于创造性的冒险，而且热衷于发现和重新定义高校在社会角色中的新价值，那他们将成为学术企业家并带来彻底变革。从中世纪至今，假设、传统和惰性一直阻碍着高等教育的发展，企业家般的领导能力以前瞻性、面向未来的思维能力和行动力为特点，启动机构重组，为社会创造更丰硕的成果。

高等教育机构间的差异常常被狭义地理解和低估，当前的分类系统严重地限制了高校多样性发展所具备的潜力。研究者对美国1525所四年制公立/私立大学进行聚类分析后发现，机构类型超过12种。我们认为，更细致的分类系统体现了机构多样性的必然趋势，也丰富了当前讨论。当然，有时为了便于在第四次浪潮基础上构思第五次浪潮，我们会有意地缩小讨论范围并聚焦。另一种分类制度能更准确地定义美国高等教育差异性的本质。普通的信息传播机构，如凤凰城大学（University of Phoenix），有效地传播了现有的经验类知识。研究型高校看重知识生产，包括探究、分析、综合和传播，但在其普及性、招生情况、入学水平、研究强度和其他变量上有所不同。可以说，目前第五次浪潮大学以知识为核心，拥有多种形式的企业。例如，众多的功能中，学术型企业首先要启动和推进沉浸式教学系统；知识型企业则在全校层面与商业、工业、政府机构、实验室及民间社会组织相互合作，支持和推进探索、创新和翻译工作；学习型企业为推进规模化数字沉浸体验和终身学习项目，打造和运用新型教学工具；合作型企业寻找和利用外部合作来帮助大学实现社会功能的广泛转型。

　　学术型企业积极挖掘高校管理潜力，努力扩大社会成果。高校如何理解学术模式的内在逻辑性——官僚机构或代理模式、以营利为目的的市场模式或作为新型美国大学和第五次浪潮高校基础的企业型模式等，将影响其管理方式和公共价值。学术型模式的初衷是引导学生，代理模式则是管理的延续，以营利为目的的模式是使所有者和股东利益最大化，而企业型模式则是社会变革。学术型模式采用沉浸式教学，实现公共价值；代理模式完成各州预定目标；以营利为目的的模式追求高效率和低成本；企业型模式通过教学与知识生产相结合，产生广泛的社会影响力。在学术型模式中，教职人员是享有自治权的专业人士；在代理模式中，官僚部门严格按照规矩办事；在以营利为目的的模式中，占主导地位的是商业劳动而非企业家精神；在企业型模式中，知识型企业家主导变革。在学术型模式中，管理层完全来自或部分来自教职工队伍；在代理模式中，管理人员与教职人员全无交集，管理人员遵循传统公共管理模式进行管理。尽管在市场模式下，职业管理者发挥企业家的作用，但与教职人员无交集。在企业型模式中，管理者发挥着企业家作用，完全或部分由教职工组成。在学术型模式中，问责管理制依据专业的指导方针。在代理模式中，问责管理制依据审计、公开报告和标准化测试。在以营利为目的的模式中，问责管理制依据审计、公开报告、标准化测试与消费者选择。然而，企业型模式下的问责管理制则依据经济和社会进步程度。学术型和代理型公立大学的资金来源主要包括学费、社会捐赠和各州政府拨款。它们比例各不相同。除学杂费以外，营利性机构通常依赖教育补助金券和各州的绩效资助。正如我们提到过的，学术型企业的发展依赖于多样化的资金来源，可是各来源的资金差异受到企业自主程度的影响。机构的影响范围各不相同，在学术型模式下影响个人或群体；在代理模式下，则覆盖州或社区。在以营利为目的的模式下，营利性机构为了追求利润可以影响任何范围，所以影响规模不确定。但是，机构的影响范围在企业型模式中是社会性的，旨在遍及美国乃至全球。

否定代理模式并不意味着政府在企业型模式中不发挥任何作用。政府如何才能在教育中扮演恰当角色？这个问题至今仍未有定论。公立研究型大学从代理型转变为企业型，需要最大限度地利用所有资源，所以急需获得州政府和联邦政府的政策支持。正如美国艺术与科学研究院林肯项目的报告中指出的一样："任何解决方案都将融合战略、观点、伙伴关系和收入来源等方面——在联邦政府、州政府、公司、基金会、慈善家、学生和高校间达成合作。"美国国家研究委员会建议，公立/私立研究型大学应采取行动策略提升竞争力。第五次浪潮大学联盟的发展离不开联邦政府的支持，特别体现在国家创新战略相关研发项目和研究生教育拨款上。此外，州政府在公立研究型大学的自主权方面予以政策支持，并恢复国家拨款，旨在打造世界一流竞争力。报告同样呼吁，为了国家目标的实现，工商业应该优化知识转移。

2009年通过的战略企业计划，以2004年发布的白皮书为基础，阐明了亚利桑那州立大学转变为学术型企业的基本理念。该计划积极应对经济产出滞后和地区人口空前变化所带来的紧迫挑战。亚利桑那州立大学履行宪法所赋予公共教育服务的义务，坚持招收该州所有符合学业资格要求的公民，开展符合国家利益的顶尖级研究，完善公共福利，不再受州立法机关临时调整拨付资金的影响。不管亚利桑那州立大学从公共投资中获益多少，它都将竭尽全力履行章程，这一点无疑体现了章程精神。由此推算，为了支付其居民的教育费用，该校将公平且适当地引进公共投资，这就要求它必须重组为学术型企业，而不仅仅是州政府的代理机构。所以，该校成功地采用了不同的机制理念，转变为学术型企业，挑战了州政府与其他公立大学之间契约基础，以及一切指导官僚机构运行模式和进程的原则。

为了实现大学章程的愿景，亚利桑那州立大学制定了企业战略规划。不同于传统高校的战略规划，该校的运营模式体现了其作为一个学术型企业的独特身份，承担合理的风险，创造有价值的成果。绩效数据显示，作为学术型企业，该校通过变革主要取得了两个方面的成果：人力资本和知识资本。这两个成果具体表现为人力资本生产、尖端知识生产和创新。具备国际竞争力的企业型高校，将为本地居民的经济状况和亚利桑那州的繁荣做出贡献。学术型企业只有更快地开展传统教育活动，并且开发新型企业项目填补资源缺口，才能有所发展。企业战略规划持续推进大学转型，推动其赋能达标，完成从表现不佳的公共代理机构到公共企业型高校的转变。

亚利桑那州立大学的新型企业项目，促进大学持续发展，扩大了影响力，并贯彻落实了企业战略规划。全新的企业项目能够缩小资源缺口，并确保实现 2025 年企业项目的全新目标。这些企业项目投资有潜力的创意方案，获得较好的创收，也能更好地履行章程任务。该校重组过程说明，新型美国大学作为一个学术型企业，有能力为公众创造更大的价值。运用新的思维方式，亚利桑那州立大学依据章程原则，发挥现有能力，重新定义大学边界。该校将企业创收所得重新投入人力资本和知识资本的生产中，推动了该州乃至美国的经济、社会发展，并注入文化活力，最终完成了大学的使命。新企业应主要关注：教育开展的创新方案；利用技术和结构创新帮助学生成功；建立科研创新组织；推动技术商业化运用和秉承创业精神；推进国际发展；重新打造大学慈善事业。

从代理型（1985 年）到企业型（2025 年）

新型美国大学模型不言自明地推翻了如下观点：高普及率和高水平学术是对立的。但是，这种结论不再是推测性的结论。15 年来，亚利桑那州立大学通过重新定位为学术型企业和包容性的公立研究大学，取得了举世瞩目的成绩，所有绩效指标快速提升，在美国和国际上的地位提升，都毫无疑问地证明了该模式的成功。通过1985年以来绩效关键指标的比较可以发现，该校从一个表现不佳的代理高校模式，成功转型为新时代的公共企业模式。该校直到1958年才获得大学地位，1980年前无任何重大研究拨款，这比大多数同行高校晚了大约100年。作为为数不多的既无农学院也无医学院的高校，卡内基教学促进基金会直到1994年才认可其广泛研究型（"Ⅰ类研究"）大学地位。亚利桑那州立大学终于可以正式宣布自己成功跻身美国年轻研究型大学之列。

作为一个公共代理机构，该校在1985财年表现不佳，严重依赖州政府的高额财政拨款：按2017年美元市值计算，州政府为每名全日制（FTE）学生财政补助8755美元，经费预算高达2.38亿美元。而四年制毕业率仅为13.8%，明显处于低位。因为学费很低，所以经济资助也难获得：本地生源的本科生学杂费为每年2577美元，不到2%的本科生获得了佩尔助学金。新生群体多样性无从谈起：84.9%的学生来自于白人家庭，只有9.9%为少数族裔。此外，该机构对知识生产的贡献只是名义上的：每年的科研支出仅为2800万美元。

作为公共机构，该校在2002年的表现刚刚达标。每名全日制本科生的预算为9230美元，与公立研究型高校同行相比，其州政府拨款仍然偏高。经费预算已增至7.5亿美元。四年制毕业率是28.4%，学生表现略有改善。本地生源本科生学杂费增至每年3527美元，22%的本科生获得了佩尔助学金。因此，学杂费水平达到"中等"。新生群体的多样性显示为中等：71.2%的学生为白人，17.2%的学生来自贫困家庭和少数族裔。此时，该校对知识生产的贡献达到了中等水平：年度科研支出攀升至1.23亿美元。

到2018年，亚利桑那州立大学终于成长为一家成熟的公共学术企业。虽然大学的经费预算增加到31亿美元，但每个全日制本科生的国家拨款从2002

年的 9230 美元下降到 2017 年的 3141 美元。如本章所述，学生成绩，包括所有学生（尤其是本地生源）的在学率和毕业率都达到了有史以来的最高水平。该校迎来了历史上或任何一所位于亚利桑那州的大学历史上，本地生源最多的新生班。大约半数的本地生源本科生的家庭收入低于本州中位数。来自各阶层的本地生源学生中，根据需求或成绩，大约有 84% 获得了援助礼包，每个礼包奖金约为 8300 美元。在美国负债最少的毕业生排名中，该校位列第四。40% 的本地生源毕业生无须偿还债务。在学费上涨期间，对于收入较低和中等家庭的学生来说，亚利桑那州立大学更具吸引力也更容易考取。与此同时，对于有财力的家庭，亚利桑那州立大学也已成为其首选学校。

这些数据表明，多年来对大学绩效的高度关注带来了丰硕的成果，包括成本控制。该校已成为业内高效的生产者之一。该校降低了每名学生的财政拨款约 75%。此外，在过去的 12 年中，亚利桑那州立大学的学位授予数增加了大约 3 倍，急需专业学位授予数增幅更大。该校降低了每名本地生源学生拨款额的 50% 以上。即使如此，按照新水平计算，国家拨款仍然不足。在大规模扩招时期，虽然州拨款一直不到位，但该校的学术水平和招生率同步提高，从而带来了强劲活力，解决了大学的财务困境。

亚利桑那州立大学的企业战略规划为该州的公立大学贡献了一个全新的财务模式，其中包括：①大学将承担所有运营和基建费用，不再依赖州政府拨款。②州承担本地生源学生的教学费用的 50%——目前超过 50000 名——按最新审计的低成本计算，每年为 16000 美元。③国家允许大学按照公共企业模式运作。在这种模式下，大学不仅能运用市场优势实施先进的管理，并能夯实最先进的技术基础，推动大学发展。④每隔 10 年左右，州将拨款建设最先进的科研基础设施。

强大的经济活力、劳动力群体良好的受教育水平及蓬勃发展的高校是密不可分的。该校创造新知识，推动现有的商业、社会和公共服务企业的发展，吸引新公司和投资涌向亚利桑那州，最终推动经济发展。作为一家学术型企业，该校坚持发现、创造力和创新，致力于为该州学生服务，这一切仅靠国家支持是不可能做到的。得益于高校建设的变革、技术创新和植根于机构的创业精神，2018年，该校的每名毕业生的培养成本远低于2008年，比美国四年制公立研究型大学的平均水平还低21%。根据教育组织国际高等教育研究机构席孟兹公司（Quacquarelli Symonds）所发布的年度世界大学排名，该校毕业生就业率领先于宾夕法尼亚州立大学、乔治城大学和密歇根州立大学，在全球排名中处在前16%的位置。排名的提升加上毕业生成本的降低，这些数据显得尤为意义重大。

与此同时，该校学位价值持续上升。每年有7000多家公司进校物色人才，包括苹果公司、福特汽车公司、梅奥诊所和霍尼韦尔在内的蓝筹公司，它们已将该校指定为校园招聘的首选高校。9成的该校毕业生在毕业后的3个月内会收到工作邀请或进入研究生院深造。这些成果和个案并不是空穴来风，也不是政治压力的结果。对世界一流大学毕业生的渴求和对低价格高质量的教育坚定不移的信念，让它们变成现实。该校本地生源的本科生学杂费价位适中：2018年为10792美元，但由于36.1%的本科生获得了佩尔助学金，该校经费水平大幅提升。

作为规模大、范围广的研究型机构，亚利桑那州立大学整合了社会活动和技术活动，在规模、范围和差异化方面挖掘自身潜力，给亚利桑那州带来了巨大的影响。到2025年，该校的急需专业学位授予量将占到该州的60%，科研工作量也将占该州公立大学总量的55%，学位授予量将占到55%，注册学生数将占到55%。随后评估显示，在没有医学院的情况下，该校科研经费在美国前十。公共企业模式的预定指标是，2025年招收125005名学生，包括沉浸式和在线式教学。授予学位总数将达到32000人，其中15000人属于科学、技术、工程和数学（STEM），以及教育和卫生专业。科研支出预计将飙升至8.15亿美元。净学费——除去捐赠、援助礼包和不含贷款的学费减免——将稳定在每年2200美元左右（见图2-6）。

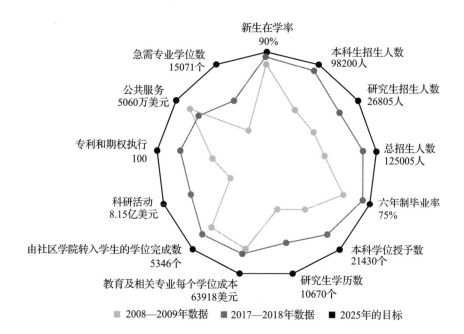

图2-6 亚利桑那州立大学过去在招生人数等方面的情况及2025年的目标

分析：凯尔·惠特曼。

美国的一些大学搭建了一批替代型学习平台，如大规模开放性在线课程平台慕课，就是通过成功运用教学方法开展教学的。网上教育提供了新兴的学习模式，包括不同以往的全新在线学位授予平台。例如，亚利桑那州立大学的"教育+"（EdPlus）是企业级的设计部门，推进数字教育的设计和开展，并结合适应性学习方法，为47000多名学生提供个性化的在线体验。"教育+"运用自适性学习和人工智能技术，紧跟每名学生步伐，将在线学习打造成个性化的体验。在全国的服务型大学网络中，这些工具可以辅助教学。教学理论和实践不断取得进展，为各种全新、多样的在线教育提供方法论。同时，创新教育学院也助力发展。例如，玛丽·卢·富尔顿师范学院（ASU Mary Lou Fulton Teaches College）将研究发现运用到新技术和方法中，并依托高校系统，在相关领域合作测试这些新技术和方法。

第五次浪潮大学的新框架

第四次浪潮晚期的研究型大学，曾先后被重新定位为新型美国大学和知识型企业的原型。而新型美国大学和知识型企业原型是第五次浪潮兴起的先锋。这种深思熟虑的重新定位关注的焦点是协作式的"建设设计过程"。过程设计在高校转型过程中占据核心位置。我们将在第6章中介绍过程总览，并评估过程设计中的理论部分。享有一定自主权的教师委员会或设计团队，在经历了自上而下和由内向外的赋能过程后，采用了一整套自下而上的包容性方法，重组了整个学术框架。按照组织理论家的设想，最佳的制度变革不是由行政精英发起的，而是由遍布于整个机构甚至机构外的热心人士发起的。正是因为他们说服了机构的领导人，并且获得了他们的支持，机构的领导人才意识到这波变革不可能自上而下推动。

"设计—建造"迭代运用——这一概念来自于建筑专业和建筑行业——一直是学术和行政框架重组最有效的方法之一。"设计—建造"指的是由同一团队负责概念整合和执行。我们可以将其比作一系列的研讨会。《牛津英语词典》将其定义为："通常是为了确保能赶上最后期限，而进行的一段紧张的（集体）工作。""专注于特定问题或项目的协作研讨会。"在某些情况下，设计团队的相对自主权类似于独立的"任务小组"。这是一个行业术语，广泛用于指代非正式的、独立工作的自治团队。团队的精简有利于"白板"思维的运用，方便团队开展思想实验。在这种情况下，结构变革、过程中持续的调整和反复校准极为必要。

重组学术组织的首要目标是，发展由不同部门、研究中心、研究所及学院组成的跨学科联盟，推动教学和研究。组织成员在下文中指的是"各院系"，但学院由某些系合并而成。重新构思这些学术新实体（"新学校"）可以推进科研教学、研究和开发，并在跨学科范围内，应对人类共同面临的大规模挑战。学术组织重构意味着，在跨学科机构运行中，重视合作和寻求参与。这将有助于整个机构进行综合性的、全领域的重新定位。重新定位以后，一些核心学科仍然以部门为基础，而与其他学科相关的教职人员，将成为不断壮大的跨学科学术机构的常驻工作人员。学科间的交融往往出于改善教学和研究的目的，或者更严格地说，是为了应对特定研究领域的挑战。尽管有时人们将行政效率作为目标，但研究问题或主题的确定，无论是战略的、战术的、还是方法论的，通常都推动了特定学术单位的建立或重组。我们发现这些新学院和倡议，都与新型美国大学模式和第五次浪潮的宏伟蓝图不谋而合。

亚利桑那州立大学虽包括四大校区，却被重新定义为单一而统一的学术行政机构，取消了校区层面的管理权。在去中心化的模式下，院长和系主任承担主要的学术领导责任。大型公立大学卫星校区间暗藏着高低等级之分，这不利于学生的成才。所以，亚利桑那州立大学为了解决这个问题，明确规定四大校区间的平级关系。在"以学院为中心"的模式下，学院承担学术和创业责任，学术部门行使一定程度的自主权，在市场允许的范围内，与全球同行展开竞争，而非争夺校内名誉和资源。该校以现有学术结构和运作模式为基础，预测设计过程，而非重复历史模型。亚利桑那州立大学由多个半自治学术部门构成，大致与伦敦大学的原型类似。由于行政的原因，伦敦大学（University of London）于 1836 年建立。随后它同 1829 年成立的伦敦国王学院（King's College London）一起加入了 1826 年成立的伦敦大学学院（University College London）。19 所自治机构构成了伦敦大学联盟，除两所创始大学外，它包括了众多风格迥异的世界一流名校，比如伦敦政治经济学院（London School of Economics and Political Science）、伦敦商学院（London Business School）、伦敦卫生与热带医学院（London School of Hygiene and Tropical Medicine）和伦敦大学亚非学院（SOAS）等。

回想起来，亚利桑那州立大学启动重新定位，生命科学学院也适时重组，这都预示着各学科间将进行重新配置。2003年7月，生物学、微生物学、植物生物学系、分子和细胞生物学项目合并，形成了全新的亚利桑那州立大学生命科学学院（School of Life Science/SOLS）。七大系部构成的生命科学学院，拥有100多名生命科学家、工程师、哲学家、社会科学家和伦理学家，他们围绕着核心的社会和环境挑战积极出谋划策。10年前，生物科学界开始筹建联盟，如今，生物设计研究所（Biodesign Institute）成了一个跨学科大型科研中心。该中心从自然系统中寻找解决方案，并将其转化为商业上可行的产品和临床实践，由此来应对医疗保健、可持续性和国家安全方面的重大挑战。除了推进生物学相关设计以外，该研究所促进生物学、纳米技术、信息学和工程等科学领域的融合，通过个性化诊断和治疗、传染病和流行病研究、国家安全威胁研究、无处不在的传感研究，加深了对人类健康和环境的理解，提升了人力绩效、环境的可持续性和能源的可再生性。亚利桑那州立大学必须完成根本性转型这一任务，这在高校中极为罕见。该校认识到，只有大力支持学科间和跨学科大规模合作，才能解决前沿问题。不同于传统的研究模式下研究人员个人占主导地位，该校要求生物设计研究所，通过预测生物科学的进步轨迹，启动大规模协作和融合项目，最终引领研究前沿和提升发展能力。

在15个生物设计研究所成员机构中，医学创新中心（Center for Innovations in Medicine）致力于改进医学诊断及疾病的治疗和预防；亚利桑那州立大学神经退行性疾病研究中心（ASU – Banner Neurodegenerative Disease Research Center），作为研究联盟成员，推进阿尔茨海默病、帕金森病和其他神经退行性疾病的治疗；弗吉尼亚·G.派珀个性化诊断中心（Virginia G. Piper Center for Personalized Diagnostics）寻求识别和测试与癌症等生物亚型疾病相关的新生物标志物，以改善治疗效果和生存能力；进化机制研究中心（Center for Mechanisms of Evolution）专注于所有遗传、细胞和表型水平生物的适应机制，以及随机遗传流动和跨种群重组的作用。此外，生物设计团队还与梅奥诊所亚洲分部的研究人员合作,设立法律、商业和护理联合学位课程;在生物工程和生物信息学研究方面合作;创新健康解决方案,以便为2亿人提供医疗保健方面的培训,为2000万人提供在线医疗保健服务,以及改善200万名患者的治疗。学生在梅奥医学院有机会参与多项双学位项目,比如考取亚利桑那州立大学的医疗保健硕士。联合团队的科学计划,推进具有深远影响力的项目,提升生物医学工程、传感和功能恢复方面的临床转化能力。

从某种意义上讲,生物设计研究所的每个研究中心都是一支独立而又相互关联的团队或一组团队,这些研究人员大多来自高校的学术部门、行业和政府合作伙伴。团队协作带来了一项合成生物学新成果,即运用核糖核酸(RNA)中所包含的生物信息,创建执行计算的逻辑电路;开发"免疫指纹"(Immuno Signature)诊断平台,通过采集一滴血,检测与免疫反应相关疾病,包括癌症、自身免疫、感染、代谢和神经系统疾病;启动大规模微藻种植项目,利用微藻(微观单细胞生物物种)生产可再生生物燃料,用于回收二氧化碳。大气二氧化碳捕获和薄膜分发(Atmospheric Carbon Dioxide Capture and Membrane Delivery)项目,用于协助美国能源部(DOE)推动清洁能源和可再生能源的发展。该项目汇集了来自斯威特中心的环境生物技术研究团队、碳排放中心团队、应用结构发现中心(CASD)团队——它们都是生物设计研究所机构成员,与可持续发展工程和建筑环境学院的物理学家及土木、环境和可持续性方面的工程师一起,进行项目研发。

过去10年中,新组建运作的跨学科学院包括,地球与空间、探索学院(School of Earth and Space Exploration, SESE)、人类进化与社会变革学院(School of Human Evolution and Social Change, SHESC)、政治与全球研究学院(School of Politics and Global Studies)、社会转型学院(School of Social Transformation)及历史、哲学和宗教研究学院(School of Historical, Philosophical, and Religious Studies, SHPRS)。地球与空间、探索学院专注于体制上如何推动跨学科合作,由原地质科学系(Department of Geological

Sciences）和天文学、天体物理学及原物理系的宇宙学系和天文学系——之后的物理系——组成的。地球与空间探索学院集结了理论物理学家、系统生物学家、生物地球化学家和工程师组成了强大的团队，推动关键科学仪器的开发和部署。跨学科间的流动性促成了 60 多名教职员工和 100 名科学家、工程师和博士后研究员之间的合作。天体物理学和宇宙学的分支包括计算天体物理学、早期的宇宙物理学及星系、恒星和行星的形成系统等。广泛的探索主题意味着，在探索宇宙起源和深化对空间、物质和时间的理解上，进行了一次成功的跨学科重构。

现有学术部门按照跨学科路线进行了重构，并和新学院通力合作。例如，艾拉·A. 富尔顿工程学院（The Ira A. Fulton Schools of Engineering）已从单一的、传统的工程和应用科学学院演变为跨学科机构，包括 5 家深度研究型学院，分别是生物与卫生系统工程学院（School of Biological and Health Systems Engineering），计算、信息学和决策系统工程学院（School of Computing, Informatics, and Decision Systems Engineering），电气、计算机和能源工程学院（School of Electrical, Computer, and Energy Engineering），物质、运输和能源工程学院（School for Engineering of Matter, Transport, and Energy），可持续工程与建筑环境学院（School for Sustainable Engineering and the Built Environment）。此外，理工学院（Polytechnic School）专注于应用导向的转化型研究，并为有意直接就业的学生提供体验式的学习环境。在这 6 所学院里，20 多个研究中心齐力推进跨学科合作，包括：安全和国防系统倡议中心（Security and Defense Systems Initiative），它主要通过整合系统应对美国在全球范围内的安全防御挑战；柔性显示中心（Flexible Display Center）与美国陆军合作，推动新兴的柔性电子产业；灯光工程（LightWorks）中心致力于可再生能源领域，包括人工光合作用、生物燃料和下一代光伏等。人文和社会科学领域的跨学科合作的成功案例包括：人文研究所（Institute for Humanities Research）；宗教与冲突研究中心（Center for the Study of Religion and Conflict），主要为了寻求解决方案和普及政策，推动当代社会宗教动态研究；复杂自适应系统倡议中心（Complex Adaptive Systems Initiative，CASI），一项旨在通过合作应对健康、可持续性和国家安全方面的全球挑战；科学、政策和成果联盟（Consortium for Science, Policy, and Outcomes，CSPO）致力于在社会和文化环境中进行跨学科的科学研究，加大科学和技术对提高生活质量的贡献，特别关注分配的影响，比如谁能从知识生产和创新的公共投资中受益的问题。位于华盛顿特区的新建中心，作为参与国家和全球事务的平台，不仅提高了大学的知名度，而且扩大了它的影响力。这座历史悠久的 8 层小楼距离白宫仅 3 个街区，翻新后，不仅可为 18 个学术部门提供交流场所，也为访问学者和实习生提供活动场所，甚至为来自亚利桑那州立大学沃尔特·克朗凯特新闻与大众传播学院（Walter Cronkite School of Journalism and Mass Communication）的学生提供新闻演播室。

  5 所学院和 1 座大学艺术博物馆的 6000 多名艺术家、设计师和学者通力合作，其中包括：赫伯格艺术学院（含艺术学院，Herberger Institute for Design and the Arts）、电影、舞蹈和戏剧学院（School of Film, Dance, and Theater）、设计学院（Design School，授予建筑、环境设计、工业设计、室内设计、景观建筑、城市设计和视觉传媒等多专业学位）、音乐学院（School of Music），以及艺术、媒体和工程学院（School of Arts, Media, and Engineering，AME，将计算和数字媒体与身体体验相结合开展体验式媒体研究）。基于赫伯格艺术学院和艾拉·A. 富尔顿工程学院的共同倡议，媒体和工程学院克服困难，运用现有技术解决数字世界中的现实问题。在"创意未来"沉浸式新型媒体工作室中，学院发挥关键作用，讲授跨学科数字化专业知识，为增强现实、虚拟现实及沉浸式和交互式媒体空间的应用贡献力量。"创新空间"（Innovation Space）将商业、工程、设计和可持续发展等专业的学生与客户配对，使其不仅具备领导者所需的思维方式和技能，而且能在各行业或部门构建成功的企业和设计成功的产品。在复杂系统中寻找解决方案，学生需要具备专业技能和核心能力，如此才能在瞬息万变和模糊不定的世界中为股东提供有价值的产品、服务和商业模式。

通过与相关领域通力合作，国家文化创新促进部（National Accelerator for Cultural Innovation）发挥艺术家和设计师的作用，促进社会变革和重新考虑公共利益。赫伯格艺术学院院长史蒂文·J.泰珀（Steven J. Tepper）倡议，毕业生不一定要出现在音乐会、传统艺术和设计的舞台上，而是作为艺术家和设计师为社会福利贡献更多的力量。在国家文化创新促进部和国家艺术基金会（National Endowment for the Arts）的共同资助下，亚利桑那州立大学设立了"为变革践行"奖学金。这源于对创造性实践的信念，相信艺术和设计的大规模融合将成为社会变革的强大助推器。赫伯格艺术学院通过在线数码的全新摄影计划，在工作室创作阶段适度调整设计规模，让非传统艺术类学生接触到艺术。

2018年5月，洛杉矶郡艺术博物馆（Los Angeles County Museum of Art, LACMA）和赫伯格艺术学院宣布建立前所未有的合作伙伴关系，旨在提升博物馆领域策展人和领导力的多样性。它们设立的奖学金面向不同背景的策展人，获得者将有机会在洛杉矶郡艺术博物馆或亚利桑那州立大学美术博物馆接受严格的学术指导与在岗培训。该校与著名艺术家詹姆斯·特瑞尔（James Turrell）打破常规的合作，成为新型美国大学的典范。罗登火山是一座位于亚利桑那州北部彩绘沙漠边缘的死火山，詹姆斯·特瑞尔对罗登火山口进行了改造，将其打造成一个融合艺术、工程、天文学和建筑的大型装置，带给观众非凡的光感和空间感体验。该校通过合作伙伴关系，实现了诸多项目的教育目的，确保项目竣工时便对公众开放。2018—2019年，来自5个实验基地班的学生参观和研究了宗教建筑学和土著天文学领域的项目，跟着理论天体物理学家了解颜色，参加味觉研讨会。参观的经历让学生们备受鼓舞和触动，同时展现了艺术改变知识和人类体验的强大力量。

著名的设计师和建筑师惠灵顿（"公爵"）在全校范围内倡议，建立亚利桑那州立大学城市交流中心（University City Exchange）。该中心的建立践行了亚利桑那州立大学坚持"带动当地发展"的承诺，这在新型美国大学模式的八大建设原则中处于核心地位。亚利桑那州立大学坚信，大学和它所在的城市的命运总是交织在一起，所以该校和城市一起寻找共同的事业，这成为该校的闪光点。牢记这一点，为了确保持续、灵活、创造性地为高校和城市提供双赢的解决方案，亚利桑那州立大学城市交流中心应运而生。该中心特别关注位于索诺拉沙漠中心的凤凰城实验。凤凰城是美国发展最快的城市之一。因此，正如亚利桑那州立大学章程所记载的一样，作为该地区首屈一指的教育和研究机构，该校为"履行基本责任，为社区经济、社会、文化和整体健康贡献力量"。

或许，亚利桑那州立大学凤凰城市中心校区是最能体现大学和城市双赢的例子。21世纪初期，美国第6大城市的核心缺乏活力，几项大型运动设施的投入使用并未改变现状。在毗邻商业、政府、医院、媒体、非营利组织及企业家的区域，创建一家学术研究型企业是多赢的。在2006年的特别选举中，本地公民以2:1的比例促成了这一愿景的实现。今天，15000名学生在城市生活和学习的既定目标已经完成，这兑现了"带动当地发展"的承诺，市中心校区所拥有的独特学院群履行了大学的公共使命。这个城市将日常生活与大学课程和学历严格地结合起来。学生毕业后，将成为记者、医疗保健专业人员、公职人员及各种背景的专家和从业人员，所以该校区的课程定位明确、精心挑选。毫无疑问，正如学生获得不断提升并收获满满一样，凤凰城和亚利桑那州立大学都因此而获益。这种合作已成为美国的典范。例如，中佛罗里达大学与亚利桑那州立大学合作，拟在奥兰多市中心重建一个类似于大学－城市伙伴关系的新设施。

尽管"城市与学术"之间的冲突在多地普遍存在，但城市交流中心和亚利桑那州立大学的存在意义已远远超越了这种冲突。它们的存在不再仅仅是建筑物、校园和房产。相反，它们关注充满活力的公共领域，制订最为严格的建设标准，推动经济发展、遵循可持续性原则，建设公平、包容的城市。大学与城市关系的总体目标是，优化配置知识和科研资产，解决城市建设过程中出现的重大问题。亚利桑那州立大学城市交流中心坚持"带动当地发展"，在区域上和程序上广泛推广这种模式，多个长期项目随即启动。最先启动的便是"里约重新构想"（Rio Reimagined）计划。这是由已故参议员约翰·麦凯恩（John McCain）发起的。大学将绵延 50 英里（1 英里 = 1609.34 米）以上的索尔特河（Salt River）流域打造成为经济发展、社区进步的强大引擎，使其成为水资源管理的责任主体，引领了该区域的复兴。亚利桑那州立大学西面毗邻全球第 5 大经济体——加利福尼亚州，并且吸引数万名南加利福尼亚学生来校就读。此外，位于洛杉矶的观察先锋大楼（Herald Examiner Building）历史悠久，亚利桑那州立大学将其翻新改造为教学办事处，扩大其在洛杉矶乃至整个加利福尼亚州的影响力。为了与新型美国大学的定位保持一致，名为"跨越 10 号公路"（Ten Across）的项目将绵延 2400 英里（1 英里 = 1609.34 米）的 10 号州际公路打造成为迷人的窗口，展望国家的未来。

  作为知识生产、经济增长和社会转型的平台，美国研究型大学必须将科学发现和技术创新转化为公平的社会效益，并为全球繁荣和福祉做出贡献。因此，在过去 20 年里，科学、政策和成果联盟（CSPO）作为一个知识网络，一直致力于扩大科学技术的影响，推动全社会的平等、正义、自由、繁荣及提高整体的生活质量。该联盟已经成为全球顶尖的科学技术政策智库；积极且高效地参与公共讨论，解决科学、创新和社会的棘手问题；提供解决方案，发挥广泛的社会影响力；推动大学内部的重大变革。连续 5 年，该联盟被宾夕法尼亚大学劳德研究所智库（Think Tanks of the Lauder Institute of the University of Pennsylvania）评为十大科技政策智库之一。随着 2015 年启动的社会创新未来研究所（Institute for the Future of Innovation in Society）（IF/IS）和社会创新未来学院（School for the Future of Innovation in Society）（SFIS）等校级机构的建立，该联盟目前已制订更为全面的战略性目标，旨在更好地理解和管理社会技术变革。现有基础上组建研究所和学院有利于高校增能。在组建过程中，我们始终把人类的能动性和责任感放在首位，将亚利桑那州立大学转变为知识创新的试验场和强大引擎，负责任地应对21世纪的严峻挑战。

　　该联盟的雏形是1997年成立的坐落在华盛顿特区的科学、政策和研究中心。得益于哥伦比亚大学的项目，该中心与其他机构和基金会的战略联盟得以加强。该中心结合科学政策学者的相关论述和国家政策，旨在通过科技提高人们的生活质量，并特别关注分配的影响，比如讨论"谁可能从知识生产和创新的公共投资中受益"的问题。该中心于2004年7月在亚利桑那州立大学重组，聚焦重新定位初期的关键性概念。这包括：预期成果可以推动科学进步，新知识的社会价值取决于如何使用和由谁使用，并且通过定义问题确定研究的相关性。自2008年以来，重组后的科学、政策和研究中心，作为多样化合作和伙伴关系的核心，与华盛顿特区政府机构和非政府组织展开密切合作。

　　社会创新未来学院成立后，作为责任主体发挥着重要作用。学院在三大领域展现出强大的战略实力：新兴技术的管理、兼顾科学政策和社会成果及科学与社会的相互渗透。这种制度创新模式体现在高含金量的奖学金、完善的学术网络、政策和公共外展项目，它们有利于全球范围内的针对创新的讨论。这项工作包括超前治理的理论基础、研究应用、实时技术评估的参与方法、理工科高校建设原型。研究大力促进了社会技术整合，社会科学家、自然科学家、实验室工程师及行业专家和从业人员通力合作。科学、政策和成果联盟与社会创新未来学院提供技术治理奖学金，广泛讨论公共参与和扩大服务范围等议题。它们为科学家和工程师营造创新、协商和学习的氛围，取得了惊人的出版成果，包括两套系列丛书的出版［其中包括"科学的正当位置"（*The Rightful Place of Science*）］和各种期刊［其中包括《负责任的创新》（*Journal of Responsible Innovation*）］，以及与美国国家科学院合作出版的《科学与技术问题》（*Issues in Science and Technology*）。

一系列相关且独立的项目为战略发展奠定了基础，也为研究和培训做好了准备，其主题包括能源和社会、社会技术的未来及发展、可持续性和创新的交叉领域。例如，交叉领域可包括：参与式技术的发展、社区内的适应力及亚洲南部农民的恢复能力；非洲创新系统的出现和发展；社交媒体在民主运动中的作用；高等教育是国家发展的重点；多个知识系统在可持续发展中提供解决方案的重要性。全球参与的研究项目已在多个国家落地，包括厄瓜多尔、印度、肯尼亚、摩洛哥、尼泊尔、巴基斯坦、土耳其和乌干达等，部分国家还与相关学院合作。此外，与国外大学和国际组织的合作包括与世界银行（World Bank）、联合国开发计划署（United Nations Development Program）和国际山地综合开发中心（International Center for Integrated Mountain Development）等的合作，而且非政府组织也为学术参与搭建了广阔平台。华盛顿特区的科学、政策和研究中心带头建立创新的实践社区，负责科学研究和试验发展（R&D）项目的管理，并与美国联邦机构形成密切的合作关系，包括美国国家海洋和大气管理局（NOAA）、美国国家航空航天局（NASA）、美国政府问责局（GAO）和美国国家科学基金会（NSF）、美国行政管理和预算局（OMB）和美国科技政策办公室（OSTP）。社会创新未来学院和机构人员定期互动，加快联邦研发活动的社会成果转化。

社会创新未来学院与校内其他学院、研究所、研究中心一起合作推进动态合作倡议，这在整个大学内部发挥着向心力的作用。因为科技成果的问题在本质上具有前瞻性，所以，该校的标语是"未来属于我们每个人"。社会创新未来学院在战略上顺应了这一趋势，其奖学金设置看重学生面向未来的能力，包括强烈的参与意识和审视维度。在能源、地球工程、人类增强、个性化医疗和城市的未来等领域的探索中，该学院诚邀科学家开发新兴技术、诚邀股东探讨纳米技术的社会影响、诚邀政策制定者和工业生产者诠释负责任创新的内涵。纳米技术与社会中心（CNS）孵化出的研究分中心虽隶属于科学、政策和研究中心，却享有一定的自主权，其主要负责搭建不断扩大的合作网络，由生物设计研究院（Biodesign Institute）医学诊断部、灯光工程太阳能燃料中心及可持续发展学院与凤凰城规划部可持续城市未来小组构成。

社会创新未来学院参与多项合作，旨在将复杂的科学社会问题巧妙地介绍给大众。Emerge是一年一度的盛会，汇聚了科学家、工程师、艺术家、设计师，还有学术界的学者，和当地公众一起重新创造未来。Future Tense 与亚利桑那州立大学、新美国基金会和 Slate 杂志共同合作，在华盛顿特区举办了各种活动，应对科学、技术、政策和社会领域的复杂挑战，达成更广泛的共识。在全球庆祝玛丽·雪莱的小说《弗兰肯斯坦》（又名《现代的普罗米修斯》）出版200周年之际，社会创新未来学院和科学与想象中心（Center for Science and the Imagination）启动了科学怪人弗兰肯斯坦200周年项目。该小说于1818年出版，在全新加注版里，社会创新未来学院的创始院长大卫·古斯顿和同事都认为，这部小说持久地"影响了我们看待新兴科学技术的方式，将科学研究的过程概念化，并设身处地思考科学家的动机和伦理纠结，帮我们在科学研究的好处与可预期和不可预期的陷阱间权衡"。

现在看来，技术创新的速度和变革力总是最快和最具破坏性的。但有些指标会在全球社会正处于拐点时，提示新兴科学技术到底能提供怎样的帮助，以及这些技术在日益互联和充满活力的社会中将发挥怎样深远的影响。其中有些指标提示技术进步本身：我们对生物代码日益深入了解；强大的计算机新技术出现，比如人工智能；设计和生产生活必需品的能力与日俱增。生物基础、计算机中的位和原子编码，加上它们之间交叉编码的能力，都将人类从自然界强加的束缚中解放出来，让几年前不可能实现的技术变成现实。但纯粹的技术进步存在于社会、经济、法律和政治生态系统中，正在被这系统中同样强大的变革所影响和放大。日益增长的连通性、不断变化的社会规范和期望、新技术之间的相互作用形成了反馈环，未来越来越难以预测。毫无疑问，它将与我们现在的生活截然不同。这场变革的大漩涡围绕着如下的话题：

技术融合和所谓的第四次工业革命、变革性技术带来的伦理新问题及如何在不断变化的世界进行负责任的创新。这些话语的核心与两种主流的观点相关：①必须思考和理解，超越传统学科和概念的创新所带来的巨变；②知识技术飞速更新的未来，要确保人类的生存和繁荣。在这些领域里，社会创新未来学院已经踏上征程。依靠知识创新和专家的洞察力，该学院正在绘制一张社会高速发展、技术日新月异的蓝图。当然，该学院还将揭秘走进这幅画卷的新路径。通过研究和教育项目，以及诚邀创新者、政策制定者和公众参与，该学院为人类储备知识、提升理解力、提供工具和技能，为社会转型期内的持续繁荣贡献力量。

社会创新未来学院提供本科和研究生学位课程，包括人文和社会科学博士课程（HSD）。它融合了人文、社会和自然科学及工程领域的知识和见解，重新思考人类在科学和技术中的能动性；应对这个时代的基本挑战，比如能源、卫生保健、信息、发展、可持续性和生物技术等方面。科学技术政策硕士课程（MSTP）帮助学生打下专业基础，以便学生将来在科学、技术、政策和社会等交叉领域的机构中就职。该项目会提供在美国政府问责局、科学及科技政策局、国际食品政策研究所（International Food Policy Research Institute）、美国国家航空航天局及各种科学专业协会、非营利性机构、科技公司等机构实习和就业的机会。全球技术开发理学硕士课程（GTD）是一项针对开发领域从业人员的专业计划。该计划使学生在多个社会、政治和经济环境中，比较、理解、分析技术和人类发展的交叉影响，并运用所学衡量发展对社会的影响和意义，为未来制订适当的政策和计划。创新和全球发展博士项目和全球技术开发理学硕士课程合力为非住宿制学生提供在全球范围内研究创新与政治、社会、经济发展之间的相互作用的机会。

展望未来，社会创新未来学院计划招收与公共利益相关的技术科学硕士，旨在为学生提供技术和知识的专业培训，以便学生未来在从事技术开发和制订政策时重视公共利益。越来越多来自科学、政策和研究中心及社会创新未来学院的人，正在自己的岗位上学以致用，包括美国科学促进会（AAAS）、阿贡国家实验室（Argonne National Laboratory）、博思艾伦汉密尔顿（Booz Allen Hamilton）公司、布鲁金斯学会（Brookings Institution）、加利福尼亚州海洋科学信托基金（California Ocean Sciences Trust）、联邦航空管理局（Federal Aviation Administration）、乔治梅森大学墨卡图斯中心（Mercatus Center at George Mason University）、美国航空航天局、联合国（UN）、美国陆军、美国农业部（Department of Agriculture）、美国政府问责局及和平队（Peace Corps）。

社会创新未来学院的核心理念是，不同专业领域间碰撞，产生建设性的新想法和深刻认识，强有力地催生出看待风险的全新思维方式。例如，风险是对价值的威胁，眼前的复杂挑战构成了现在和未来间的多维"风险格局"，这些视角都来自跨界合作迸发出的创造力。"风险创新"是亚利桑那州立大学风险创新实验室（Risk Innovation Lab）主导的思维框架，用来应对新兴风险。该实验室主任安德鲁·梅纳德（Andrew Maynard）教授认为，新方式可能带来的危害与传统方法应对风险的不足常常产生分歧，"风险创新"正努力化解它们之间所产生的分歧。该框架的核心是，用同样极富创意的方式去理解和应对创新（尤其是技术创新）所带来的风险。科技所带来的能力变化是循序渐进的，比如基因编辑、自动驾驶汽车、人工智能技术的高级应用及新材料的开发。与此类似，现有的风险范式往往不能识别新技术将带来的潜在危害，无法制订适当的行动方案。但是，技术创新、环境和社会之间的关系越来越紧张，超越传统思维的风险类别也越来越多地涌现。这包括技术对社会正义、隐私及个人和国家安全的潜在影响，还包括不断变化的社会技术大环境对自我尊严、自我价值、固有观念及群体意识等价值观的潜在威胁。我们需要颠覆性地反思风险的含义及其运用，让我们不仅生存下来，还能谋求未来发展，这一点至关重要。风险创新实验室进行了集中规划，组建了更大的思想家群体，即知识生成者群体和实践者群体。无论未来如何，他们将坚持运用他们的洞察力、技能和工具为尽可能多的人带去福利。

打造宜居的星球

亚利桑那州立大学深知，未来几十年会出现重大的环境和社会危机，于是成立了全球未来实验室（Global Futures Laboratory），旨在将该大学定位为科学家和学者联盟的全球中心，共同解决关系人类社会和地球未来的关键性问题，其中包括社会、自然和生物化学系统转换。该实验室研究的重点领域具体为新能源系统探索、粮食安全和土地退化、环境和公共卫生、自然资源枯竭、水资源短缺、决策和行为，以及新经济的必然性。我们星球的自然和社会经济系统不具有可持续性，并且一些子系统接近或已经超过临界值。全球未来实验室的成立表明，亚利桑那州立大学践行其承诺，通过知识生产和创新，打造宜居星球和创造幸福生活。利用学术界探索和创新的能力，该实验室将为我们的未来提供更多精心设计的选项和更具前瞻性的行星管理方案，最终实现持久的宜居性和提升全人类的幸福感。该实验室积极推动学术界参与这场关于星球未来和全社会的辩论，并期待其发挥决定性作用。学术界将主导这场辩论，运用到目前为止的所有有用的知识，期待通过与最广泛的利益相关群体的有效交流，制订关键性的干预措施，引导我们走向可持续发展和全球互联的未来。这种倡议说明依靠学科间的无缝衔接，亚利桑那州立大学具备应对全球复杂挑战的能力，同时也体现了该校对知识和创造力的坚定信念，通过团结思想家和创客，在学界和学界外建立伙伴关系，一定可以发现关键问题并制定最富有成效的对策。然而，全社会对地球边界看法的转变和接受程度，将是通往可持续发展道路的关键。

地球系统由复杂的生物地球化学循环系统构成。它是动态的和互动的系统。可是，人类对该系统产生的影响的关注却明显滞后。工业化以来，人类的影响越来越大。学术界为技术创新奠定了知识基础，从而推动工业革命。

但是面对飞速发展期较快的变化，人类却束手无策，无法前瞻性地引领技术和社会的快速变革。人类正努力突破地球边界，使用的资源远远大于地球能提供的。地球系统失去了平衡，这种失衡严重到威胁地球宜居的程度。因此，人类已经偏离了安全区域，学术界必须承担重任，绘制规划图，为我们的星球创造一个可持续的未来。全社会必须联合知识型企业和决策实体，着手绘制出恢复平衡的路径，如此才能迎接人类主导一切的人类世时代，享受社会的进一步繁荣。

作为综合的跨学科矩阵，全球未来实验室生产知识，推动前沿技术创新，鼓励科学家和学者与工商业、政府实验室和民间社会组织一起，积极构建全球网络。在理解、量化、预测及修改复杂系统时，若该实验室可以通过开辟知识新领域尽可能地减少可预计或可识别的负面影响，它便成功地完成了任务。例如，针对进一步开发地球的潜力和所面临的局限时，该实验室可根据地球物理和生物地球化学系统、社会经济和社会文化动态、政治制度和社会选择开展研究，分析决定性因素。这项研究还为以下情况提供解决方案：由于人为压力给环境带来的问题，以及生命保障系统的退化和自然资源耗竭。这项研究还将分析在地方、区域和全球范围内，经济运行的可行性。可持续是否能实现，在很大程度上取决于是否能在以下领域发挥好学术界的作用：衔接好创意产生和解决方案的设计、转变、应用、实施过程的每个环节。全球未来实验室将充分利用学术界创新力的广度和深度，召集国际领先专家，参与行星管理研讨会，围绕与地球未来相关的主题及时展开讨论。讨论主题包括气候工程、新的全球公域、社会结构的稳定性、环境决策和价值系统、全球连通性和接近临界值的新兴热点议题。该实验室将推进网络和联盟的形成，联合科学家和学者创建一个涵盖所有知识领域，放眼全球未来的广泛交流平台。例如，一项名为"地球观测"（Earth Observation）的倡议将监控人类行为，提供地球状态的可视化实时输入，有助于提高学术研究对长远决策的影响力。

在促进知识转移和确定研究方向上，利益相关者发挥着关键性的作用。他们与特定群体有着广泛的接触，尤其擅长将讨论扩展到传统的学术范围之外。对话平台可以推动学术界参与亟待解决的社会话题讨论，也可以让股东参与项目设计、结果分析、本地和全球方案实施建议。人类应采用更务实的方式来应对以下挑战：不断加剧的气候危机、全球水资源挑战、生态系统退化及污染对公共健康的影响。同样务实的协同合作平台由自然科学、社会科学及人文学科共同搭建而成，从而提供新机遇和新见解。传统学科仍会阻碍新一代学生进行跨学科学习，但该实验室将培养问题解决者和创新者的多元思维能力和包容、开放的心态。

早在十多年前，亚利桑那州立大学就定下目标，要成为可持续性研究和教育的世界领导者，并于2004年迈出了坚实的第一步，成立全球可持续发展研究所（Global Institute of Sustainability）。两年后，可持续发展学院发布其章程，成为学术界的首创。同年，来自世界各地和亚利桑那州立大学的科学家、学者、决策者和可持续发展专家齐聚墨西哥特莫松，探讨大型公立研究型大学如何最好地将可持续性作为核心价值，体现在教学、研究和公众参与中。那次会议促成了朱莉·安·瑞格利全球可持续发展研究所（Julie Ann Wrigley Global Institute of Sustainability，GIOS）的成立。该研究所的愿景是成为亚利桑那州立大学全球可持续发展计划的聚集地。随着2004年朱莉·安·瑞格利全球可持续发展研究所的成立，以及2006年章程的发布，亚利桑那州立大学承担了推进跨学科教学和研究的任务，提升社会、经济和环境的可持续能力。朱莉·安·瑞格利全球可持续发展研究所推进以解决方案为导向的跨学科研究，将学者、科学家和工程师与公民利益代表者、政府决策者和行业领导者聚集起来，分享专业知识和智慧，为可持续发展所面临的挑战提供解决方案。在空气质量、艺术、人文、经济、食品系统、海洋生态学、数学、材料设计、医学、纳米技术、政策和治理、可再生能源、风险评估、交通、城市生态和城市基础设施等领域，朱莉·安·瑞格利全球可持续发展研究所的教职人员正开展广泛研究以应对我们这个时代的关键挑战，同时培养下一代学者、科学家和实践者。

朱莉·安·瑞格利全球可持续发展研究所推进了大众合作型、股东参与型、解决方案导向型的倡议。其中，沙漠城市决策中心（Decision Center for a Desert City，DCDC）的成立表明，亚利桑那州立大学在开展跨学科的教学和研究时重视运用和植根社会。该中心关注区域气候和土地使用变化对城市供水系统带来的影响，并在科罗拉多河流域的可持续性转变中发挥作用，使用模拟建模和可视化分析整合水系统决策中的生物物理和社会经济决定因素。我们将在第5章里评估沙漠城市决策中心作为边界组织的作用。一项关于城市生态学倡议，促使其创始研究者开发了城市韧性极端事件可持续性研究网络（Urban Resilience to Extremes Sustainability Research Network，UREx SRN）。研究人员与越来越多的西半球城市合作，构思和部署弹性基建设施的发展战略，其中大部分以生态为基础，旨在提高人们的日常生活质量并减轻极端气候事件影响。

2012年以来，罗伯·沃尔顿（Rob Walton）和梅拉尼·沃尔顿（Melani Walton）发起的可持续发展解决方案的倡议诚邀多个组织和超过50万人参与，寻求全球可持续发展有关问题的解决方案。作为一家可持续发展领域的咨询机构，该倡议的提出旨在与世界各地的外部客户和合作伙伴合作。"恢复力知识交流会"（A Knowledge Exchange for Resilience）以大学和马里科帕县间双赢的伙伴关系为基础，致力于打造大学—社区合作的理想模式，从而带来积极的经济变化，并提升经济和环境重压下的反弹力。

可持续发展学院是美国第一所专注可持续性研究，并开设研究生和本科阶段课程的教育机构。该校正通过协作、跨学科和以解决方案为导向的教育方式，培养新一代领导者，应对社会、经济和环境挑战。该校教导学生要系统地看待复杂的问题和解决方案，与意见不同者合作，并提供战略性的解决方案，打造一个更具持续性的理想未来。针对快速城市化、水资源短缺、粮食安全、生物多样性缺失、能源负担能力差及可持续能源、材料和技术的开发等问题，该校的教学和科研寻求自适性解决方案。为了营造可持续发展的制度文化，亚利桑那州立大学提供人类学、建筑学、生物学、经济学、工程、工业设计、法律、哲学、非营利领导力、旅游和城市规划等领域的可持续性主题课程。与人权等现代社会的核心原则一致，在人口已超 70 亿人且逼近 100 亿人的地球，可持续性已成为划时代问题，必须由人类合力解决。固守单一学科阵地会削弱高校的科研能力，不利于其发挥财富创造、环境质量改善和社会福祉之间的平衡作用。该校将跨学科教研与可持续发展相结合，建设成为新型美国研究型大学。今天，可持续发展学院拥有 1400 多名校友，也为美国数百个可持续发展课程项目树立了典范。

隶属于学院和院系框架内的数百个跨学科中心和机构，构成了亚利桑那州立大学。通过对这些中心和机构的详尽调查，我们发现将它们归于一个单一种类的卷轴不符合实际。本章中描述的内容仅用于表明研究型企业的目的，即解决社会面临的复杂问题和难以应对的挑战，给地方、国家、国际带来积极的改变，并在教学、研究、课程中体现相互关系。该建设过程正是按照新型美国大学模型推进的。学术界已经开始审慎思考高校的定位，并通过建立衡量成功的新标准，重新定义与成熟的百年老校间的竞争。亚利桑那州立大学的成功可以证明，保持世界一流大学的学术水平、广泛的包容性和提升公共利益在一所前沿研究型企业中可以同时实现。

搭建普及教育的框架

亚利桑那州立大学将普及教育作为理想的倡议，并以此为依据设计产品、设置流程和培养方案。通过教育、培训和技能培养，亚利桑那州立大学正大规模地为不断壮大的学习群体服务。该校应对挑战，在不影响质量的情况下，向美国乃至全世界弱势群体提供更多的教育机会。同时，该校还致力于推进体现公共价值的研究和发现。亚利桑那州立大学在贯彻普及教育概念的过程中，确定了3个建设原则：彻底的普及性、企业型伙伴关系、不断地创新和发现。彻底的普及性原则解决了美国高校排他性问题。该校不会询问学习者是否为进入本校学习做好准备，只问本校是否准备好在最适合他们的学习环境中满足他们的需求——无论是大学学位获取的途径，还是定制的学习途径。该校的"教育+"项目，通过设计和运用前沿的在线学习方案，克服地理访问的障碍，为美国乃至全世界的学习者提供学习途径。同样，该校正通过创新财政援助克服成本困难，从而让佩尔助学金的获得人数呈现出史无前例的增长，并依据学生个人情况承诺收取最低的学费。

作为一所国际化大学，亚利桑那州立大学力求在全球范围内克服普及教育所遇到的障碍。通过"开放规模课件"（Open Scale Courseware），该校几乎为世界上每个国家的学生提供免费课程和可转学分。"全球发布"（Global Launch）作为美国最广泛的英语强化课程，为美国任何一所大学中的国际学生提供英语指导，参加人数已达美国之最。该校还向身处最为艰难的经济和地缘政治环境中的学生提供求学机会。在美国国际开发署（U. S. Agency for International Development，USAID）的支持下，该校正在帮助马拉维的大学提升其在线教育和远程教育的能力，并为年轻女性和弱势群体提供服务。在越南，亚利桑那州立大学与美国国际开发署、英特尔公司和一家不断壮大的私营部门财团合作，提高大学工程项目的水平，并以技术拉动经济增长。与普及教育框架的目标一致，该校启动了"人文教育计划"，旨在帮助超过44000名难民获得教育机会。据联合国难民署（United Nations Refugee Agency，UNHCR）估计，这些难民大都因为冲突、迫害或暴力，不得不逃离熟悉的生活环境。据该机构称，6850万名全球流离失所者中，有2540万名难民，其中一半以上未满18岁。超过85%的难民逃往发展中国家，大多数人在那里无法继续接受教育。而且，大多数难民教育计划专注于小学教育。不同的是，"人文教育计划"旨在满足成千上万年轻人的需求，为其提供移动式的线上课程，否则他们必须去校园才能学习课程。该计划目前已经覆盖黎巴嫩、约旦、伊拉克、乌干达和卢旺达的难民，预计该计划很快将推广到埃塞俄比亚和肯尼亚。

若想在社会范围内广泛推广普及教育模式，就需要与其他高校、私立大学建立多元、深远的合作伙伴关系。因此，亚利桑那州立大学正在与其他高校一起搭建合作伙伴网络，推广普及教育模式。"大学创新联盟"是大型公共研究型大学联盟，我们将在本章中评估亚利桑那大学如何通过这个联盟共享数据和解决方案，取得更好的教育成果和扩大教育机会。PLuS 联盟是包括亚利桑那州立大学、伦敦国王学院和新南威尔士大学（The University of New South Wales）在内的教育集群，主要推进跨境研究和教育，从而应对健康、可持续性、创新和社会正义等领域的跨国界挑战。该校坚持应用普及教育系统，与私营部门建立伙伴关系。通过与美国国际化学经济公司的合作，该校为其在全球培养劳动力——其中不少居住在发展中国家。得益于这个项目，他们将获得学习机会以完成国际发展中的重要工作。美国国际化学经济公司是美国国际开发署的项目的最大国际承办方。通过星巴克学院成就计划（Starbucks College Achievement Plan），该校为遍布全球的星巴克合作伙伴（咖啡师）免费提供完全在线的学位课程。该校还向优步（Uber）的员工提供技能培训和学位教育。该校推广一种公私合作新模式，为每个员工创造学习机会，并与大企业合作，使大量员工获得新技能和拓展新途径。

知识型机构受市场影响，几乎很难证明对创新的持续投入具有合理性，而且由于其身处公共部门，采取新举措方面很难获得政治支持。知识型机构的使命是推动知识进步和传播知识，研究型大学的使命却大不相同。虽然大多数知识型机构将知识视为有价值的工具，但是，研究型大学则认为知识具有内在价值。当知识仅作为有价值的工具时，它在推动创新方面的作用通过需求来调节；当知识具有内在价值时，它就没有需求限制。对于研究型大学而言，为知识生产而进行创新和为创新而进行生产知识是互相促进的。这种对探索和创新的不断投入，以及将新知识融入运营和教育经验的不懈坚持，都成为普及教育的基石。因此，任何普及教育系统的核心就是运作研究型大学。

普及教育得以实现源于两大因素。社会的日益繁荣让受教育机会比人类历史上任何时候都更易获得。很多学习者成年时已经拥有了需要通过更高水平学习才具备的技能。发达国家成熟的教育系统和迅速响应、前瞻性的国际发展计划，正在助力发展中国家的教育系统，从而提高人们的生活水平及推动科技带动经济增长。高效率低成本技术的出现，使大规模和高质量的教学成为可能。在过去的10年中，慕课成功地证明了，技术可以克服教育资源在地域上和成本上的困难。最近，人工智能、自适性和辅助学习技术的运用降低了师生比例，提升了学习效果，为学习者提供了适合不同生活情况和智力发展水平的高度个性化的教育体验。这些技术为测试新的教学模式提供了潜力，这种新模式只会提高任意指定学生和学生群体的教学效率。总的来说，有了这些技术，我们可以采用完全在线和混合教学模式，为学习者提供完整的教育体验。这样不仅保证教学质量，还降低了教育成本。值得注意的是，所有这些技术还处于起步阶段，只能代表其成熟阶段所提供价值的一小部分。大学不一定适合每个人，但正如在第1章中所评估的那样，对于那些认为学位对发挥潜力至关重要的人而言，美国高等教育的定位是糟糕的。因此，3600万名25~65岁的大学入学者未能获得副学士学位或学士学位。亚利桑那州立大学将采用生产链条管理方式优化学位完成过程，以此搭建普及教育的框架。该框架将最终目标延伸到多种形式的中学后教育中，因此需要改变高校文化以适应非生产链终身学习的模式。自动化程度的不断提高和零工经济的兴起，给劳动力市场需求带来波动，这都要求大学提供更为频繁的技能提升和再培训，普及教育框架恰好回应了这种需求。

社会必须提供受教育的机会，国家的成功才有保障。我们只有在高校和劳动力之间建立大规模合作伙伴关系时谨记这一点，才能更好地将劳动力和终身教育机会结合起来。高校与潜在的企业合作者并不能非常好地相互适应，所以需要跨界机构来相互协调。要想为学习者开辟新途径，我们必须更新观念，全新地看待企业的社会影响力和投资员工教育的回报。社会影响力和转型两个方面因素要求我们在建设伙伴关系时，必须促进文化规范的演变和期望的转变。学术界必须加快设计和开设课程的速度，积极支持新兴的人类潜力革命，以及采用创业方法和心态。雇主必须认识到劳动的商品化，围绕教育和学习创造一种奖励文化，以及意识到员工技能的提升与企业竞争力成正比。美国各州和地方政府将努力把高等教育和培训的支持功能，长期地与区域和全球劳动力市场趋势相结合。公众的认知将会发生翻天覆地的变化，这种变化首先得从观念改变开始，那就是正规机构内的学习并不会在某个任意预定的年龄结束或开始。

教育服务的创新方式

在五大教学领域，亚利桑那州立大学正以创新的方式确保教育服务的完美开展。这五大领域拥有先进的技术优势和可以提供广泛的教育机会。作为研究型大学，亚利桑那州立大学受益于大规模的技术进步，引领并开发了差异化、技术型的教学模式以适应不同的学习环境。通过与教育技术伙伴的密切合作，利用150多种第三方工具和服务，扩展和改进日益个性化的在线学习体验，该校已经取得了显著的积极成果。教学设计者与教职员工合作，为在线学生重新构思课程内容。该课程内容注重参与和互动。教学创新在五大领域中得到充分运用，提高了教学成效并降低了教育成本。定制化技术平台，包括大规模个性化学习、无处不在的内容开展机制和人工智能提供的建议。

领域一的教学内容包含学术传统的所有精髓，其源头可追溯到希腊学园并横贯2000年。技术的改善促进了混合在线学习模式，有利于提升在学率和毕业率。这一领域的服务对象为：在四大沉浸式校区攻读学位的学生，包括历史悠久的坦佩校区，以及理工学院、格伦代尔校区和凤凰城市中心3个新校区。这些校区作为教学、研究和创新的平台，促进社会和经济发展。校内沉浸式学习模式有3400名教职员工和超过73000名学生参与其中，此外，将近17000名技术支持人员提供了包括技术增强在内的保障服务。位于尤马、萨福德、佩森和哈瓦苏湖的区域学习中心，将亚利桑那州立大学的影响力扩展到不断壮大的社区，从而有利于该校扩大招生人数。这些社区此前只有社区学院或大学分校提供教育服务。

领域一的所有学生能不断提升科技素养，其中大部分都攻读两三个学位。宽口径的招生标准、与社区学院的无缝衔接及较低的成本，都让其招生规模高出历史水平3倍。领域一的运作基于这样的假设，即入学者的社会经济地位不能预测其成效。如前所述，为了最大限度地提高教育的获得机会，该校一直保持20世纪50年代美国一流研究型大学的历史招生标准，正如加利福尼亚大学伯克利分校、加利福尼亚大学洛杉矶分校和密歇根大学一样。领域一内的企业型新机构有"全球发布"（Global Launch），它能为国际学习者提供非常好的英语强化培训。

亚利桑那州立大学的预备学院（Preparatory Academies）是由两所分别坐落于凤凰城市中心和东梅萨的特许公立学校构成的。它们运用前沿的教学方法提升未达标生源的表现，为其考入大学做最好的准备。在2000名就读于亚利桑那州立大学预备学院的中小学及学前教育阶段的学生中，有76%来自低收入家庭。这两所学校的入学人数在3年内增加了3.3倍，此外还有超过1000名学生出现在候补名单中。Me3是一款移动应用程序，它可以帮助高中生选定大学专业和确定考取大学所需的课程。通过预备学院和Me3，该校正在扩大大学的流水线，同时也帮助亚利桑那州的高中生考取大学做好准备。

在前四次浪潮中，美国各高校对传统的课堂教学运用娴熟，但面对无处不在的新信息技术时，大多数高校只是逐步推进其使用。从教学创新到学术咨询，再到数据分析和制度建模，新技术平台有望加强教学并改善教学成果，特别适合来自不同社会经济状况和文化背景的学生。通过传统课堂教学与在线教学相结合，新技术平台提供交互式内容、监控个人进度和适应多种学习方式。各高校已经可以低成本地为学生提供定制的教育方案。此外，将在线学习与慕课混为一谈导致最初人们对学习技术的质疑。克里斯托弗·纽菲尔德争辩道："2011—2013年的慕课浪潮，见证了在线教学的兴起。这是一次最为大胆的尝试，既不影响教学质量，也降低了教育成本，但是它失败了。""今天的学生需要更多的个性化教学，而不是更少的，但公立大学越来越难满足这一点需求了。"该校实施的个性化学习方法表明，关于强制标准化的担忧是没必要的。

领域二的教学指的是全面数字在线沉浸式方案，为能力有限的学生提供攻读学位的机会。领域二主要是通过"教育+"进行教学的。"教育+"是该校推动网上学习的标志性平台。它推进研究、教学、教育设计和合作伙伴关系，依靠数字技术扩大学校的影响力，实现了国内外数万名学生的网上课程的构思、设计、实施和评估。"教育+"旗下的亚利桑那州立大学在线，专门针对远程攻读学位的学生提供全面的数字沉浸平台，让学生无须踏入校园即可获得学位。亚利桑那州立大学在线满足了增长最快、最大的学生群体（即非传统学习者）的需求。目前，就读于美国大专院校的学生中，只有不到五分之一的学生在毕业后开始了四年制大学学习。我们致力于通过在线学习，为非传统学习者提供学习机会。由于其所面临的生活困境和挑战，这些学习者无法像传统学习者那样进入大学学习。我们的目标是到2025年，将包括亚利桑那州在内的美国在线注册学生人数从20000人增加到100000人。

该校利用其在线基础设施的优势，与两个重要的伙伴建立了合作关系，这将对入学产生重大影响。星巴克学院成就计划是该校和星巴克于2014年6月启动的史无前例的合作，旨在为美国所有符合条件的星巴克员工提供获得学士学位的机会。50余种不同的在线学士学位课程可供选择，星巴克为合格的员工攻读任一学位课程报销全额学费。2018年春季学期的入学率超出预定目标的113%，总人数超过7000人。截至该学期，美国51%的星巴克门店至少有1名注册学员，数量已超上年同期的39%。总体而言，2018年，近1800名星巴克员工依托星巴克学院成就计划获得了学位，预计到2025年，将实现25000名的理想目标。该计划是学术型企业促进经济和社会发展的成功实例。PLuS联盟是亚利桑那州立大学在线开拓国际市场迈出的重要一步，为准备不足的人群提供攻读学位和获得证书的机会。领域二所依赖的技术，包括人际关系的支持技术、增强组织亲和力的技术、集成的人机界面、实时的个人发展评估，以及所有参与者的科学素养。

领域三按照大规模、交付式、数字化沉浸式方案来教学。领域三面向数以百万计的非传统学习者提供探索课程、获得证书或继续攻读学位课程的机会。这些学习者受各种限制，无法按照传统方式继续学习。亚利桑那州立大学与edX合作推出"全球新生学院"（Global Freshman Academy）计划，允许学生完成数字化沉浸式课程，修满大一学分。该计划由edX筹办，并由亚利桑那州立大学的教师以升级版的慕课形式授课。edX是隶属于麻省理工学院的非营利在线教育供应商。该计划于2015年推出，第1次以奖励学分的方式记录已完成的慕课课程。前3门课程的注册学生数超过50000人。他们来自于192个国家，其中超过3成的学生对学分奖励表现出极大的兴趣。在接下来的几年里，亚利桑那州立大学计划扩大该项目的规模，向更多的学生开放更多的课程，拓宽路径引导他们攻读全日制学士学位。领域三的另一家企业型项目是建立了亚利桑那州立大学数字预科（Prep Digital）。这是一所全在线的高中，为那些无法到校参加学习的亚利桑那州的学生提供高水平的课程。亚利桑那州立大学数字预科课程由该校预科的教师负责设计，并采用在线方式授课，以及提供咨询和指导。领域三的成功创新依赖以下方面：技术让规模产生效益、适用于人生所有阶段的教育开展机制、多组织路径绘制及培养所有参与者的科学素养。

领域四指的是基于技术升级的全新个性化教学方式，由该校开创并命名的"探索教育"。它的目的是先培养学生的综合知识能力,再追求差异化和个性化知识习得。传统的教学法看中现有知识的掌握,而探索教育中心(Education Through Exploration,ETX)则强调通过个性化的参与去探索未知领域。探索教育中心设计、开发并利用交互式、跨学科、探索型的数字平台和教育网络,服务全球数百万名学生。他们大多来自于低收入家庭、少数族裔,或者是家庭第一代大学生。通过短期的互动课程,探索教育中心鼓励其余三大领域的学生参与其中。这是一次开拓高等教育领域的创举。领域四的成功创新依赖于以下方面:虚拟现实、增强现实、人类认知的直接联系,通过语言询问进行智能辅导,小组学习的新工具,以及所有参与者的数学和科学能力。

领域五指的是可以广泛推广的学习模式,提供贯穿人生各阶段的无缝衔接的个性化学习。领域五的成功创新依赖于以下方面:终身智能教学及参与者的计算和科学素养。

技术助力成才

长期以来,美国高校一直是通过录取过程提前挑选出更易成才的学生,而那些符合录取标准,但各类指标提示较难毕业的学生就会被拒之门外。这一录取过程,对于具备基本学习能力、享有社会支持、拥有财务稳定状况和坚强毅力的大学新生而言效果很好,但却让那些面临生活困境或暂时不太适应学术生活的学生失去了教育的机会。他们或家庭困难,或是家庭第一代大学申请者,或是寄养的孩子,或是孤儿,甚至需要在求学期间供养兄弟姐妹或大家庭,困难可想而知。亚利桑那州立大学专门针对这些学生调整了章程。大学的成功不是看它将谁拒之门外,而是看它接纳谁并助其成才。该校确保每名合格的学生都有机会接受教育。回想一下,在亚利桑那州,100名高中生中只有9名能够进入大学学习,这加剧了该州的人力资本短缺,也限制了年轻一代的发展空间，让他们很难在经济和社会上获得提升。该校不但招收"高风险"学生，而且克服困难，确保他们在亚利桑那州立大学茁壮成长并顺利完成学业。作为一所具有创业精神的大学，亚利桑那州立大学运用技术和机构创新，让每名学生都上得起学。通过为学生提供更有力的支持和更优化的咨询，满足他们的需求，提供个性化的动态学习体验，该校的新生在学率同比上一年有明显增长，特别是在贫困人口和少数族裔学生中。这说明了亚利桑那州立大学的方法卓有成效。

亚利桑那州立大学对其招生流程进行了重大改革，招生规模得到大规模扩大。任何符合亚利桑那州董事会规定条件的学生都有机会入学，某项目或某年的指标不会限制录取学生的人数。从2007年起，该校启用了快速招生流程，将决策时间从2周缩短到24小时，并简化了学生转学分的流程。被录取后，学生将获得申请经济援助的专业指导。该校已向所有大一新生做出明确承诺，亚利桑那州立大学将帮助他们找到适当的贷款、奖学金和其他形式的资助组合，确保他们上得起学，而不被经济状况所羁绊。一方面，学生可以负担得起学费；另一方面，受益于特殊的经济援助分配方法，低收入学生更易申请佩尔助学金。该校的佩尔助学金的受助人数得以增加，从2002年的10000余名增加到2017年的将近36000名。同一个时间范围内，亚利桑那州立大学向学生提供的机构援助从1.38亿美元增加到2.88亿美元，平均下来，67%的全日制本地生源新生获得了援助。这些巨大的政策变化，让该校在扩招上取得了巨大成功。

亚利桑那州立大学还针对新生开发了一整套资源，以帮助他们最终取得成功。我们明白，许多学生在没搞清楚自己需求之前就上了大学。该校开设亚利桑那州立大学101和亚利桑那州立大学111两门课程，旨在帮助学生：了解大学的丰富资源；提高他们的学习技能；介绍众多的参与机会——这将有力地预测在学率和毕业率。"第一年成功计划"（The First Year Success），为大一新生提供了一对一的同伴指导，其中优秀的学长帮助新生了解自己的优劣之处,并制订了个性化方案。该校还设计并测试了"学习探索高级设计"(Learn Explore Advance Design,LEAD)课程,以研讨会的形式为成绩(GPA 和 SAT)有风险的学生提供帮助。"学习探索高级设计"课程采用小组互动和讨论,培养学生批判性推理能力、阅读和沟通能力、情商、团队合作能力和个人时间管理能力。"学习探索高级设计"课程已经帮助一些学生将第一学期的 GPA 从 2.4 提高到 3.3,并计划为更多的学生提供服务。

2008 年,亚利桑那州立大学搭建了"电子顾问"(eAdvisor)配套平台,为每名学生提供极富个性化且全面的支持,方便学生及其指导老师整合涉及经济援助、学术进步和个性化校园住宿等各方面信息。"电子顾问"配套平台成为美国公认的实用工具,为提升在学率和毕业率贡献力量。它不仅指导学生根据自己的才能和兴趣选择适合的专业,并为他们完成学位提供路线图。平台数据反馈学生表现,指导老师以此为基础决定是否有必要在第一学期与学生见面。学生在攻读学位的过程中,电子顾问帮助他们选课,这样一来,热门或有限的课程能向最需要的学生开放。如果学生偏离轨道,未能通过必修课程或错过该专业必修课的注册时间,"电子顾问"会自动联系学生和他们的顾问,以便他们可以面谈来解决问题。"电子顾问"配套平台提升学生完成学业的意识和责任感,让指导老师掌握有力数据以便与学生开展高质量互动,并且对于可预测和可避免的问题,减少双方见面的次数。它还允许院系根据每个专业必修课学生的数量调整课程供需。此外,"电子顾问"已对马里科帕县的社区学院开放,帮助学生更为平稳地转入亚利桑那州立大学学习。

亚利桑那州立大学向数字化学习转型的一个重要方面体现在设计和测试自适性混合课程,这是一种新的教育开展方法,与传统教学方式截然不同。自适性网络课件让学生于课前在网络上学习内容,基于算法评估其表现,允许他们按照不同的速度进行学习。在课堂上,学生通过主动学习,积极运用材料。最初,该校在新生的数学、化学和生物课程中采用了这种方法——这些课程与在学率密切相关。自适性网络课件将数学课的通过率从 2009 年的

66%增加到2015年的85%。在化学和生物课上,学生的课程后期成绩比课程初期成绩有大幅增长。每年有2万名学生加入了自适性混合课程,学校预计将此类课程扩大到75门本科课程,覆盖75%的本科生。

为了更好地指导学生毕业,亚利桑那州立大学在政策上做出较大改动。由于政策的变化,院系在提升学生在学率和学位获得率上承担了更多的责任。该校让学生可以更加专注地学习,而不被学术官僚作风耗尽精力。该校激励各学院院长提升在学率,并设定具体的目标和指标来推动学生毕业。自2007年起,学生在修满45个学分之后可以申报专业,这就让学生能够尽早到各学院学习,按照清晰路径完成学位。而在以前,学生需要修满80个学分才可申报专业。在"电子顾问"的帮助下,该校各部门优化指导办法,帮助学生尽可能地取得成果,并从技术上预测课程需求,做出积极响应。这些政策变化带来的是一种积极主动的文化转向。即使是在以要求严和强度高著称的项目中,最具挑战的课程都已经重新设计为动态自适性混合课程,以便学生可以不断改善跟进,而不是被"淘汰"。

全球参与和国际发展

全球参与是高校创新的核心建设设计愿景之一。按照既定的指标,在高等教育国际化领域,亚利桑那州立大学无可争议地成为领军者。该校招收来自全球136个国家的学生并为他们服务。该校曾连续3年成为美国招收最多国际学生的高校。2017年招收的国际学生超过13000名,也是美国公立大学中拥有国际学生人数最多的一所大学。经国际教育协会(Institute of International Education, IIE)统计,亚利桑那州立大学的国际学生概况与美国高校国际学生生源的情况一致:来自中国的学生居首位,其次是来自印度、沙特阿拉伯和韩国的学生。该校每年派出超过2000名学生出国留学,并与遍及六大洲的大学保持国际合作关系。

作为创造公共和社会价值的企业，该校致力于解决全球范围内的挑战，提升符合美国利益的全球战略稳定，提高世界人民的生活水平。由于国际发展的需求，该校的项目得到美国国际开发署、美国国务院（U. S. Department of State）、千年挑战集团（Millennium Challenge Corporation）等联邦政府机构，以及世界银行、联合国世界粮食计划署等国际组织的资助。国际开发行业由超过 200 个高度专业化的营利性企业和非政府组织构成，它们通过投标获得国有资金和私有资金，在世界范围内推进项目实施。难以渗透的行业特点和竞争激烈的行业常态都意味着很少有大学能成功投标国际开发项目，除非在专业性很强的领域，如约翰斯·霍普金斯大学的医学和密歇根州立大学的农业。此外，鉴于大学繁文缛节和官僚做派，国际开发公司很难将大学看作可靠的合作伙伴。但作为学术型企业，亚利桑那州立大学将挑战转变为机遇。在过去的 5 年中，该校与国际开发行业内的许多顶级公司建立了战略性伙伴关系，凭借着敏锐性和实力，参与大型项目的完成，并赢得了良好的声誉。为了开展这项工作，亚利桑那州立大学成立了国际发展部，其特别办事处拥有国际发展资金业务上的顶级行家。亚利桑那州、华盛顿特区和国际发展部的工作人员鼎力合作，协调学术发展和国际发展领域之间文化和知识的差异。

在科研经费增长方面，不论是政府机构，如美国国家卫生研究院（National Institutes of Health）和美国国家科学基金会（NSF）等的传统资助，还是私人企业和社会资助等，亚利桑那州立大学都领跑美国其他院校。这些社会和私人资助项目大都与全球发展有关。该校成为美国为数不多的拥有系统的研究能力的机构。它获取国际发展资金资助，进而解决全球发展中的挑战。亚利桑那州立大学国际发展部专注 7 大领域，体现其地理条件、建设愿景和独有的研究模式。它们是：①数据和决策；②经济增长；③教育；④全球健康；⑤法治（公民安全）；⑥可持续性；⑦妇女和性别。它系统地调查资金环境，应用专业领域知识，寻找潜在合作伙伴，并组建跨学科专家团队，运用国家层面的智慧来解决问题。

作为一项新的企业战略，该校在国际开发方面的工作，不仅带来了科研经费的增加，而且对发展中国家产生了积极影响。亚利桑那州立大学国际发展部将研究成果转化为创新的解决方案，在发展中国家广泛应用这些解决方案，产生了积极影响，缩短了理论和应用之间的差距。美洲妇女与创业计划（Women and Entrepreneurship in the Americas program）是由美国国际开发署、美洲开发银行（Inter-American Development Bank）和高盛（Goldman Sachs）共同资助的。亚利桑那州立大学雷鸟全球管理学院（Thunderbird School of Global Management）的专家为女性企业家提供培训和指导，促进社区发展和经济繁荣。在已结项的印度教师教育支持项目（India Support for Teacher Education Program）中，超过100名印度教育工作者接受了前沿教学方法、信息技术及问责制和改革措施的相关培训。该项目由美国国际开发署资助，由亚利桑那州立大学的玛丽·卢·富尔顿师范学院的教职员工和从业人员负责讲授。萨尔瓦多是世界上暴力犯罪率极高的国家，当地居民和社区饱受其苦，该校正加强其社会和私营部门的能力，解决帮派暴力问题和促成犯罪组织之间开展和谈。该校在世界范围内推动妇女赋能、促进经济增长、提升地方教育能力、改善卫生保健、促进可持续发展、建设更自由的安全社会，以及提升政府和社区在数据基础上进行精准施策的能力。

亚利桑那州立大学通过与巴基斯坦的两所在能源应用领域领先的高校建立伙伴关系，促成了美国-巴基斯坦能源高级研究中心（U.S.-Pakistan Centers for Advanced Studies in Energy，USPCAS-E）的成立。该中心于2016年成功获得美国国际开发署的1800万美元资助。这种伙伴关系充分利用该校在大学建设、应用研究和能源方面的知识，帮助巴基斯坦促进经济增长。该中心旨在为巴基斯坦应对能源挑战提供低成本的可持续性解决方案，并且培养下一代能源专家，尤其是来自弱势背景的青年和女性。该中心作为典型案例，将亚利桑那州立大学的成功模式推广到全球。它以思想生产者的身份扩大影响，提升发展中国家人民的生活水平。

清洁能源职业培训与教育（Vocational Training and Education for Clean Energy，VOCTEC）项目由亚利桑那州立大学、美国国际开发署和国际可再生能源机构（International Renewable Energy Agency）合作完成。由于该校在可持续、可再生能源基础设施建设和发展中国家投资领域具备领先的专业知识，它可以通过该项目为当地技术人员提供安装、操作和维护太阳能光伏、微型水电、风能和微型电网电力系统的知识和培训。该项目为清洁能源系统储备人力资源、建立实验室和筹备基础设施、培养获得国际标准认证的清洁能源工作者，并且为未来知识的传承打下基础。迄今为止，该项目已培训数百名专业技术人员、领导者、教育工作者和企业家，其中包括女性，遍及超过20个国家，包括越南、圭亚那、利比里亚、印度、塞拉利昂、肯尼亚、尼泊尔和许多太平洋岛国。

高等工程教育联盟项目（Higher Engineering Education Alliance Program，HEEAP）是由亚利桑那州立大学组建的公私合作项目，旨在为越南打造高科技制造业和培养劳动力。该项目聚焦越南高等教育，推广亚利桑那州立大学的模式，旨在将越南的高校打造成企业型高校，重视应用型研究，从而推动越南经济发展，为高科技制造业输送高水平的技术人才。该项目从2011年开始，由亚利桑那州立大学的艾拉·A. 富尔顿工程学院、美国国际开发署和英特尔组成市值为2500万美元的联盟，促成越南顶尖的技术大学和职业学校、多家美国大学及不断壮大的行业合作。该校正通过职业大学领导与创新研究所（Vocational and University Leadership and Innovation Institute，VULII）推进一个为期3年的高等工程教育联盟项目，旨在促进越南高等教育的系统性变革，提升越南的科研和教育能力、学术领导力。这个项目由美国国际开发署资助。美国国际开发署于2015年给亚利桑那州立大学加拨1080万美元，支持其依靠创新和技术建设大学产业学习和发展项目（Building University Industry Learning and Development Through Innovation and Technology，BUILD-IT）。这是一项后续计划，旨在推进越南高校的科学、技术、工程和数学（STEM）教学，使其满足行业合作伙伴的需求，并且达到相应水平。高等工程教育联盟项目培养出的毕业生技术高、工作上手快，并且具备急需的技能和知识。迄今为止，该项目已在美国和生源国合作单位培训了 3500 名毕业生。

建立具有推广普及性的联盟

普及研究型学术平台和高校创新符合第五次浪潮的原则。在此背景下，大学创新联盟成立了。这是一个由 11 所公立研究型大学组成的联盟，于 2014 年 9 月成立，致力于提高教育程度，尤其是提高贫困人口和少数族裔学生群体的毕业率。联盟成员包括佐治亚州立大学、艾奥瓦州立大学、密歇根州立大学、俄亥俄州立大学、俄勒冈州立大学、普渡大学、加利福尼亚大学河滨分校、中佛罗里达大学、堪萨斯大学、得克萨斯大学奥斯汀分校及亚利桑那州立大学。在竞争激烈的研究型高校中，联盟高校致力于通过合作重塑美国高等教育的未来。正如大学创新联盟发起书里构建的目标一样："我们共同的愿景是通过试点推行新措施，助力学生成才。该措施的成本和有效性都将得到评估并分享。这样我们将显著提升低收入学生和家庭第一代大学生的数量，帮助其高质量地完成大学学位。随着时间的推移，我们的合作将会给整个高等教育部门带来系统性变革。"

为了响应美国高校向更多的学生提供高质量的高等教育的号召，大学创新联盟秉承服务大众的宗旨，计划在 10 年内，在现有基准线基础上多授予 68000 个本科学位，其中至少有 1/2 的学位将授予贫困人口和少数族裔学生。更为重要的是，联盟高校已成功地将低收入家庭学生的每年学位授予数增加了 29.6%，这相当于每年在现有基础上多授予将近 6000 个学位。低收入家庭学生的学位授予数的占比从 2012—2013 年的 28.2%，上升了到 2017—2018 年为 31.5%。大学创新联盟已获得了政策制定者的极大关注，并在美国掀起了一场激烈的讨论，焦点为是否有必要提升教育成果，以及通过合作加速创新。2018年4月,大学创新联盟举办了首届学生成才创新和校园转型的峰会,汇集了来自70多所高校和30多个组织的超过300名代表,就过去3年来联盟所采用的合作方法展开激烈讨论。通过教育信贷管理公司(Educational Credit Management Corporation, ECMC)基金会资助的挑战补助金,这次峰会还诞生了由10所高校构成的3家全新合作机构,共同实现大学创新联盟的目标。

大学创新联盟成员的集体成果表明,关键指标方面已取得重大进展。与2012—2013年相比,2017—2018年本科学位授予总数增加了16.1%,从79073个增加到91823个。其中,低收入家庭学生的毕业人数增长了29.6%。在大学创新联盟成员中,2012年低收入家庭学生仅占学位总数的28.2%,2012—2013年增长3.3个百分点,而2017—2018年达到31.5%。4年里,大学创新联盟取得的成果包括:

- 联盟成员的大一新生在学率整体保持在88.4%~89.4%。其中平均在学率与低收入家庭新生在学率之间的差距略有缩小,从2012—2013年的3.8%缩小为2017—2018年的3.5%。

- 30小时新生进步指标(修满30个学分的新生,在第2学期秋季入学时)占比从71.1%上升到76.3%。

- 60小时新生进步指标(修满60个学分的新生,在第3学期秋季入学时)占比从62.2%增加到69.1%。

- 90小时新生进步指标(修满90个学分的新生,在第4学期秋季入学时)占比从59.5%增加到65.7%。

- 少于60个学分的转校生的在学率,从81.6%提高到83%;低收入家庭学生的在学率也从77.4%上升至77.8%。

- 对于修满60个学分或以上的转学生,在学率从2012—2013年的84.3%,略微提升到2017—2018年的85.6%。然而,从2012—2013年到2017—2018年,低收入家庭学生的比例保持在84.7%。

为了在联盟内扩大创新规模，并最大限度地扩大跨领域的合作，成员高校承担了多项联合项目。其中包括：所有联盟高校推行预测分析系统，并依据系统数据制定更为主动的指导方案，并且由美国教育部拨款支持；补助金助力计划为因经济困难而无法注册或毕业的学生进行有针对性的经济援助；从毕业过渡到就业的改进计划通过动员高校内的跨学科专业团队，与跨部门商业和组织领袖共同助力完成；联盟高校就工艺映射、有机缩放和程序复制等相关技术进行交流。

面对美国出现的大学毕业生劳动力短缺，大学创新联盟意识到，受教育程度与个人收入和社会共同繁荣有着密切关系。在2014年联盟成立之时，美国25岁及以上无大学学历者贫困率（13.1%），是同等条件下拥有大学学历者（4.1%）的3倍。2017年，数据显示这一差距略有缩小，（高中毕业者为12.7%，相比之下，拥有学士或以上学位者为4.8%），拥有学士学位者贫困率持续保持在最低值。具备大学学历的工作者比无学位者收入高出80%。研究人员认为，在未来15年，若能在现有基础上多培养出2000万名大学毕业生，将缓解美国收入上的不平等，但按照目前的进程，美国仅计划培养800万名大学毕业生。由于教育程度不足，人口增长最快的少数族裔群体受到影响最大。

家庭收入与学业成功之间的关系极为密切。美国的人口发展趋势会妨碍贫困人口和少数族裔群体取得学业和事业上的成功，他们的教育和经济前景不容乐观。与非联盟成员的研究型高校相比，联盟高校成员招收不同族裔和经济状况的学生，其中包括更多的转学生、佩尔助学金的获得者及25岁及以上学生。联盟高校的招生模式旨在应对美国所面临的大学毕业生劳动力不足的挑战，以此促进国家繁荣和提升经济竞争力。

美国高等教育重视各层次竞争，但是，目前这种模式只会将大部分满足学业资格要求的学生拒之门外，所以需要改变这一现象，这就得靠高校之间的合力协作，而不仅仅是竞争。联盟高校致力于合力协作，认为衡量竞争力的指标只会加剧排斥而不是推广普及性。公共影响力体现在"不同部门核心参与者，为了解决某一特定社会问题，而制定共同议程"。正如创新理论家约翰·卡尼亚（John Kania）和马克·克莱默（Mark Kramer）指出的："大规模的社会变革需要广泛的跨部门协调，但社会部门却依旧依靠个别组织进行单独干预。"与之类似，网络可以促进创新性的传播。颠覆性创新依旧是一个流行词，但该概念的应用通常仅限于在线教育，而真正的创新则来自联盟组成后的合力协作。

与现有的高校发展机构相比，大学创新联盟大不相同。其报告称："这是美国的大型公立研究型大学，针对高等教育入学和毕业问题，首次打破州与州的界限，自发组织会议检验并提出问题的解决方案。"主要目标是，通过建立"创新族群，在联盟内外开发和测试新举措、共享数据、推广最佳方案"，从而提高学生的成绩。此外，这些创新举措预计可在其他高校推广和使用。规模大是这项事业成功的关键。总体而言，按照卡内基的数据，高校联盟大概占了美国研究型高校学生总数的20%。联盟高校发起书上的愿景和目标是这样说的："从新建高校到赠地大学，再到州立大学，美国各地奔走相告，吸纳了各具特色的公立研究型大学。"

普渡大学：一所第五次浪潮大学

虽然联盟高校拥有各种不同的模式，但是按照第五次浪潮高校的说法，它们都是国家服务型大学。例如，普渡大学是印第安纳州的公立研究型赠地大学，第三次浪潮向第四次浪潮过渡时期的产物。2017年，它创新性地收购了卡普兰大学（Kaplan University），其前身是一所以营利为目的的互联网高校。此后，普渡大学一直强调公共服务使命，并致力于推广大学的普及性。普渡大学依靠技术战略不断扩招，并且启动普渡大学全球项目，在美国的赠地大学成员高校中巩固其领先地位，同时也预示了第五次浪潮的到来。

700所公立高校之间的竞争，限制了美国高等教育体系整体能力的提升，妨碍其培养毕业生和提升美国全球竞争力。因为到2025年，美国将需要超过1600万名毕业生，而目前的高等教育体系无法满足。所以，第五次浪潮高校必须求同存异、鼎力合作、不辱使命，通过培养毕业生和开展研究，应对迫在眉睫的经济、社会和环境挑战。

在线教育市场发展迅速。美国国家教育统计中心（National Center for Education Statistics）的数据显示：2016年，大约1/3的本科毕业生，即520万名学生接触过在线教育。其中13%的本科生，即220万名学生仅靠远程教育进行学习。尽管一些世界上最负盛名的高校采用不合时宜的策略，但第五次浪潮高校依靠信息和通信技术，提供个性化的在线互动教育，完全可与传统沉浸式校园教学相媲美。在线教育的出现使合格的学生，无论身在何方，都有机会接触到一流的学者、项目和学校。这反过来也促进了知识生产和创新以服务于全人类。

为了迎接时代的挑战，11所联盟高校鼎力合作，不仅大幅增加了优秀学习者的数量，同时还促进多样性、降低成本、提高高等教育资源效率。应对不断变化的教育环境，在联盟的旗帜下，第五次浪潮高校间的合作是一次系统性且多样化的适应过程。通过成功收购卡普兰大学和创建普渡大学全球项目，普渡大学弥补了一个重要空白，为3500万个开始却没能完成大学学位的公民提供教育机会。

普渡大学将继续在其位于印第安纳州西拉斐特的校区提供一流的研究型沉浸式体验，但卡普兰大学的收购代表着第四次浪潮高校可以超越现状，提供灵活的教育机会以满足社会需求。由于对网上教育的担心，比如风险投资将耗尽这家享有盛誉的高校的资源，普渡大学全球项目在财务上完全独立于普渡大学系统，运行的资金主要来源于学费和筹款。印第安纳州的拨款不会用于该项目的创业。卡普兰大学在美国拥有15处实体办学机构，其中在印第安纳波利斯的机构，将在印第安纳州得到推广。与第五次浪潮高校一样，卡普兰大学融入当地社区，让印第安纳州的学生可以通过普渡大学全球项目获得学费减免。

近年来，在线营利性大学因鼓励学生承担巨额债务，导致学生就业后也无法偿还，因此饱受诟病。为了保护学生免受不公平贸易行为的影响，奥巴马政府实施监管制裁，整顿了营利性高校市场。但普渡大学全球项目的启动恰好是整顿后重组的实例。无论学生在家还是在校园，第五次浪潮高校都会想尽办法与学生保持接触和见面。在线高等教育填补了一个重要的空白，为那些可能无法参与实体传统校园教育的学生提供了机会，其中包括残疾学生和服兵役的学生在内。

普渡大学全球项目采用创新的方式，为合格的成年学习者提供教育机会，这推动第五次浪潮大学的发展。美国教育委员会（American Council on Education）主席泰德·米切尔（Ted Mitchell）认为，收购卡普兰大学并"运用其现有工具、技术和实践经验为更多更广的学生提供教育机会，普渡大学完美地体现了优秀的学习传统和赠地大学肩负的使命"。在这些人中，他能预见有22岁的退役士兵，30岁的单亲妈妈、家庭第一代大学生、50岁的失业工人和低收入家庭的高中毕业生。贫困人口和少数族裔群体及广泛的终身学习者，虽然拥有不同的智力和创造力，但对他们而言，上大学完成学业是宝贵的机会，能让他们拥有更广阔的就业市场，同时也满足21世纪社会对多样性的要求。

差异化模式联盟的建立

在第1章中，我们曾提议在可能壮大的同行高校队伍中担当先锋，协调大学教育的普及度和学术的高水平之间的关系，也因此成为第五次浪潮高校的先行者或者国民服务型高校联盟中的先行者。第五次浪潮高校致力于同时在校园和线上加大推广普及力度，绝不采用武断的录取标准将满足学业资格的学生挡在门外，并代表世界一流的研究水平。逐步加入第五次浪潮队伍的高校包括：普渡大学、宾夕法尼亚州立大学和马里兰大学系统。

大多数的高校联盟专注于提高学术水平而非教育的普及性，比如美国大学协会、英国罗素集团（Russell Group in Great Britain）和欧洲研究型大学联盟（League of European Research Universities）。联盟的成员机构可以通过共同的行动推进其发展。诺贝尔经济学奖获得者埃莉诺·奥斯特罗姆（Elinor Ostrom）通过分析经济治理情况，试图理解这种背景下的合作。他认为，这种合作的目的可以从公共资源的管理角度来设定。这是将知识假定为公共资源，即共享资源。加勒特·哈丁（Garrett Hardin）认为公共资源会以悲剧收场，因为股东不断追求利益最大化，从而导致公共资源不可避免地退化，并且举例说，如果牧民养的牛越来越多，最终会导致开放的牧场因过度放牧而荒废。但是，作为公共资源的知识可不一样，其不会因为使用而消失。但是，正如埃莉诺·奥斯特罗姆和夏洛特·赫斯（Charlotte Hess）所解释的那样，任何分析知识这个公共资源的框架都必须考虑到如下因素："经济、法律、技术、政治、社会和心理，每个复合体各具特色——构成了全球共享的资源。"

正如乔纳森·科尔提议组建学术联盟来推进教学和科研一样，第五次浪潮院校组建的国民服务型大学联盟与之不谋而合。来自国内外一流高校的科学家和学者鼎力合作，恰好体现了这种联盟的特点，也正好符合了第五次浪潮的目标。这种实际上的联盟——并不是形式上的合并——体现了负责不同领域的顶级项目间的协调。乔纳森·科尔提供一个假设性案例，即哥伦比亚大学地球研究所（Earth Institute at Columbia University）负责带领由15~20所大学组建的跨学科联盟，推进可持续发展。虽然大多数此类合作是由研究目标决定的，但是乔纳森·科尔却建议该项目进行教学准合并和推广联合学位课程。尽管此类计划可能成本效益低，但他告诫说，必要的新结构关系可能会影响到高校自治权。正如组建学术联盟推进教学和科研的提议一样，PLuS联盟——名字来源于亚利桑那州立大学所在地凤凰城、伦敦国王学院所在地伦敦、新南威尔士大学所在地悉尼的首字母缩写词——代表着位于三大洲的3所领先研究型大学，鼎力合作应对与健康、关怀、社会正义、可持续性及技术和创新相关的全球挑战。任何一所公立或私立大学都无法单独承担这项任务。

我们对美国高等教育的组织演变及第五次浪潮的演变体系的分析并不是明显的目的论，也不是为某种模式正言。新型美国大学或新兴的第五次浪潮只是多种可能的变体之一。因此，我们曾提到，当我们预估新型美国大学模式的未来时需要保持警惕，高校在寻求重新定位的过程中决不能为了适应基本原型而屈从于一种新形式的同构。与之类似的是，我们认为，公开一套适用于所有情形的设计策略可能会适得其反，因为不存在这样的算法或安排。虽然我们意识到，该模式可能会鼓励大家模仿基本原型，但我们还是建议在其他高校里，针对各自情况制定目标和策略。虽然亚利桑那州立大学基本原型中的实例化表明它的案例完全可供大家研究，但目的依旧是提倡高校的差异化应对和行使自主权。

第五次浪潮的出现是以贯穿于前四次浪潮的结构转型为基础的，尤其是第四次浪潮。它在评估、分析和整合研究学术的高水平与大学普及性之间的紧张关系后，得以实现。这一紧张关系是由克雷格·卡尔霍恩提出的，我们曾在第1章中有所提及。亚利桑那州立大学试图通过重新定位培养出合格的毕业生，应对人类日益恶化的社会、经济和环境挑战。目前，亚利桑那州立大学、普渡全球大学、中佛罗里达大学，以及其他有可能加入国民服务型大学联盟的高校，都已经采用了升级后的网上教学模式。这种创新的方式将会影响前四次浪潮带来的结构转型。随着情况的变化，高校既能预见未来浪潮，反过来也会更加务实地评估、分析和应对挑战的出现。尽管每所高校拥有独特且复杂的当地生态系统，但不管是地区性高校、全国性高校还是国际型高校都会遭遇类似的挑战，并通过已有或全新的联盟制定协调应对之策。美国高校必须打破枯燥的同构和顺从，快速应对新出现的挑战，并做出对全社会有价值的恰当回应。

第3章
精英培养策略和恰当的规模

　　为了平衡扩招的紧迫性和生产顶级知识之间的关系，加利福尼亚州制定了高等教育的总体规划（California Master Plan for Higher Education），可以说这在某种程度上预示着新型美国大学的出现和第五次浪潮模式的兴起。1960年的总体规划量化了该州公立高等教育三级分层后的差异。第1级是加利福尼亚大学系统，在第三次浪潮时涌现，并逐步过渡到第四次浪潮；第2级是由第二次浪潮中的师范大学构成的州立大学，后期已并入加利福尼亚大学系统；第3级是社区学院，最能体现第二次浪潮高校倡导的高普及率。该规划规定了各部门间协调合作，允许社区学院和加利福尼亚州立大学提高普及率，同时在加利福尼亚大学生产研究型知识。这个规划"在国际上被公认为高等教育进入大众化阶段的蓝图"。乔纳森·科尔直言不讳："简而言之，加利福尼亚大学校长克拉克·克尔想建成一个既能保持普及率，又体现学术水平的国家系统。"新型美国大学模式的基本原则的传承是显而易见的，需要重申一点，亚利桑那州立大学努力做到了大学普及率和顶级知识生产的完美融合，这毫无疑问地沿袭了加利福尼亚州高等教育的传统。在同一个学术平台上，加利福尼亚大学系统专注研究型知识生产，加利福尼亚州立大学提升普及率。这个总体规划说明，加利福尼亚州高等教育做出了成功的示范，推广并普及了研究型学术平台，如世界一流的加利福尼亚大学伯克利分校和加利福尼亚大学洛杉矶分校。但它们与常春藤盟校和第四次浪潮高校同行间的竞争却越演越烈，反倒将大多数达到学业资格要求的申请者挡在门外。

仔细研读总体规划的细则就会发现，它提升大学普及率和推动知识生产的力度是有限的。简言之，加利福尼亚大学仅负责研究、授予博士学位，只录取加州公立高中排名前12.5%的毕业生。正如加利福尼亚大学前教务长C.贾德森·金指出的一样："加利福尼亚大学实际上是国家指定的研究机构。"和随后并入加利福尼亚大学系统的州立大学一起，录取加利福尼亚州排名前1/3的高中毕业生，并授予一系列硕士学位。出于维护教育公平（所有学生"能够从教育中受益"）的考虑，其余学生可以进入社区学院学习，这些学院将授予副学士学位并提供辅助指导，主要为就业做准备。在社区学院或加利福尼亚州立大学完成学业的学生，可以申请转学到加利福尼亚大学继续学习，这条极为重要。为了使转学更便利，总体规划规定，加利福尼亚大学在本科高年级和低年级之间的招生比例保持在3:2。C.贾德森·金指出，从20世纪80年代到2003年，转学率虽然从35%降到了15%，社区学院转来的学生完成学位的比例却占到了28%。尤其重要的是，该规划确保经济困难的学生不被拒之门外。

C.贾德森·金写道："虽然这个总体规划让人觉得是崭新、兼容并包的宏伟设计，但实际上只是政治立场不同的各方，经过艰苦谈判后的妥协。"据当时的预测，1975年总招生量预计会翻4番，招生任务的加重部分解释了，从20世纪50年代后期，加利福尼亚大学的管理层开始商谈全州范围内扩招的原因。但当时走马上任的校长克拉克·克尔还打算巩固该校在加利福尼亚州研究型高校中的领先地位。正如约翰·奥布里·道格拉斯（John Aubrey Douglass）指出的一样："加利福尼亚州3级分层模式给赠地大学带来诸多好处。它可以始终处于研究生教育和科研的核心领军地位，并始终坚持录取的高标准，更准确地说是更高标准。"因为，加利福尼亚州立大学录取了大部分学士学位申请者，所以加利福尼亚大学就不用担心优质生源被"稀释"。如C.贾德森·金所言，本科教育实则更费精力。

如约翰·奥布里·道格拉斯所言，根据最终达成的协议，加利福尼亚大学和加利福尼亚州立大学对已有社会契约进行调整，提高了录取标准，并且从中受益。一下子，录取率的降低意味着大学可以在生源中精挑细选。"这么做主要是出于财务原因，"约翰·奥布里·道格拉斯这样解释说：

> 为了降低成本，加利福尼亚大学和州内其他高校（之后称作加利福尼亚州立大学）同意减小其招收高中毕业生的规模。加利福尼亚大学调高录取标准，目的是缩小招收符合条件的公立高中毕业生规模，从现有排名前15%减少为12.5%。加利福尼亚州立大学提高了录取标准，并将符合条件的加利福尼亚州中学毕业生比例降低，从前50%降到33.3%。反过来，涉及调整的毕业生将被初级学院录取（即更名后的加利福尼亚社区学院），大约有50000名。该初级学院的运营成本更低，主要来源于当地的财产税收入。

在过去的半个世纪里，尽管加利福尼亚州人口呈爆炸式增长，但1960年所执行的录取标准仍保持不变。加利福尼亚大学和加利福尼亚州立大学变得更加精英化，所以加利福尼亚州低年级本科生的招生任务大都依赖社区学院来完成，这种依赖度高于其他州。因此，加利福尼亚大学社区学院的入学占比在美国最高，这一数字在2006—2007年达到了74%的峰值。这些变化有着深远的影响。

C.贾德森·金指出："在美国50个州的18~29岁这个年龄段中，对于每1000人的高等教育入学率，加利福尼亚州排名第2，但该州的本科四年制毕业率（仅26%）却排在最后。"尽管面临大学毕业生供应短缺，加利福尼亚州学士学位授予数在50个州中排名第43位：每1000人中仅有23.8人顺利毕业。毫无疑问，加利福尼亚州的高等教育部门按照传统的3级分层方法，未能获得满意的社会效果。而第五次浪潮倡导推广研究型学术平台，为这种不理想的结果提供了解决途径。

西蒙·马金森认为，加利福尼亚州的总体规划是"美国乃至全世界高等教育的组织构建中最为著名的蓝图。"实际上，该总体规划的原则在全世界引起了共鸣。正如西蒙·马金森指出的那样："在英国甚至整个欧洲，大家总是对共同构建解决方案怀揣乐观和信念。例如，在1963年《罗宾斯报告》中，我们就听到要求英国高等教育扩招的呼声。"我们将在第7章中探讨《罗宾斯报告》，以及在世界范围内如何缓解扩招与知识生产之间的矛盾。

恰当规模评估初探

正如我们之前章节里阐述的一样，亚利桑那州立大学将尝试在同一组织架构里兼顾学术水平和教育普及率。加利福尼亚大学系统从事世界一流的研究，与此同时，加利福尼亚州立大学普及大学教育，它们共存于同一个机构里。可是，两个体系的组织架构的相似程度还需要仔细推敲。加利福尼亚州立大学拥有481000名学生，分布在23所分校。亚利桑那州的适龄学生数量多，亚利桑那州立大学作为独立机构，其规模几乎可以赶上整个加利福尼亚州立大学，但其贫困人口和少数族裔群体的入学率却远远高于加利福尼亚大学的任何一所分校。

最初设想第五次浪潮高校由部分大型公立研究型大学组成，通过有计划的扩招向更多学生提供在生产顶级知识的高校里学习的机会。但这种考虑却疏于定义这个完整概念中的重要一环：这个机构到底需要多大规模才合适？或者多大规模是最优的？还是简单的假设，只要高校能够使其招生能力与人口增长成正比，高校就能达到动态平衡和最佳运行状态？还是简单地或者毫无新意地认为，这个大型研究型机构的规模应该足以完成各项使命？这个机构多大程度上可以扩展？

规模通常是入学人数的概念化，并与大学的普及率密不可分，但是规模的概念往往更加复杂。当然，在研究型企业中，规模可以指研究机构所产生的影响大小。例如，加利福尼亚理工学院是个小机构，可是却有巨大的影响力。或者，我们也可以通过该机构的公共参与或推动社会进步程度来判断其影响力的大小。规模是一个多维的评估机制，不能只考虑规模大小，还要看其表现。比如，一所高校是否规模够大，能满足学生所需的服务要求？两所入学人数相同的高校，可能因为其任务、目标及各自学生群体的人口结构，产生完全不同的影响。所以，规模应该是衡量一所高校为社会所做贡献的价值多少的指标。

我们将加利福尼亚大学看作研究型高校的榜样，但我们完全可以换个视角看待它的表现。据全美国社区调查，2017年，加利福尼亚州18~24岁居民中，有1233775名居民的收入低于联邦贫困线的1.75倍，而亚利桑那州18~24岁居民中却有252586名。这部分贫困人口分别占加利福尼亚州和亚利桑那州该年龄段总人口的35%和40.5%。2017年，在加利福尼亚大学系统的本科生中，有资格申请佩尔助学金的学生只占全州低收入家庭学生总数的6.7%，亚利桑那州立大学的占比是11.9%。2007—2017年，加利福尼亚大学系统在这方面提升了2.5个百分点，而亚利桑那州立大学增加了7个百分点。

亚利桑那州立大学的佩尔助学金获得者，在全州贫困学生总数中的占比，大大高于加利福尼亚大学系统的任一分校的对应指标。加利福尼亚大学尔湾分校招收的低收入家庭学生的人数占全州18~24岁的同等条件学生总数的1%，这在加利福尼亚大学系统所有分校中排名第一。试想一下，若加利福尼亚大学洛杉矶分校要赶上亚利桑那州立大学在这方面的表现的话，它必须在2017年招收146820名佩尔助学金获得者，这比起实际招生人数多出115818名。虽然这些假设的学生可能是新生或转学生，但是必须指出的一点是，2018年秋季加利福尼亚大学洛杉矶分校64%的新生的GPA都在4.2及其以上。2012年该数字为92.6%。大幅减少的原因可能是系统内绩点计算方法的变化。加利福尼亚州低收入家庭学生的人口数量如此之多，而加利福尼亚州大学校园的招生人数如此有限，所以学校完全可以从中挑选最好的学生。这种低录取率也解释了其较高的毕业率的原因。换句话说，高毕业率并不能说明加利福尼亚大学系统发现了高等教育新模式，提升学生经济地位。换言之，毕业率很可能是由于从低收入家庭学生中有计划地挑选出最优秀的候选人带来的。对这部分学生而言，他们的经济状况会不断提升，并获得最终的成功，但这都来源于他们自身的特点和经历，才能够帮助他们在入学竞争中脱颖而出。

亚利桑那州立大学不再基于当前队列统计，而是依赖更详细和更有价值的数据制订毕业率统计方案。我们发现，2013 年秋季新生入校时，GPA 为 3.67 及其以上，毕业率达到 70.7%。其中，佩尔助学金获得者的毕业率为 66.8%。当然在这方面，直接比较亚利桑那州立大学和加利福尼亚大学系统的话，没有现成的数据可用。可是，2013 年加利福尼亚大学圣地亚哥分校的新生毕业率为 65.1%，但他们入校时的 GPA 为 3.77。

如果第 2 章所描述的重新定位目标是对历史模式的渐进式升级的话，那么亚利桑那州立大学可以很容易地从 A 点（代表其在建设设计过程之前的状态）走向 B 点，B 点代表传统的第四次浪潮研究型大学。普通公立大学的框架包括保持学科的独立性、建立医学院、精心挑选新生班级、按照前期学习成绩淘汰垫底的 1/4 本科生、减少佩尔助学金获得者的入学人数。传统方法会将亚利桑那州立大学改造成一所大型"旗舰型"公立研究型大学，如加利福尼亚大学洛杉矶分校或华盛顿大学一样。到目前为止，第四次浪潮的模式是非常成功的，但凤凰城人口结构的不断变化促使学术界渴望超越 B 点——第四次浪潮研究型大学——驶向 C 点，运行一个由差异化的跨学科学术部门组建的学术平台，它采用新方法进行教学和研究，按照报考人数制订相应的招生计划，兼顾社会经济多样性，并最终产生深远的社会影响力。可见，第五次浪潮高校视规模和范围为优势，依赖技术扩大覆盖面，同时改善表现和提高质量。

精英高等教育的规模

40 年前，社会学家马丁·特罗在一份报告中提出："在每个发达社会中，高等教育的问题都与扩招密切相关。"该报告将精英教育、大众教育和普及教育的高等教育传统概念编写入册。"有一件事是肯定的：大众教育是全世界高等教育的永久状态。"菲利普·阿尔特巴赫先后比较精英教育和大众教育，针对两者间的转换做了大量研究后证实了这一点。克雷格·卡尔霍恩指出："高等教育和研究的结构转型中，最为根本的要素就是规模的增长。"事实上，正是由于规模和复杂性的增长，以及随之而来的制度类型的结构转型，才会出现类型学中的连续浪潮。但是，正如大卫·柯普（David Kirp）所言，（在美国）"扩招的想法对精英教育来说是一种诅咒。""相反，这些学校为入学设置了更高的门槛。在8名几乎都够格的候选人中，精挑细选并淘汰了7名。"当然，降低入学率的决定并不是出于恶意，蓄意减少社会经济向上流动，总体而言，是受财政情况所限。正如罗杰·L.盖格指出的那样："超过最优点进行扩招的话，需为额外增加的空间或人员买单——这意味着边际成本的上升。""数百所机构各不相同，我们无法将它们归类。但它们都仔细评估并分析如何才能在时间、地点、方式及选拔上适应扩招，并在综合考虑后，放弃扩招方案。"

精英培养策略在精英高等教育中占主导地位。该术语原指前工业时代小规模的工艺生产方式。当然，这种规模的生产方式与从事一流学术研究所采用的纯手工精细方式如出一辙，经济学家威廉·鲍莫尔（William Baumol）也拿它们作比。威廉·鲍莫尔和同事威廉·鲍恩发现，高等教育具有精工细作的"行业"特点，生产效率比较低。各学科院系实则为行会，学科内的文化交流实则是一种学徒制，这种方式"不仅备受'手工'业的青睐，同时也是学科建设的顶配，具备中世纪大学的特点。中世纪大学实则为近代研究型大学的滥觞"。精品制造需要纯手工打造，这恰恰符合顶级研究所需的精雕细琢，研究的每个环节都需要精细化和个性化操作。精细手工操作对于发现、创造和创新至关重要，宇宙起源的发现没有捷径可走。但争议的焦点却集中在生产力是否只能通过社会活动和技术活动整合来产生效益。

第 3 章 精英培养策略和恰当的规模

第二梯队高校对生源要求没那么严格,并坚持提升大学的普及率,所以扩招与它们关系较大。但第五次浪潮高校可以在同一个平台上兼顾一流知识的生产、创新与高普及率,不仅可以将领先的研究型大学与文理学院的任务和目标集于一身,而且还能将学术文化与精英高等教育相融合,秉承第二次浪潮和第三次浪潮中开创的平等风尚。因此,第五次浪潮高校兼容并蓄,引领或构建高等教育的转型过程。从精英教育过渡到大众教育,第五次浪潮高校把这些专属于精英教育的特权向大众开放,在兼顾人文教育的同时营造一流的科研学术氛围。

尽管美国领先的研究型大学,无论公立还是私立,全球排名一直保持领先,但是,如此引人瞩目的成就专属于为数不多的精英高校,其教育成果没能转换成广泛的社会收益,其创新实践也没能为提升国家竞争力贡献力量。顶尖高校招收优等生如此之凤毛麟角,带来了巨大的失衡。我们对此却很少关注和思考。历史学家安东尼·格拉夫顿(Anthony Grafton)说:"传统的文理学院为数不多,十大名校的任何一个足球场都可以装下它们的所有学生。"精英教育供需之间的失衡已经到了无法测量的地步,这种说法绝非夸大其词。迈克尔·麦克弗森和莫顿·夏皮罗(Morton Schapiro)指出:"美国的文理学院的所有学生,几乎可以轻松地挤进十大名校的任何一个足球场:总数还不到100000 名。"安东尼·格拉夫顿或许已经体会到失衡情况。

的确,如我们在其他著作中所引数据一样,排名前 50 的文理学院共招收本科生 95496 名,除去 3 个服务学院,这些人还不能填满位于安娜堡的密歇根体育场(Michigan Stadium)的 110000 个座位。修订后的数据显示,这类学校的招生人数已下降到 94324 名。如果我们把西点军校(West Point)、美国海军学院和空军学院(Air Force Academy)也计算在内,这个数字将增加到 107586,这 3 所院校在《美国新闻与世界报道》杂志的排名中位列第 50。如果用排名第 51 位至第 53 位的学院替换掉这 3 所军事院校的话,数字将会是 100373.21。无论是哪组数据,要想装下这些学生,密歇根体育场都绰绰有余。

在之前的统计中，常春藤盟校的本科生总数加上 50 所顶尖的文理学院的人数，只占 1820 万名本科生总数的 1% 不到。8 所传统的常春藤盟校于 2013—2014 学年招收了 65677 名本科生，这一数字在 2017 年秋季名义上增加到 67296 人。但是耶鲁运动场（Yale Bowl）只能容纳 61446 名学生，所以更多的学生只能被挡在门外。尽管 2017 年美国的本科生总数下降到 1710 万名，但所有常春藤大学的本科生总数加上前 50 名文理学院的学生人数的占比依旧低于 1%。

可是，通过这种评估方式，筛选精英学生或许有失公平。如果按照久负盛名的美国大学协会的排名，排名前 60 位的研究型大学（含公立和私立），作为精英教育的代表，招生情况如下：其层层筛选后的本科生规模，从 2013—2014 财年的 110 万名，增加到 2017—2018 财年的 120 万名。2012 年的数据显示，其公立成员高校注册学生数为 91.8221 万名，私立高校为 21.15 万名。据估计，2019 年，公立美国大学协会成员高校招收 1008779 名学生，私立美国大学招收 222173 名学生。因此，34 所公立美国大学协会成员高校的整体入学率从 5% 攀升至 5.89%，26 所私立高校的入学率从 1.14% 增加到 1.3%。那么，这些数加在一起的话，美国大学协会成员高校的本科生招生就从 6% 增加到 7.18%。

或许，我们可以用另一种方式来界定规模所带来的失衡。我们曾提到，美国大约有 1820 万名本科生接受高等教育——其中 45% 就读于社区学院，10% 就读于营利性机构。108 所研究型大学的本科生招生总数大约为 200 万名，占本科生总人数的 11%，其中包括 60 所成员高校，因此也包括常春藤盟校。我们估计，2019 年，美国大概有 1710 万名本科生接受高等教育，包括 41% 就读于社区学院和 6% 就读于营利性机构——115 所研究型大学的本科生总入学人数为 240 万名，约占美国大学生总数的 14.4%，其中包括 60 所成员高校。如果我们将第二梯队的研究型大学计算在内的话，本科生入学人数升至 370 万人，约占本科生招生总数的 22.1%。卡内基计划此前称第二梯队的研究型大学为深度研究型大学，现在命名为二类研究大学（R2）。

现在是时候重申一下我们的设想了，即争论的问题并不是高中班级排名前 5 或前 10 的毕业生的教育问题，因为他们本来就是一流高校的招生目标，而是以下这部分学生的教育问题，他们或 18~24 岁、排名居前 1/4 或 1/3，或有意在任何阶段继续学习。这正是第五次浪潮高校迫切需要解决的问题。它们将为美国 18~24 岁、排名居前 1/4 或 1/3 大学申请者提供教育机会，提升其国际竞争力，并且依靠普及教育框架为半数以上的美国人提供终身学习的机会。

值得注意的是，我们观察到，注册总人数的下降必须放在更为广泛的背景下进行分析，即大学招生在一定程度上肩负着促进经济繁荣的使命。2006—2010 年，美国在较短时期内经历了全球金融危机，美国有资格授予学位的高等教育机构的入学总人数增加了 18%。在随后的 6 年中，入学人数下降了 6%，其中提供经济资助的学位授予机构的总入学人数在 2016 年和 2017 年分别下降了 1.7% 和 1.0%。失业率上升和就业前景不景气促使更多的学生寻求大学就读机会。但随着经济的复苏，失业率下降，劳动力数量反弹，大学入学人数下降。尤其是营利性机构，入学人数急剧下降，2015 年、2016 年和 2017 年分别下降 13.7%、14.5% 和 7.1%。在此期间，四年制学位授予的营利性机构的入学人数下降了 12.5%，减少了 141805 人。下降的这部分入学人数，与科林斯学院（Corinthian Colleges）和 ITT 理工学院（ITT Technical Institute）的倒闭有关。众所周知，在解散前，这两所学院的学生总数曾达到 73000 人。

克里斯托弗·纽菲尔德提供了另外一组数字，进一步说明研究型高校在供需上的差距。据他估计，只有 0.7% 的学生会进入常春藤盟校或与之相当的私立研究型大学，2.4% 的学生会就读于一流的文理学院。他引用了这组数据："入选美国顶尖大学的 225 所私立文理学院总共招收学生 349000 名，这与就读于 3 所大型城市社区学院［迈阿密－戴德学院（Miami-Dade College）、北弗吉尼亚社区学院（Northern Virginia Community College）和休斯敦社区学院系统（Houston Community College System）］的学生人数相当。"无论是哪组数据，都预示着如此分配就读机会，将会进入克里斯托弗·纽菲尔德口中的"倒退周期"，即妨碍公立研究型高校给全社会带来收益，威胁到我们社会所期待的"智力的民主化进程"和"全民启蒙"。

虽然规模与大学的普及率密切相关，但最新研究却发现，规模在主要研究型高校的科研绩效中发挥了重要作用。而且，科研绩效考核优秀，可以体现科研机构的整体学术水平。联邦科学与工程支出是衡量成功与否的重要指标。威廉·B. 劳斯（William B. Rouse）、约翰·隆巴迪和黛安·D. 克雷格（Diane D. Craig）调查了 160 所单一校区高校（含公立和私立），每所高校于 2014 年的此类支出均超过 4000 万美元。这一类高校只占 2285 所四年制非营利高等教育机构的 7%，占所有接受联邦拨款高校的 19%。然而，这一类高校却获得了联邦拨款的 92%。得益于强大的经费支持，"科研绩效集中"分布在竞争最为激烈的研究型大学中。社会捐赠也成为高校财富的组成部分。这部分机构获得了社会捐赠总资产的 75%。威廉·B. 劳斯和其同事总结道："规模对于研究型大学的成功很重要。""规模越大，就越能将研究成本分摊到更多的项目、教师和研究计划中。许多研究机构有大量的本科生，随之而来的学杂费、各州拨款及校友捐赠都丰富了资源，并推动了教学及其相关工作。"可以说，这类高校的不足之处在于，它们的普及性不足。160 所这类院校在 2014 年招收了大约 350 万名学生，这仅占美国高等教育各级注册学生总数（2020 万名）的 18% 左右。

第四次浪潮中的公立研究型大学给社会带来了巨大的贡献，较大程度上实现了公共价值，但从某种意义上说，它们已经达到了规模的上限。事实证明，它们无法再根据需求扩大规模，无法应对技术和人口结构所带来的巨大变化，无法解决由于高成本和不断上涨的学费所带来的高等教育资金问题。

在某种程度上，高等教育为了适应社会需求的规模，第一次进行影响深远的改变。这个改变是由营利性机构引领的，它们抓住了一部分市场机会，而公立大学对此要么很难适应，要么无奈放弃。在大多数情况下，这种尝试很难成功。因为，营利性大学的目的是增加股东价值，这与创造公共价值是冲突的。公共价值是"某一特定社会为其公民提供的某种特权、标准规范、社会支持、权利和程序保证"。许多在市场上取得成功的商品并不能产生公共价值。营利性大学有时可能会对特定细分的市场做出回应，但在回报社会方面不能带来公共价值，比如学生负债增加，毕业率下降，退伍军人、低收入和少数族裔学生收益欠佳等。新兴的第五次浪潮高校针对这些局限献计献策，兼顾所有利益相关者的要求，适应力更强，响应程度更大。同样，它们运用技术提高质量和反应速度，弥补营利性大学的不足，带来更大的公共价值，而非追求利益最大化。当然，焦点问题还是美国研究型高校的招生能力。高等教育规模的评估通常侧重于总体入学需求。教育理论家米切尔·史蒂文斯指出："从方法上讲，美国高等教育一般按照每名学生的个人选择，比如上大学的地点、时间和基于数据的情况分析，确定招生模式。"但是社会科学家对入学需求的关注——米切尔·史蒂文斯称之为"学生进入大学的线性模型"——最大限度地减少其对每所高校招生能力的关注，包括对研究型高校总体招生能力的关注。正如米切尔·史蒂文斯所言："经济学家简明扼要地描述了这个问题：社会科学家主要关注需求端，而对供给端关注不够。"但正如罗杰·L.盖格指出的那样，在20世纪最后25年中，美国高中毕业生人数出现巨大波动，新生入学人数保持稳定："这一事实有力地表明，这些高校新生入学人数总体上取决于高校供应的名额。"精英培养策略说明，招生能力无法满足规模扩招的要求。这种失衡导致了大学毕业生数量、受过良好教育的公民数量及劳动力供应数量都遭遇停滞——简言之，人力资本对美国竞争力、社会繁荣和福祉都至关重要。

此外，目前研究型高校的普及水平无法满足劳动力市场对高学历毕业生需求的预期，会带来巨大的劳动力缺口，同时也未能做好备案以应对人口将在 21 世纪中叶超 1 亿人所带来的挑战。在后经济衰退期，人力资源专家重申了市场对高学历毕业生巨大的需求缺口，以及教育程度与就业情况之间的密切相关性，特别是在丰厚薪资方面。据乔治城大学教育和劳动力中心安东尼·卡内维尔和其同事介绍，10 年内，65% 的工作至少需要大学学历。他们还预计，市场上将需要至少 500 万名接受过高级技能培训的工人。事实上，从 2010 年开始，460 万个工作岗位流向了拥有学士学位者，380 万个工作岗位流向了研究生学位者，而那些只有高中文凭的求职者仅获得 80000 个就业岗位。

安东尼·卡内维尔及其同事预计，学位授予数每年必须保持 10% 的增长才能避免出现巨大缺口。奥巴马总统于 2009 年 2 月在国会联席会议第一次讲话中，为美国的教育描绘了一幅飞速发展的宏伟画卷，美国的受教育程度将普遍提高，在未来 10 年内将培养出全世界占比最高的大学毕业生，2020 年年底，美国高校必须在现有基础上多培养 820 万名毕业生，远远高于此前基于学位授予率的预测数据。安东尼·卡内维尔和斯蒂芬·罗斯负责的另一项研究显示，全社会"受教育程度不足"与日益加剧的不平等之间有密切关系。受过高等教育的工人供不应求，带来了两个截然不同的问题：效率问题和公平问题。问题在于，由于劳动力不具备高级技能而导致生产力低下，同时劳动力稀缺"急速推高了高等教育人才的成本，加剧了这种不平等"。安东尼·卡内维尔认为："为了弥补供应不足，满足经济社会对效率和平等的需求，推动经济发展，我们需要在 2025 年前比现有基础多培养 2000 万受过高等教育的劳动力。"

坚持采用精英培养策略

扩招的建议在顶尖研究型高校通常会遭到防御性抵抗。罗杰·L. 盖格讲述了几个历史事件极具说服力：达特茅斯学院院长欧内斯特·霍普金斯（Ernest Hopkins）在1922年说"太多年轻人要上大学"。高等研究院（Institute for Advanced Study）创始院长亚伯拉罕·弗莱克斯纳（Abraham Flexner）认为大学已经成了"大众服务站"。亚伯拉罕·弗莱克斯纳认为，美国大学"大可不必将自己廉价化、庸俗化和机械化"。罗杰·L. 盖格又举例：当耶鲁大学于1927年发起资本运动时，该大学试图让利益相关者放心，其目的是"打造更精致的而非更庞大的耶鲁大学"。第二次世界大战后，美国高等教育迎来快速发展的黄金30年，这一扩张时期却伴随着过度教育危机。正如社会学家大卫·贝克（David Baker）解释的那样："每一次教育扩张的浪潮都因随之而来的过度教育危机而显得岌岌可危，正如研究生教育目前的扩张一样。"针对太多学生进入大学的论调，詹姆斯·刘易斯·莫里尔（James Lewis Morrill）恰如其分地反驳道："说这些话的人总是想着别人的孩子，而不是自己的孩子。"他曾在1945—1960年担任明尼苏达大学的校长。

  美国高等教育的黄金准则一直是，在一个成功的高校平台上，兼顾顶尖的教学和科研水平与适中的招生水平。就本科教育而言，高等教育的规模似乎在第一次浪潮时就被定格。一些颇具代表性的文理学院的数据足以体现这些学校精品制造的规模。例如，2017—2018学年，斯沃斯莫尔学院的本科生总人数为1577人，而鲍登学院、巴德学院和威廉姆斯学院的人数分别为1816人、1930人和2061人。不足为奇的是，第四次浪潮的多所领军高校的本科招生率也保持相对较低的水平。加利福尼亚理工学院的学生与教师的比例为3:1，包括948名本科生和1285名研究生。麻省理工学院招收了4602名本科生和6972名研究生。但是哈佛大学显示出扩招的趋势，招收本科生高达6699名。在2019年5月的第368届毕业典礼上，该大学授予了1662个学士学位。在2022届42749名申请者中，哈佛大学录取了其中的2024名，其中1653名完成学业。尽管其本科生的入学人数与常春藤盟校的小学人数相当，但哈佛大学成为常春藤盟校中拥有较多研究生和专业学生的院校，达到15250人，几乎相当于密歇根大学的招生人数。在《美国新闻与世界报道》杂志2019年度排名中，普林斯顿大学名列前茅。2018年秋季学期，该校招收了5260名本科生，但只有2845名研究生。当然，与哈佛大学和耶鲁大学不同，普林斯顿大学没有商学院、法学院或医学院。耶鲁大学招收了5964名本科生及7469名研究生和专业学生。斯坦福大学招收了7083名本科生和8021名研究生。哥伦比亚大学的总招生人数为33032人，其中研究生为8931人。当然，公立研究型大学的招生人数通常远远高于其私立同行。哈佛大学的全体学生人数大致相当于加利福尼亚大学伯克利分校每年授予的本科学位总数，或者相当于就读于奥斯汀市得克萨斯州大学工程学院的本科生的人数。虽然，这些公立高校并没有为了适应人力资源需求或人口增长进行扩招。

2016—2017学年，8所常春藤盟校授予的学士学位总数为15595个，而排名前50的文理学院授予了23074个学位。我们重申一下，亚利桑那州立大学在2017—2018学年授予了25974个学位，其中包括7796个研究生和专业学位。同一学年，常春藤盟校淘汰了258355名申请者，而文理学院则拒绝了223790名申请者，如果把军事院校也包括在内的话，它们淘汰了229307名。这种排斥模式与一流公立大学的趋势一致，即使在入学需求有增加的情况下，这些大学也继续提高门槛。例如，加利福尼亚大学伯克利分校的本地生源录取比例，从1975年的77%下降到1995年的39%。高校的相关数据显示，在1989年秋季学期和2018年秋季学期之间，加利福尼亚大学伯克利分校的录取比例从40%下降到15%，加利福尼亚大学洛杉矶分校则从46.5%下降到14%。实际数字更直观地呈现了这一降幅。2018年秋季学期，加利福尼亚大学伯克利分校收到51924份本地生源申请，这个数据在5年前为43255份，其中仅有8726人被录取。在加利福尼亚大学洛杉矶分校，申请人数为71570人，高于5年前的55079人，但其中只有8726人被录取，这意味着有62844人被拒绝。虽然加利福尼亚大学系统整体在1989年秋季学期录取了76.6%的本地生源新生，但到2013年却下降到63%，2018年再次下降到59%。

尽管这方面的可靠数据可能较少，但大多数被常春藤盟校和其他严格选拔学校拒绝的申请人，最终可能去了同样门槛较高的学校，只是这些学校并非他们首选。各高校拒绝申请人并不是有意针对学生个人，但这不是关键。问题是这种拒绝凸显并固化了学校和学生的传统核心位置，而忽视了美国高等教育系统本身的作用。所以作为一个整体，高等教育系统如何运作才能实现社会价值，就显得至关重要。常春藤盟校和其他精英大学，不管是从公立高中，还是从私立高中，都可选出大量优质学生。但总的说来，它们只招收了其中的一小部分。这种学术文化主要关注成功率最高的最优质生源，而将其余优质生源分流至第二梯队高校。这无益于社会的繁荣。以其他市场为例，比如名牌手提包，无论是否有人买得起或"接触得到"，它不会成为公众的焦点，因为它只是个私人物品。但素质教育却是一个公共产品，这就意味着，只有每个人都接触得到，才能够让全社会受益。目前，进入《美国新闻与世界报道》杂志的"最好的学校"的排名有碰运气的成分，鉴于此，第五次浪潮高校提供了一个选项，即为每个合格的申请人提供在研究型高校学习的机会。

在第 1 章中，我们讨论了招生政策中的不平等，詹姆斯·卡拉贝尔（James Karabel）和约瑟夫·苏亚雷斯指出，这与历史上的精英教育有一定的关系。路易斯·梅南德（Louis Menand）则认为，招生过程可能更加随机和不公平。他指出竞争最为激烈的学校在选拔过程中常常在主观评判（"衡量"动机和个人素质）和量化考核（SAT 和 GPA）间权衡，就像在美国职业棒球大联盟中，球探的作用和数据量化分析一样。他认为我们在谈论大学招生的公平性时考虑得"过于简单，甚至荒谬"。如路易斯·梅南德所言："所选大学的录取过程没有统一的标准，标准中有太多不同的衡量方面，当一位考生淘汰了另一位看上去更优秀的考生时，他只是在某个衡量方面比对方强。"路易斯·梅南德所说的唯球探论和唯量化考核论，让我们了解到选拔过程中琐碎的方方面面，这更到位地点明了詹姆斯·卡拉贝尔和约瑟夫·苏亚雷斯所说的择优选拔中的唯精英论所考虑的因素。然而，对于学业上合格或者优秀的中产阶级和经济上处于劣势的学生而言，录取资格由一个不完善的学术基础设施决定，这本身就是不公平的，甚至让人绝望。

20 世纪中叶，美国中产阶级家庭的高中生，若 GPA 足够高的话，被所在州领军的公立大学录取的可能性是非常高的。20 世纪五六十年代，加利福尼亚州的高中毕业生只要完成必修课程，获得累计 3.0 的 GPA，就有资格进入加利福尼亚大学系统的任一校区。约翰·奥布里·道格拉斯解释道："符合条件的学生有权进入大学，虽然不一定是他们的首选大学。"第一梯队高校的招生政策也许是官僚式的，但是过去几十年毕业于这些院校的校友中，有很大一部分人却认为他们个人和事业成功在很大程度上归功于他们所接受的教育水平，虽然按照现行的招生政策，他们都将无缘进入这些学校学习。

无论具体数字如何，为了社会的公平和繁荣，我们需要在接下来的几十年中培养数百万名毕业生，并依靠知识的生产和应用推动经济发展。但是当人们普遍认为扩招必须以牺牲声誉和竞争力为代价时，很少有高校愿意通过扩招来解决世界所面临的问题。稀缺性是精英大学的金字招牌，所以让这些大学发挥潜力培养出具备高素质、马上能上岗、拥有批判性思维的毕业生，就会威胁到这种模式。所以，我们再次重申一点，如果第四次浪潮的领军高校认为，在拒绝了大部分合格申请人的情况下，现有招生水平依旧是匹配的话，那么研究型学术平台必须提供解决方案，让更多的人享有高水平的学术资源。

第五次浪潮的规模缩放：从精英到大众再到普及

在一定程度上，第五次浪潮的兴起回应了高等教育的发展和扩招的需求。马丁·特罗关于高等教育从精英、大众到普及的预测极富远见，正如第 1 章中提到的，这让我们关注到失衡的发展与扩招对主要研究型高校的影响。卡

第 3 章 精英培养策略和恰当的规模

内基高等教育委员会（Carnegie Commission on Higher Education）委托开展的一项调查结果显示，在 1973 年，马丁·特罗描述了这些过程的影响、相互关联性和复杂性，他是这么开头的："在每个发达社会中，高等教育的问题都与扩招密切相关。"紧接着他详细说明道：

> 虽然社会推动教育系统扩招，但扩招本身给教育系统和社会都带来了许多问题。这些问题出现在高等教育的方方面面：财务方面；管理和行政职能方面；招收和选拔学生方面；课程和教学形式方面；教职员工的招聘、培训和社会化方面；制定和保持标准方面；考试形式和授予学历的性质方面；有关学生宿舍和工作岗位方面；动力和士气方面；科研与教学关系方面；高等教育与中学的关系，和高等教育与成人教育的关系方面。扩招对高等教育的各种活动和表现形式都产生影响。

马丁·特罗解释道，扩招表现为 3 种不同却相互关联的方式：①高校系统增长幅度的变化；②高校系统的绝对规模上的变化；③不同类型高校的参与程度上的变化。扩招体现了高等教育"发展的广泛形式"，出现在社会发展的高级阶段，教育的普及度呈现出三大阶段特征：精英、大众和普及。这些阶段无论从定量上看还是从定性上看，都有巨大的差别。

精英教育的普及度是受严格限制的，并被视为"人们因为出身或天赋而享有的特权，或者两者兼而有之。"马丁·特罗将精英阶段教育的主要特点归纳如下："塑造统治阶级的思想和性格，培养精英治国的人才或者学术精英。"马丁·特罗将其目的定位为通识教育，即"培养审美力、同情心及批判性和独立判断的能力"。大众高等教育指的是为 15% 以上的适龄人口提供教育服务。普及教育则是为超过 50% 的适龄人口提供教育服务。大众阶段的普及是"拥有正规学历者所享有的权利"。在普及阶段，普及率则是对于中产阶级或中上层家庭儿童所承担的义务。在大众阶段，当务之急是在更广泛的非精英阶层中推广"特定技术岗位技能的传承"，培养他们成为经济技术组织中的骨干。普及教育阶段的普及率涉及所有人,最主要的任务是"让所有人都能最大限度地适应技术社会的快速变化"。正如政策研究员西蒙·马金森总结的那样,在这个三连环中:"接受高等教育的机会,从精英阶段的特权转变为大众阶段的权利,最后到普及阶段的'义务',所以高等教育学历成为全面和高效参与社会活动的敲门砖。"马丁·特罗所说的大学普及教育,与一些学者最近提出的全社会高度参与不谋而合。1971年,美国成为世界上第一个实现全社会高度参与的国家。西蒙·马金森认为,马丁·特罗口中的普及指的是特定年龄层内半数以上的人参与其中,但是全社会高度参与却比普及更明确,指的是全部参与。

据我们观察,每次浪潮都是由特定历史时期产生的高校和蕴含特色的当代高校组成的,前四次浪潮时期中兴起的高校都可以共存且并行不悖。马丁·特罗认为他所说的三大阶段不仅是特定历史时期的产物,同时也反映了现行高校一系列不同运行模式的特点。从一个阶段过渡到下一个阶段"并不意味着前一阶段的模式一定会消失或转变,"马丁·特罗解释说,"相反,证据表明,每个阶段的特色都在某些高校及其组成部分中保留了下来,而系统作为一个整体继续演变,以适应下一阶段学生数量猛增和高校职能扩展的需要。"他进一步观察并指出:"在大众教育体系中,精英高校不仅可以生存,而且还可以蓬勃发展;精英高校的运作方式在大众教育高校内部依旧存在。"因为,扩招一般仅限于非精英高校,而选拔严格的精英高校"在面对高校系统整体的扩招和转型时,选择捍卫自己的独特之处"。

各阶段之间的过渡,要求体制内相关各方及高校和系统的各项职能发生改变,包括:高校和系统的规模和特征;高校类型的多样性;普及率和筛选;对普及率和功能的看法;教学课程与模式及学术标准;学生档案和他们进步的轨迹;权力和决策的中心;治理和行政架构。马丁·特罗提出的三大阶段符合马克斯·韦伯提出的理想类型,他对这三大阶段概念的征用证明了第五次浪潮模式与理想类型之间的相关性。因此,马丁·特罗解释这三大阶段是

"从现实经验中抽象出来的",而且"高校系统中各部分间的职能关系适用于所有工业社会的高级阶段,而非某一特定对象"。这种理想类型存在3个问题:任何系统组成部分间的职能关系;一个阶段过渡到另一个阶段所面临的挑战;经济和政治部门与高校衔接过程中出现的问题。

马丁·特罗注意到,扩招总是发生在非精英机构中。换句话说,在研究型高校中,推广普及不具有典型性。西蒙·马金森指出,这种推论并没有难倒马丁·特罗:"社会阶层的形成与高校垂直梯队分层有关,但是高等教育越来越高的普及率,并不一定会带来大规模的社会阶层的提升。"在这种背景下,西蒙·马金森引用马丁·特罗的话说:"按照社会等级建立起的治理体系中,高等教育有效地巩固了现有阶级的结构,而不是破坏它。"最新的研究证实了高校扩招和社会阶层之间会产生相互影响,一个研究团队曾指出:"扩招的关键问题是,它是否能为弱势阶层的人提供更多的机会,而不是为那些早已享有特权的阶层服务,从而加剧不平等。"因为扩招通常伴随着不同等级高校的差异化策略,并且扩招通常发生在竞争不太激烈的第二梯队高校中。扩招可能将学生从第一梯队高校分流,这里的第一梯队就是我们所说的研究型高校。一项评估发现:优势阶层占用教育资源达到饱和后,非优势阶层依旧没能获得公平的教育机会。第二次世界大战后,美国高等教育的扩张与社会阶层有关,特别是社区学院和专门的职业学校,这类门槛较低或无门槛的学校扩招力度最大。有研究团队指出,在全世界普及率高的高等教育体制中,其余条件相同的情况下(即没有国家补偿性政策),社会阶层分化加剧和关键升学节点竞争的白热化,都与高等教育普及率有密切关系。所以,长期存在的教育不公带来了社会成果分配失衡,这都与提高普及率有着密切关系。

第五次浪潮可以解决社会阶层分化和高校垂直梯队分层带来的问题,以及马丁·特罗所说的三大阶段的许多建设上的限制,还有布莱登·坎特韦尔、西蒙·马金森和安娜·斯莫伦采娃(Anna Smolentseva)所说的高普及率高校的问题。在社会和技术无缝衔接的综合学术框架内，第五次浪潮高校保持精英阶段的学术水平和愿景，对学生进行通识教育。在以前，通识教育只有领军级的研究型高校和顶尖的文理学院才能提供。利用大众教育阶段普遍提升的普及率推进教学创新，培养适应能力强的学习者，应对不断创新的知识经济所带来的变迁和人力资源的需求；通过改善尖端技术满足普及阶段的发展要求。正如我们在第 2 章个案分析中提到的，普及阶段采用多种模式，包括沉浸式校园学习及在线混合学习；在线和数字沉浸式学习；大规模的在线和数字沉浸式学习；体验式教育。第五次浪潮的大众教育阶段并不只是开放和随意安排慕课课程。通过采用创新模式开展课程，第五次浪潮高校将克服马丁·特罗所说的"美国大学的自主权和公共功能之间的紧张关系"。这种紧张关系在大众教育向普及教育转型过程中越发明显。

结构性叠加与规模经济和范围经济

社会学家尼尔·斯梅尔瑟指出："在过去的一个半世纪里，发展一直是美国高等教育的主要特点。"但他指出，这种发展无论是急速的还是长期的，都是以数据为基础的，比如学生的入学人数。所以，这种发展不可避免地给高校的社会结构带来性质上的变化。尼尔·斯梅尔瑟将高校的发展过程称作"结构性叠加"，即"随着时间推移产生新职能的同时，兼顾现有职能，而不是分割成多个独立的机构"。发展可能是由多方面因素引起的。比如，新机会带来了发展；"双方机会主义"也是其中之一，它指的是大学和外部机构关于利益达成共识，包括大学对外部资金的依赖；另外，久负盛名的高校吸引着其他高校争相模仿，比如我们会根据评价对象的性质是公立还是私立，将其命名为"伯克利羡慕"或"哈佛化"，实则是对其仿效；最后就是高校的惰性。尼尔·斯梅尔瑟指出，"功能的叠加"产生了克拉克·克尔所说的"大型综合性大学"。他援引了菲利普·阿尔特巴赫的话说："当面对新形势时，传统高校需要在不改变其基本特征的前提下,增加新职能或者创建新部门或机构。"所以,发展的主要特征依旧是职能的不断叠加,克拉克·克尔称之为惰性。于是,尼尔·斯梅尔瑟引用了克拉克·克尔的话:"创造新事物带来了改变,改造旧事物是达不到这个效果的。"

与发展相关的结构性改变包括:部门的规模;部门的分割,指的是同一类型或相似类型的部门增加的数量;部门间的差异带来了专业化(社区学院与研究型大学截然不同);赋能(为现有结构添加新职能)。所有这些都需要协调,因为发展"产生了由更多机动部门组成的更大且更复杂的结构"。而且,与规模经济的简单设想恰恰相反,"任何类型的增长都需要新结构、新机制、新知识和随之而来的经济资源,去解决规模和复杂性带来的问题"。

尼尔·斯梅尔瑟认为,外部的限制和机会决定了结构变化中的任何可选因素,它们"在各个方向上延伸,并展现出异常和矛盾、等级地位、战略调整、竞争和冲突的模式"。尼尔·斯梅尔瑟详细阐述了累积叠加的衍生物:"一般规律是:为了履行一项新职能,需要新建机构来执行它(如井然有序的研究部门、行政部门或专门办公室);为了创建一个新机构,需要配备一组人员;一旦创建团队,团队成员就成为共同体,并将其团队的生存和壮大视为核心利益之一。"但是,发展仍然是不可避免且必要的。正如克拉克·克尔解释的那样:"20 世纪促成叠加的三大来源是基金会之间的慈善活动、联邦机构的直接研究拨款及来自企业的投资和合作。"

所以,第四次浪潮高校大力扩大其规模。职能的叠加意味着功能的多样化,正如克拉克·克尔提到的综合性大学一样,却意外地阻碍了学术框架的重组和招生规模的适当调整。但规模经济和范围经济所形成的合力,有助于提升第五次浪潮高校的学术水平、普及率、竞争力和社会影响力。"规模经济"指的是"高效率的大规模加工,带来相对较高的产出或较低成本"。规模经济也可理解为,"与较小规模相比,规模经济让较大型机构或国家以更低价格生产商品或提供服务"。规模经济的成效体现在，单位生产成本随着运行规模的扩大而减少，产量却因此而增加。然而，当企业、组织和机构变得越来越复杂，规模经济也可能不再产生效益："为了通过规模经济获得效益，组织会越来越庞大，但如此大规模的管理和运行也会变得更复杂。复杂会产生成本，并可能会最终超过节省下来的成本。"㊀与之相反，范围经济代表着"由企业的经营范围带来的成本节约（并非规模）"。"范围经济"指的是"因生产、分销或营销系列产品，而不是单一产品或单一产品类型而带来的相对效率收益和销售收益。"也可理解为，"保证较低成本生产系列产品，而非单独生产一个产品。"规模经济鼓励了企业大型化、大规模生产和并购，而范围经济带来了多样性。

迈克尔·吉本斯及其同事指出，规模经济和范围经济对许多大企业的成功至关重要，并援引了商业历史学家阿尔弗雷德·钱德勒（Alfred Chandler）关于这个方面的分析。但在生产知识的学术界，类似的动力包括规模经济和范围经济所产生的合力："规模经济是通过技术和组织相结合获得收益，其中在生产或分配部门数量增加的同时，成本也会降低。"我们以欧洲核子研究中心（CERN）、布鲁克海文实验室（Brookhaven Laboratories）和加利福尼亚大学3个国家实验室为例指出，大科学可以按照工业规模提升生产效率。上述国家实验室都是管理完善的大型研究企业，其雇佣人数堪比大企业的规模。范围经济适用于产业界和学术界，相比之下，"以不同的方式重复配置相同技术和技能，以满足市场需求来产生效益"。产业界和学术界的区别一目了然："运用范围经济的企业，需要不断获取各种类型的知识，获得必要的权限，所以它们会更多地关注生产"。但是在一定程度上，它们的范围经济依旧是产业模式的衍生物，将科研成果转换并推广的力度相当有限。"大学和政府研究机构与市场保持一定距离，所以它们几乎不急于为其成果寻求科研范围以外的

㊀ "Economies of Scale and Scope," *The Economist* (October 20, 2008).

出路。"⊖然而，第五次浪潮研究型高校具有大规模、综合性的特点，这就能够运用范围经济和规模经济的优势，带动知识生产的多样性、重组及跨学科合作。

研究型高校的规模与扩展程度

我们重申一下这个问题：什么是机构或系统最恰当或者最佳的规模？可以在多大程度上扩展机构？扩展程度是复杂性理论中的一个重要概念，关于社会组织规模缩放的评估，此处指扩大规模，在社会创新的文献中已经变得相当常见。研究显示，"今天我们所说的更大规模的社会变革，大部分曾出现在19世纪的工业扩张、20世纪的药品监管和21世纪的技术初创公司中"。尽管我们可以从这些范式中学到很多东西，但它们还是不能满足当代社会创新的需求。它们反映了一种古老的思维模式，即扩大的是组织的规模而并非影响力。扩大是必需的，越大越好。扩大的目的就是获得商业成功。

那么，从更广泛的角度来说，规模的意义和价值是什么？在目前情况下，什么是规模缩放和扩展程度？根据理论物理学家杰弗里·韦斯特（Geoffrey West）的最新力作中所讲，依照物理定律管理规模，评估和比较它们在各种生命形式、人类行为和社会组织各领域中的运行情况，这些术语主要指的是："事物规模如何发生变化，事物如何按照所遵循的基本规则发生变化"。为了弄明白扩展规模的内涵，可以参阅以下文字：

> 规模缩放最基本的形式是指系统在其规模发生变化时的响应方式。比如，当一个城市或一家公司的规模翻倍，它们将怎样？或者一栋建筑物、一架飞机、一个经济体或一只动物，它们的大小减半该怎么办？如

⊖ Michael Gibbons et al., *The New Production of Knowledge: The Dynamics of Science and Research in Contemporary Societies* (London: Sage, 1994), 51–53.

果一个城市的人口增加 1 倍，那么城市是否会因此需要建设更多道路、犯罪率翻番、专利数量也翻番？如果企业的销售额增加 1 倍，该企业的利润是否会增加 1 倍？如果动物的重量减半，它需要的食物量是否也减半？

杰弗里·韦斯特认为所有这些特征都是异速生长的或非线性的："非线性行为可以简单理解为，系统可测量的特性通常不会因为它的大小翻倍而简单地加倍。"随着生物体的体积增加 1 倍，受规模经济影响，它的新陈代谢率呈亚线性缩放，他称之为"规模增长带来的系统性节省"。他详细地说明："简言之，这表明体量越大，保持活力的平均所需就越少（或以动物为例，每个细胞或每克组织的所需就会减少）"。城市的基础设施增长也呈亚线性增长，但社会经济和文化的决定因素却是超线性缩放："社会活动和经济生产力随着人口规模的扩大，得到系统性地提高。这种随着规模增加而产生的系统性附加值红利，被经济学家和社会科学家称为规模带来的回报增加。"他补充说，物理学家喜欢用"更直观的术语，即超线性增长"。

杰弗里·韦斯特擅长对社会组织（比如公司和城市）的结构和活力做定量评估，并列举了大量扩大城市规模的定性因素和积累优势。尽管犯罪、污染和疾病都有所增加，扩大规模依旧给个人和社会带来了好处，这也解释了工业革命以来越来越快的城市化进程。"总之，城市越大，社交活动就越多，机会就越多，工资就越高，人们可以更好地体验餐厅、音乐会、博物馆和教育设施，并且拥有更强的活力、兴奋度和参与度。"在这个国际化的环境中，"成功的企业和大学吸引了最聪明的人，帮助他们成功，从而吸引更聪明的人，带来更大的成功等"。这都与无穷的创意、创造财富、创业和创造就业机会密不可分。杰弗里·韦斯特注意到："从这个意义上说，城市的原型是多维的，这与它们的超线性缩放、开放式增长、不断扩大的社交网络密切相关，因为它们都是城市的反弹力、持续力和活力的关键组成部分。"

第3章 精英培养策略和恰当的规模

杰弗里·韦斯特解释说，尽管"城市（和经济体）的超线性缩放带来了开放式增长"，但"生物学中的亚线性缩放会带来受限生长和有限的生命"。企业也像有机体一样，亚线性缩放最终大多会以失败告终。"企业具有惊人的生物性，从进化的角度来看，它们的死亡是产生创新活力的重要因素，这种活力来自'创造性破坏'和'适者生存'。正如所有有机体都会以死亡来迎接新事物的诞生，所有企业都会消失或变形，以允许创新的变体生根发芽。"他指出，自由市场青睐谷歌或特斯拉这类创新企业，而不是"IBM 或者通用汽车这种停滞不前的企业。"

尽管少数企业的颠覆性创新抢占新闻头版头条，但杰弗里·韦斯特争辩道："大多数人往往是短视的、保守的，并且不太支持创新或冒险的想法，几乎安于现状，满足于已有成就，因为这能'保证'短期收益。"他发现，随着企业规模的扩大，官僚式管理盛行而创新性研发被忽视，同时官僚和行政管理方面的资金投入大大地高于研发部门的投入，对追求市场份额和利润也持谨慎态度。安东尼·唐斯观察到，随着时间的推移，政府部门不可避免地制定了更正式的成套规则和法规，合规本身就是目的，在日益复杂的组织结构中，纵横驰骋也是如此。杰弗里·韦斯特对此也深有同感。他指出，尽管官僚化意味着常规、标准化和惰性，但是与第五次浪潮高校创新的主张一致，勇于快速创新的企业不仅能生存，而且能蓬勃发展。第五次浪潮的重点当然不仅仅是生存或停滞，而是提升发现率和创新率。企业和大学都是国家创新系统的参与者，但克拉克·克尔所说的综合性大学，以及第五次浪潮高校中与之功能类似的大学，更像是一座座城市，这就是杰弗里·韦斯特说的"原型多维度"。事实上，研究型大学在推动探索和创新方面的作用，以及对文化、经济和社会发展的贡献，正成为大城市建设不可或缺的一环。正如杰弗里·韦斯特所说，研究型大学是"用创新战胜了规模经济滋生出的霸权"。

杰弗里·韦斯特及其同事总结出：经济生产力和创新力在大型城市群中获得了无与伦比的提升，大学的规模如同城市一般。事实上，这一观点得到了曼弗雷德·劳比希勒（Manfred Laubichler）的认可。他是一名理论生物学家，担任亚利桑那州立大学的全球生物社会复杂性倡议研究中心（Global Biosocial Complexity Initiative at Arizona State University）的主任。杰弗里·韦斯特和曼弗雷德·劳比希勒共同参与的一项规模评价研究指出，美国公立和私立的高等院校在关键指标上系统性地进行规模缩放，包括"入学人数函数中呈现的支出水平和花销构成上的变化、收入、毕业率、预估的经济附加值等衡量规模的基本指标"。该研究分析深入剖析了"与规模相关的大学功能的基本机制和大学职能的效果，这些因素都反映了社会扩大教育总产出的意愿"。随着入学人数的增加，研究型大学"在收入和支出方面呈超线性规模增长，远远超过其体量的增长。它们的规模伴随着多样化的活动而增大，声望和财富增加，研究成果增多，但对学生来说却是昂贵的"。作者解释道："虽然研究型大学（公立和私立）的所有活动和收入来源都呈超线性规模增长，但这是以牺牲学生的承受能力为代价的。随着规模的扩大，他们寻求吸引更具声望的师资力量（正如教师薪酬的超线性增长所表明的那样，尤其是在私立大学）并收取更高的学费，也吸引了更好的生源。研究和教育成果都呈超线性缩放。这一事实表明，这些活动具有协同作用。"而公立研究型大学在"科研活动（按支出统计）和科研成果（按联邦拨款收入统计）"方面，州立大学和社区学院在收入和支出方面呈亚线性缩放。换句话说，"体量允许它们极大地降低学生和纳税人的成本"。

杰弗里·韦斯特团队指出："规模理论运用于社会系统中可以揭示重要规律。""例如，随着城市规模的扩大，人类创造力也可能随之增加，而社交网络中人类互动的超可加性似乎是驱动机制。"与研究发现一致，第五次浪潮高校壮大的过程中面临的最大挑战是结构优化及这部分研究型大学的活力问题。由于过去一个世纪以来，学术平台和行政框架根据美国国家需求搭建起来，认识论推论的形成大致也是按照学科分类进行的，所以高校的设计者在建设方案设计时，必须得考虑这些情况。转型成为第五次浪潮高校，即复杂且自适应的知识型企业，需要利用好新规模和范围所带来的影响。正如杰弗里·韦斯特指出的那样："从小到大的扩展，往往伴随着从简单到复杂的进化，同时保持系统的基本构成要素不变。"他详细说明："这在工程、经济、企业、城市、有机体，以及最引人注目的进化过程中都普遍存在。"因此，迫切需要"了解如何扩展越来越庞大和复杂的社会组织结构，如企业、集团、城市和政府。其中的基本原则通常不太好理解，因为它们都是不断发展的复杂自适应系统。"

主要研究型高校科研业绩的结构变量显示，"即使根据规模做好适当调整，大型高校的表现依旧优于小型高校"。变量包括出版物引用频次、国际合作出版物数量及校企合作数量。作者得出结论，高校之间科研绩效差异主要源于规模，其次是机构存续的时间、学科方向和地理位置等因素。

大型高校从规模中受益，因为它们可以使用更先进的科研设备并开设更多的研究生专业课程。在国外合作中，规模经济依旧发挥作用（得益于专业的国际交流项目和知名度），并且适用于行业合作（因为共同投资专业实验室及行政管理费用）。已有研究显示，大学的引用影响力，随着规模呈超线性增长。因此，随着大学的科研产出每增加 1 倍，引用频次超过 2 倍。

与泰勒团队的研究发现一致，尽管第四次浪潮研究型大学在规模和范围上差别很大，但在规模最大的高校中，大规模招生和综合性的课程设置，与世界一流的知识生产绝非不能兼容。以多伦多大学为例，它是加拿大最大的专业研究型公立大学，同时也是美国大学联合会的成员机构，其三大城市分校招收了 67128 名本科生和 15884 名研究生，每年科研支出超过 12 亿美元，该校在加拿大大学排名中一直名列前茅，在世界大学学术排名中排在全球第 28 位，在《泰晤士高等教育》发布的世界大学排名中排在全球第 20 位。关于知识生产的范围经济和规模经济，吉本斯团队也得出类似结论："科学的产业化可以在规模经济和产业管理实践中得以实现。"

第五次浪潮
迎接教育的变革

第五次浪潮预示着第六次浪潮的到来

第二次世界大战后，美国高等教育发展迎来黄金时代，高校招生规模越来越大，其增长所带来的挑战也越发巨大。为了应对挑战，第五次浪潮应运而生。如前所述，1945—1975年，包括社区学院在内的本科生入学人数增长了5倍，而研究生院的入学人数增加了近9倍。美国在高等教育方面的经验与世界范围内的增长和发展模式相似，第五次浪潮模式在全世界范围内具有潜在的相关性。社会学家埃文·舍弗（Evan Schofer）和约翰·迈耶（John Meyer）对入学人数进行的跨国分析显示，美国高等教育的发展反映了20世纪高等教育领域全球超级扩张的趋势。特别是在1960年之后，其规模已经不能从传统功能学角度，或者冲突与竞争的角度来解释。1900—2000年，全世界高校招生人数从50万人增加到1亿人，占入学年龄段总人口的比例也从1%增长到20%，一些工业化国家的入学率超过80%。

当我们回顾教育转型在全球范围内所带来的非凡成就和广泛影响力时，我们常常会认为理所当然，但是社会学家大卫·贝克提醒我们："现代社会中，高等教育已经成为文化构建中重要而持久的力量，而不仅仅是复制。"他还指出："人们不仅通过学校教育获得培训和认证，学校本身也改变了其他社会机构和整个社会文化。"埃文·舍弗和约翰·迈耶指出了高校建设过程促成了这一趋势，包括：民主化和人权的完善；科学文化的动力和随之而来的社会科学化；发展规划的启动，凸显了教育在国家发展中的作用；"扩大世界政治的组织和制度结构"。联合国教科文组织（United Nations Educational, Scientific, and Cultural Organization，UNESCO）成为推广和拓展体制架构的象征。正如埃文·舍弗和约翰·迈耶所言："战后社会模式以自由、理性和发展为特色，为高等教育扩张的全球格局创造了条件。"西蒙·马金森注意到，埃文·舍弗和约翰·迈耶把教育参与度的提高认为是"通用的美国化脚本和……单一的全球过程。"在这一背景下，人力资源概念指的是，最为广泛的意义上，通过教育和训练获取的知识价值、技能价值和创造力价值的判定。它取代了当时流行的观点，即过度教育导致社会效率低下的看法，也有利于教育的扩张。

迈克尔·肯尼迪（Michael Kennedy）说："知识改变了社会生活、各种制度及世界特征。"我们重新回顾一下，沃尔特·鲍威尔和凯赛·斯内尔曼（Kaisa Snellman）提出了知识经济的简明定义："以知识密集型活动为基础的生产和服务，有助于加快科技发展的步伐，同时也带来了快速的更新换代。"但当谈到知识对全球化的影响时，迈克尔·肯尼迪观察到："并非所有的转型都归功于知识。"很少有人会考虑到知识生产的机构基础，或者意识到知识网络的巨大潜力。迈克尔·肯尼迪阐述道："大学本身越来越多地融入全球知识网络，我们应坚信这种形式的联系与以知识为基础的世界密切相关。""这些网络改变了组建网络的机构的性质，让它们作为全球中一员，更加开放地融入全球环境。"他引用了 Universitas 21（U21）的例子——一个由多个深度研究型高校成员组成的国际网络："其成员能共享学术高水平带来的福利，开展跨国合作，并促进全球知识交流。"Universitas 21 的成员机构相互合作，并且促进跨国合作，其规模是任何一所高校无法单独实现的，哪怕规模较小的联盟也无法实现。

尽管不同国情下的文化、经济和社会方面存在显著差异，但世界各地的大学却展现出惊人的同形性。于是，全球研究型大学的新模式的提出恰逢全球知识经济的初始化阶段。例如，荷兰代尔夫特理工大学（Delft University of Technology）的创新名誉教授 J. G. 维斯马（J. G. Wissema）提出了第三代高校的概念："三代大学分别指的是中世纪大学或第一代大学、洪堡大学或第二代大学及第三代大学（3GU）。"2009 年维斯马解释说："最后一代大学还未出现，大学目前处于过渡阶段，我们可以看到先进的大学正朝着第三代大学模式进军。"根据 J. G. 维斯马的说法，第三代大学具有以下 7 个特征：① 大学成为新的创业活动的摇篮，知识的开发成为主要目标；② 在具有国际竞争力的市场运作；③形成网络并与企业、产业和政府合作；④具有跨学科性（"一致性和创造力对于科学方法同等重要"）；⑤多民族主义和多元文化主义，继承中世纪前辈的传统；⑥以英语为通用语言的世界主义；⑦ 较少受到国家政策影响。第二代大学似乎被认为是 19 世纪德国研究型大学和 20 世纪第四次浪潮高校联盟的合体。这种模式缺乏精度，但第三代大学和新兴的第五次浪潮的相似之处是显而易见的。

大卫·贝克同样描绘了一个类似于第五次浪潮的模式，他称之为"超级研究型大学"："它强化了一些西方大学的独特品质，由少量高校构成的超级研究型大学正在不断壮大，它们研究人类社会和宇宙，它们生产的科学、技术和知识达到了前所未有的水平。"他指出超级研究型大学不同于一般所说的"世界一流大学"，因为后者更多的是指在全球排名中的位置，但"超级研究型大学最为明显的特点是深度科研，其不局限于科学和技术领域，同时还推动人文社科领域的科学化进程。例如，采用自然科学的研究方法研究人类（如行为和社会科学）。"如此深入的科研活动所需的经费支持也是空前的。一项研究显示，拥有医学院的超级研究型大学每年所需的研究经费超过 15 亿美元。大卫·贝克说，2014 年，美国有 30 所大学达到了这一水平，但欧洲同行却一所都没有。随着深度科研的开展，科研人员对科研生产力的期望也越来越高，研究的专业化也对学术机构的适应能力提出更高的要求。随着新模式的推行，以个人研究为主的方式被团队大规模合作的方法所取代，这种"大科学"方式也逐渐被社会科学家和人文主义者广泛采用。超级研究型大学立足于全球，而非某个地区或国家，在由同行院校组建的网络知识平台上，通过合作提升竞争力。最终，无论高校的研究程度如何，它们都争相学习超级研究型大学。

10 年前，针对转型中的研究型大学，大卫·贝克和两位同事提出了"新兴全球模式"（Emerging Global Model，EGM）。第五次浪潮与这个模式在诸多方面类似，该模式具备8个主要特征：①全球使命（"超越民族和国家的边界……并在全球探索前沿领域"）；②增加知识生产的强度，在整个学科范围内采用科学方法；③教师不仅进行教学和研究，还参与跨学科、跨机构、跨国网络处理现实世界问题的实践；④财务基础多元化，重视资助研究、企业投资和技术转让；⑤各机构间、与工商界和政府机构间通力合作，以促进经济发展和利用知识为公众造福；⑥学生、教师和管理人员的全球招聘模式；⑦组织重组（"科研的内在使命更为复杂，如跨学科研究中心、整合并研究学生培训计划及为探索发现提供更强的技术储备"）；⑧与政府和世界范围内的非政府组织开展合作研究。

也许第五次浪潮与新兴全球模式最显著的不同深藏于信条中，即来自所有学科、跨学科领域及创新领域的所有发现、创意和创新，都应根据其自身优势得到同样的重视。不同的是，莫尔曼团队认为，科学和技术知识必须得到"优先重视"，而社会科学和人文科学可根据其方法论上的定量数据的准确程度及具体方法上的科学程度来判断其贡献的大小。莫尔曼团队似乎默许了贯穿整个学术文化的"大科学"模式的必然性。但第五次浪潮必须努力开发艺术创造力、人文和社会科学洞察力及科学发现和技术创新，如此才能在日益复杂的21世纪满足全球社区的需求。在第7章中，我们简要评估了，在不同国家背景下，计划性的改革实践遭遇的两难困境：到底是因为良好的教育会给公民带来积极的影响，所以才要扩大高等教育的普及度，还是为了经济发展的需要，在一部分精英院校中大力推动知识生产和创新？这场讨论的核心是，搞清楚规模和可扩展性的内涵。

第4章
历史视角下的第五次浪潮

第五次浪潮代表了美国高等教育发展的一个新阶段，因此，梳理其既往历史框架和机构类型，对我们理解这些日益复杂且在不断演变的高校模式至关重要。400多年来，美国在发展的过程中历经了各种文化、经济、政治和社会挑战，为了应对挑战，这样的高校才应运而生。第1章从历史角度讨论了美国高校的发展，特列举前四次浪潮的大致架构作为要点回顾：①殖民地时期的大学；②美国早期的州立特许学院和大学；③因美国内战期间颁布的《莫里尔法案》而建立的赠地学院和大学；④19世纪最后几十年出现的一批重要的研究型大学。所有这些机构类型都在各自的机构生态圈和设计框架中继续繁荣和发展。到19世纪末，一些第一次浪潮学院（包括哈佛学院、新泽西学院和国王学院等）发展成了重要的研究型大学。因此，按我们的说法，它们从第一次浪潮过渡到了第四次浪潮。尽管这些院校的规模扩大了，但其仍然保留了本科生住宿制文理学院的精髓。第二次和第三次浪潮中的顶尖院校也同样演变成了重要的研究型大学，因此也过渡到了第四次浪潮。9所殖民地时期的学院中有7所与康奈尔大学（建于1865年）一起组成常春藤联盟，该联盟于1954年正式成立，最初是一个体育赛事联盟。威廉玛丽学院和罗格斯大学分别于1906年和1945年成为公立大学。

尽管那些从第一次浪潮过渡到第四次浪潮的学校是创新和发展的产物，即从相对简单的机构形式发展为日益复杂的机构形式，但从某种意义上说，它们遵循了约翰斯·霍普金斯大学的模式或与之类似的模式。约翰斯·霍普金斯大学于1876年建校,是美国研究型大学的原型,开创了这一模式的先河。斯坦福大学(建于1885年)和芝加哥大学(建于1892年)效仿了约翰斯·霍普金斯大学,也是在没有先例的情况下直接转型为研究型大学,它们代表了一种不同于创新和演变的一般模式的变异形式。而且,对于这样从相对简单到日益复杂的机构创新和演变,我们称之为从一次浪潮到下一次浪潮的推动机制,比如属于从第一次浪潮过渡到第四次浪潮的哈佛大学,或者从第三次浪潮过渡到第四次浪潮的康奈尔大学、加利福尼亚大学。人们可能设想的理想情形会是期望在每一次浪潮中创新和发展都是不断进行的,然而,并非所有的创新和演变发展都标志着必然从一次浪潮过渡到下一次浪潮。

我们要重申一点,与标准的历史记载不同的是,我们的重点是评价高等院校的主要机构类型,并试图对它们的动态结构和功能提出一些新的见解。因此,这种分析既是形态学上的,也是类型学上的。就形态学分析而言,我们要分析的是组织和机构的结构属性。尽管我们的类型体系包括五次浪潮,但罗杰·L. 盖格提出了更为详尽的阶段划分,他确立了美国高等教育的10个时代。他认为:"每一个时代或者大约每30年就会发生明显的变化。"重申一下我们的主张,即美国高等教育中的每一次浪潮都由一个或多个机构作为领头羊,首先是确立了第一次浪潮模式的哈佛学院,接下来是领跑第二次浪潮的弗吉尼亚大学、引领第三次浪潮的康奈尔大学,以及开创第四次浪潮模式的约翰斯·霍普金斯大学。在此,我们无须过度阐述。在前面几章里,我们提出将亚利桑那州立大学视为开创第五次浪潮模式的机构,同为这个时期的机构先驱还可以算上普渡大学、宾夕法尼亚州立大学和马里兰大学系统。

美国的希腊学院

历史学家乔治·马斯登(George Marsden)指出:"美国历史上有一件了不起的事情是,清教徒在马萨诸塞州荒野定居仅6年后便建立了享誉盛名的哈佛学院。"1636年，哈佛学院迎来了它的第一个班级，一共才9名学生，仅由一位男老师负责，北美洲英属殖民地当时（British America）当时的欧洲定居者总数略超过10000人，大体相当于公元前4世纪居住在雅典城邦核心城区的成年男性公民的估测数量。在马萨诸塞湾殖民地建立的第一个10年里，哈佛学院就成立了，清教公民领袖和宗教领袖的社会抱负和文化志向由此可见一斑。这批人与牛津大学和剑桥大学关系甚为密切，其通识教育的学术标准和观念深受两所大学的影响，也因为如此，哈佛学院效仿这两所久负盛名的大学设置了自己的教学课程。殖民地时期的学院被描述为美国"享有教育特权的白人男性在纪律严明的盎格鲁－撒克逊（Anglo-Saxon）教育传统中的最早领地，这种教育系统被认为是为了培养神权社会的合格领导人……"确实，美国的大多数开国元勋都是第一代学院的毕业生。但是，由于第一次浪潮大学的教学并未反映出科学革命的新知识文化，该模式的局限性最终变得显而易见："人们认为，哈佛学院教授的知识是一成不变的，完全不可能探索未知的新知识。"尽管课程着重于经典文献，但学习"有用知识"的目标在美国早期的学术文化中已经很明显，其中部分原因要归功于本杰明·富兰克林的影响。为了达到"扩大共同的知识存量"的意图，本杰明·富兰克林于1743年成立了美国哲学学会（American Philosophical Society），并提出了他准备筹建宾夕法尼亚大学的计划。

第一次浪潮院校最初只包括9所小型学院，或多或少都与牛津大学和剑桥大学相仿，并且建在广阔的荒野或偏远的英属殖民地定居点中。从1636年哈佛学院建校，到1693年创办威廉玛丽学院，中间间隔了约56年的时间，随后建立了康涅狄格州的一所"学院制学校"，该校于1701年发展成为耶鲁学院。历史学家尤根·赫布斯特（Jürgen Herbst）将这三所学院描述为"新大陆的欧洲宗教改革学校"。这些学院基本上是作为各种权威机构和教派的附属机构而设立的：分别是马萨诸塞湾公司的公理会和普通法院、英国国教徒和英国王室等。他引用了马萨诸塞州一名清教徒评论员的一番话，反映了各个创建者的动机：创建哈佛学院是为了"推动学识，让学识世代永传；唯恐把没受过教育的宗教领袖交给教会。"建立这些学校的目的是向家境富裕的年轻基督徒绅士们传授古典学课程，帮助他们进入传道职业或其他职业领域。除了古典学内容，他们的课程基本上只包括神学、哲学、历史和古代语言在内的一些核心科目。在中部殖民地，长老会于 1746 年特许创立了新泽西学院，并于 1896 年发展成为普林斯顿大学。英国国教徒于 1754 年特许成立国王学院，并于 1784 年发展成为哥伦比亚学院，继而于 1912 年成为哥伦比亚大学。浸信会人士在 1764 年特许成立了罗得岛学院，即后来的布朗大学。费城学院由英国国教徒和长老会成员特许成立，并于 1791 年更名为宾夕法尼亚大学。女王学院创建于 1766 年，先是于 1825 年更名为罗格斯学院，最后在 1917 年发展成为新泽西州立罗格斯大学。达特茅斯学院成立于 1769 年。

美国早期建立的许多学校，包括狄金森学院（建于 1783 年）、威廉姆斯学院（建于 1791 年）、鲍登学院（建于 1794 年）和米德尔伯里学院（建于 1800 年），与殖民地时期的学院一起，确立了所谓的"独特的美国式"学院类型的原型，即住宿制文理学院。对那些饮誉天下、录取严苛的文理学院做任何有代表性的调查是没有必要的，但在一个超过 200 所学校的花名册中，许多始建于 19 世纪的学校确实在美国甚至在国际上都享有盛誉。大家只需要想想以下这些学院就足够了。它们是哈弗福德学院（建于 1833 年）、欧柏林学院（建于 1833 年）、格林内尔学院（建于 1846 年）、斯沃斯莫尔学院（建于 1864 年）和巴德学院（建于 1860 年）。七姐妹学院曾是女子学院，如此命名是为了强调 7 所学校间的联盟关系，或者是为了强调它们与常春藤联盟的对等学术地位。巴纳德学院（建于 1889 年）、布林莫尔学院（建于 1885 年）、蒙特霍利约克学院（建于 1837 年）、史密斯学院（建于 1871 年）及卫斯理学院（建于 1870 年）便属于七姐妹学院。时至今日，以上 5 所学校还只对女学生开设本科课程，但瓦萨学院（建于 1861 年）在 1969 年开设了男女合班上课的课程，而拉德克利夫学院（建于 1879 年）于 1979 年被并入了哈佛大学。

至今，这些学校大多仍保留着第一次浪潮小型学院的相对规模，而且会周期性地建立符合第一次浪潮模式的新学校。例如，里德学院（建于1908年）、本宁顿学院（建于1932年）、哈维穆德学院（建于1955年）、大西洋学院（建于1969年）和奥林学院（建于1997）证明了第一次浪潮的机构模式具有持续的社会意义和影响力。

当然，无论在过去还是现在，并非所有的第一次浪潮机构都符合我们提出的录取严苛的住宿制文理学院的形象特征。安德鲁·德尔班科（Andrew Delbanco）承认，只有一小部分学生才有幸体验得到这种对大学有如"美国田园诗"般的美好感觉。正如里德学院时任院长史蒂文·科布里克（Steven Koblik）指出的那样，文理学院可能是宗派的，也可能非宗派的；可能是男女同校的，也可能是只招收单一性别学生的；可能在历史上只招收黑人学生；可能录取非常严苛或可以免试入学；可能是当地的、区域性的，也可能是全国性的；学校的办学定位可能具有很强的理论性，也可能具有很强的实践性。他注意到，许多大型公立大学的住宿制学院和荣誉学院都以文理学院为模型。他把加利福尼亚大学圣克鲁斯分校作为完全按照文理学院形象构建的一所新型大学的主要典范。

当我们还在为展望中的第五次浪潮是否聚焦于研究型环境的附加值而争论不休时，狄金森学院的名誉校长威廉·德登指出，与其他授予学士学位的教育机构相比，文理学院的毕业生中，最终获得理工科博士学位的学生人数是前者的2倍，而且他们所开创的课程内容和教学方法为美国本科生的学习体验打下基础。美国化学家托马斯·切赫（Thomas Cech）也证实了这一观点，并补充道："文理学院的独立研究并不像研究型大学那样频繁地探索前沿科学领域，但它受益于学生与导师之间高度个性化的一对一互动，这通常使得学生在文理学院的体验整体上超过在那些大型大学的体验。"

殖民地时期的高等教育一直保持在很小的规模——美国独立战争爆发时，13个殖民地的人口才250万出头，据估测，当时已经建立的9所大学招收的学生不超过 750 名，各年龄段白人男性的入学率约为 1%。第一次浪潮时期的高等教育规模表明，其社会影响力是有限的。据估计，1721 年哈佛大学和耶鲁大学所授予的学士学位数量为 50 个。随后发展起来的普林斯顿大学、哥伦比亚大学和宾夕法尼亚大学等对增加学位授予数量做出了贡献。18 世纪 60 年代的年平均学位授予数量达到 100 个左右。1800 年，上大学的学生比例与独立战争爆发前夕各年龄段白人男性入学率相同，即上文提及的 1%。据估测，18 世纪初期和末期，大学生毕业人数的比例保持不变，约为万分之十一。"从 1760 年到 1775 年，高校的学术活力与当时人口迅速增长的速度相比，是不大匹配的，"罗杰·L. 盖格在论及第一次浪潮的社会影响力时如此评述道，"作为一种社会机构，殖民地时期的大学从未超越其有限的社会基础，并且这样的状况一直持续到 19 世纪。"

从某种意义上讲，第一次浪潮高校和我们随后在本章中会评价的柏拉图学院的招生的相对范围和规模旗鼓相当。公元前 347 年，柏拉图学院在柏拉图去世时只招收了二十几名学生。时至今日，第一次浪潮时期所建立的一些大学，仍然保留了它们在 17 世纪或 18 世纪的招生范围和规模。罗杰·L. 盖格指出："个体机构发展的连续性是显而易见的，它们产生的背景条件、关于其自身起源的形象定位或发展变化，都会继续影响这些机构目前的状况。"由于大多数文理学院具有优良的传统、肩负独特的使命和拥有长远的目标，它们还享有不容置疑的声望，同时这些都使得它们在竞争激烈的学术环境中还是选择继续在各自目前所处的机构类别内演变和发展。有些机构，如威廉玛丽学院，从第一次浪潮发展到第二次浪潮，始于 1906 年弗吉尼亚联邦颁发的特许状。但是，正如我们所观察到的，19 世纪末的 20 多年里，哈佛大学和常春藤盟校的其他大多数机构都进行了招生范围和规模的转变，从第一次浪潮时期发展到现今，已经成为全球著名且有影响力的研究型大学中的佼佼者。就我们所提出的进化类型学上的规模和复杂性而言，可以说，哈佛大学这类机构已经从第一次浪潮直接过渡到了第四次浪潮。

> 第五次浪潮
> 迎接教育的变革

当然，正如我们目前所了解的，第一次浪潮时期的学校最初都不是大学。罗杰·L.盖格指出，直到19世纪中叶，许多机构可能被称作大学，但是它们实际上都还不是大学，因为如果根据人们对"大学"一词所预想的含义，大学应该是一个综合的学术平台，"它致力于通过原创性调查研究促进知识发展，具有培养高级学者所需要的相应能力，它还应该涉足广泛的学术领域，包括实现大学教育与产业界的融合"。但是，在特定历史时期成立的高校通常会在招生范围和规模上发展和演变，逐渐具备在后续浪潮中崛起的机构所具有的更为复杂的结构和功能。因此，到19世纪末，最初定义了第一次浪潮的诸多院校及在第二次浪潮中崛起的院校，如密歇根大学和弗吉尼亚大学，以及第三次浪潮中崛起的学校，如康奈尔大学、麻省理工学院和加利福尼亚大学，都发展并演变成主要的研究型大学，根据我们的惯用语，即这些大学直接过渡到第四次浪潮。

此处不再赘述第1章中的观点，但是必须对这些机构的历史实例和当代实例及机构类型加以区分。"第一次浪潮"这一名称可以指历史上的机构类型（在美国独立战争爆发之前成立的殖民地时期的学院），或者指18世纪某个时期的某所学校，如鲍登学院。但是，"第一次浪潮"一词还可以指代当代的机构类型，即21世纪的文理学院及2019年的鲍登学院。17世纪的哈佛学院在招生范围和规模上与第四次浪潮的哈佛大学鲜有相似之处。例如，后者在美国南北战争后的40年时间里，在查尔斯·W.埃利奥特（Charles W. Elliot）担任校长期间，已经开始展露出它目前的轮廓和面貌。同样地，成立于1746年的新泽西学院，在19世纪末开始具有第四次浪潮研究型大学的地位和复杂性，并最终发展成为普林斯顿大学。提及康奈尔大学，有可能指的是该机构成立之初作为第三次浪潮中的赠地学校的代表。但是，到19世纪末，康奈尔大学已经发展成为一所主要的研究型大学，并成为第四次浪潮机构中的一员。

新共和国的大学

经历美国独立战争后,在理性时代理想的鼓舞下,新成立的主权国家美国更加努力地教育公民。罗杰·L.盖格将这一时期的学术理想称为"共和党基督教启蒙运动"。他将其特点归纳为具有"大公无私、爱国主义和美德品性"的精神气质,以及使神学服从于启蒙运动的价值观。而且,事实证明,第一次浪潮附属于教派的学院在招生范围和规模上都远远无法满足现实需求,尤其在美国南部。因此,在18世纪末和19世纪初,美国开始建立各种各样的非宗派的公立大学和州立特许大学,从而形成了美国高等教育的第二次浪潮。罗杰·L.盖格归纳了促成建立第一批公立大学或州立特许大学5种相关的共同因素:"州立法机关的积极作为、地区或地方的雄心壮志和抱负、涉及宗教派别的利益、企业家个人的努力及既已存在的学院基础。"他指出,尽管这些学校确实是公立高等教育机构,但彼时并未将公立和私立的概念提炼并升华到我们当代使用这些术语的含义程度。实际上,大家必须忆及一点:那时的殖民地政府为第一次浪潮大学签发特许状。

从佐治亚大学(1785年)、北卡罗来纳大学(1789年)、佛蒙特大学(1791年)、南卡罗来纳大学(1801年)、密歇根大学(1817年)和弗吉尼亚大学(1819年)发端,第二次浪潮大学开始扩大课程范围,除了古典学、哲学和神学课程外,在某些情况下还开设农业、商业、工程学、法律、医学和军事科学等课程。尽管佐治亚大学和北卡罗来纳大学都争夺美国第一所州立特许大学的宝座,但是托马斯·杰斐逊所构想的机构可能才是第二次浪潮的机构先驱。从一开始,弗吉尼亚大学就代表了"美国高等教育的新模式"。罗杰·L.盖格认为,弗吉尼亚大学除了开展其他创新活动,还明确地拥护启蒙世俗主义,并将课程选修制引入了美国高等学府。许多第二次浪潮高校随后演变成第四次浪潮研究型大学。举例来说,密歇根大学是从第二次浪潮过渡转变到第四次浪潮大学的代表。它在 2017 财年的研究支出约为 15 亿美元。在 19 世纪后期建立的美国州立大学遵循了同样的模式,包括南加利福尼亚大学(1880 年)、得克萨斯大学奥斯汀分校(1883 年)和佐治亚理工学院(1885 年)。第二次浪潮还包括许多私立技术学院,包括加利福尼亚理工学院(也称 Caltech,建于 1891 年)。而佛蒙特大学、威斯康星州立大学(建于 1848 年)、明尼苏达州立大学(建于 1851 年)、密歇根州立大学(建于 1855 年)、马里兰大学(建于 1856 年)、艾奥瓦州立大学(建于 1858 年)和麻省理工学院(建于 1861 年)等向第四次浪潮过渡转型则始于它们被指定为赠地教育机构。

历史学家约翰·塞林指出:"在 1800 年,美国共有 25 所院校可以授予学位,而到 1820 年,这一数字已经增加至 52 所。"他还恰如其分地总结说:"高等教育将成为美国的家庭手工业。"然而,1820 年之后,非宗派公立大学的主导地位受到挑战,许多私立教派大学涌现。例如,浸信会在缅因州建立了科尔比学院(1820 年),圣公会在康涅狄格州建立了三一学院(1826 年),这两所学院都成为文理学院的领头羊,始终处于第一次浪潮范畴之内。无论是在机构数量上还是在招生总人数上,私立教派院校都被称为这一时期的特色机构。在 19 世纪后期,杨百翰大学(建于 1875 年)遵循了这种模式,并且有很多教师学院或师范学校也遵循这一模式。第二次浪潮还见证了许多公立和私立技校或技术学院的建立。正如安德鲁·阿伯特所指出的那样:"美国在西点军校(1802 年)、伦斯勒理工学院(1824 年)、海军学院(1845 年)、麻省理工学院(1861 年)及史蒂文斯学院(1870 年)建设了不一样的技术教育体系。"随后,麻省理工学院在过渡到第四次浪潮之前获得赠地学校资格。

大部分地区性学院、宗派学校和国家特许的非宗派公立大学几乎都专门从事教学工作。直到今天,它们中大多数幸存下来的院校仍以教学工作为其重心,并保持相对不变的规模。无论这些机构对于美国高等教育的组织生态如何至关重要,它们大多数在范围上仍然受限,并且还受限于提供标准化的课程。我们再次引用菲利普·阿尔特巴赫对于此问题所发表的观点："世界上大多数的大学都基本上是教学机构……必须放眼他处，才能获得新的知识和调查分析。"政策研究学者休·戴维斯·格雷厄姆（Hugh Davis Graham）和南希·戴蒙德（Nancy Diamond）解释了美国高等教育观察人士对于这一情况的评价："数百所州立学校和小型私立宗派大学泛滥，他们中的大多数向本科生传授通识教育，无法开展前沿学术研究，也无法取得卓越的科学成就。"

宾夕法尼亚州滑石大学成立于1889年，前身为滑石州立师范学校，可以作为在第二次浪潮范围内不断演变和发展的诸多地区性州立院校的代表。1926年，该学校更名为滑石州立师范学院，然后在1960年再次更名为滑石州立学院。该机构于1983年被宾夕法尼亚州高等教育系统授予大学地位。尽管其任务和使命已扩展到提供一些硕士学位课程，但滑石大学仍然保留了容易考进且主要面向本地区招生的第二次浪潮机构的特点，并且在很大程度上保留了它在创校之初的使命和目标。我们在第2章中，将亚利桑那州立大学评估为处于第四浪潮机构的后期发展阶段，即将发展成为第五次浪潮机构模式。亚利桑那州立大学最初成立时是一所师范学校，于1885年由第13地区立法机关设立。同样地，亚利桑那州立大学也从第二次浪潮机构的后期阶段开始，随着它在20世纪80年代得到资助的研究项目增加，从第二次浪潮直接过渡到了第四次浪潮。

"19世纪，美国大学从基础起步阶段发展到具有现代大学的基本框架，"罗杰·L.盖格如此评述道，"从其教学对象大多为青年男子、只向学生传达课本知识的机构，发展成为男生和女生均可入学并开展高阶的和专业的研究的机构。"构成第二次浪潮的众多异质机构类型中还有社区大学。在20世纪不断成立的社区大学，成为第二次浪潮模式的补充，代表了一种新型的大众可及的公立机构模式。在我们的类型学评估中，社区大学代表了第二次浪潮公立地区性大学的后期迭代，并且它将重心放在提供标准化课程上。这些机构提供了一种新型的大众可及的公立机构模式，而技术的发展进一步推动了社区大学的大众可及性。鉴于此，加利福尼亚州州长杰里·布朗（Jerry Brown）于 2018 年提议，社区大学系统中的第 115 个机构只为本州范围内的学生提供线上课程。

"所有人都可以读书，劳苦大众尤其如此"

美国大学即使没有刻意承诺要让所有学习者都能获取知识和参与探索，也在很大程度上间接地促进了知识驱动下的社会进步。反过来，社会进步也使得机构更能响应社会需求，特别是通过关键政策和立法干预而实现。随着美国社会呈现越来越多样化的特点，并且对前沿问题的研究满怀实用主义态度，美国公民开始期望有更多平等的机会接受高等教育，并且获取有用的知识。与农业和新兴产业需求相关的应用研究，促成了高校与其所在地区之间其他部门的合作。在 19 世纪 50 年代，佛蒙特州的国会议员贾斯汀·莫里尔（Justin Morrill）曾提议，美国联邦应使"每个州有一所大学能够获得可靠的持续的基金支持，让所有人尤其是劳苦大众都可以上大学"，即让工人和农民的子女可以上大学。亚伯拉罕·林肯（Abraham Lincoln）总统于 1862 年 7 月 2 日签署了《土地赠予法》，又称《莫里尔法案》。这段时期出现了美国内战中一些血腥的对峙和冲突。这一立法推动了政府赠予土地院校制度的确立，使第三次浪潮涌现的许多学校成为它们各自所属州的公立大学中的佼佼者。

约翰·奥布里·道格拉斯指出，从第二次浪潮开始，公立高等教育中所隐含的社会契约精神，即"任何满足规定的且主要是学术条件要求的公民都可以就读他们的州立大学"，因为《莫里尔法案》成了明文规定。"美国公立大学在某种程度上，也许是我们社会里任何其他机构或世界上任何其他国家所无法比拟的，它们都是作为社会经济工程的工具而被构思并获得资助、取得发展的。"约翰·奥布里·道格拉斯认为，这样的观察结果也许"让那些把市场和粗犷坚毅的个人主义者视为国家发展标志的人们感到不舒服"。大学

"不应该把个人受益作为其目标,而是将个人受益作为塑造更加进步和更富有生产力的社会的手段"。而出其不意的结果便是,《莫里尔法案》将这样的构想落地并将其编撰成法律条文。

根据《莫里尔法案》的规定,美国联邦向各州分配多达90000英亩(1英亩=4046.86平方米)的土地,资助各州建立高等学校,并向劳工阶层和中产阶级家庭的子女提供实用的教学内容和通识教育。该部法律的条款之一明确规定,对于接受该法律条款的州,美国联邦政府为每位参议员和众议员提供30000英亩土地,用于"捐赠、支持和维护至少一所大学的运作"。在不排除其他科学研究和古典研究的情况下,大学也讲授军事策略,并依据各州立法讲授与农业和机械技艺有关的学科知识,旨在推动劳工阶层为谋生和追求更美好的生活而获得所需的通识教育和实践知识。约翰·塞林解释说,联邦土地分配政策被广泛地误解为"字面意义上的土地赠予,被误认为是美国各州政府将在联邦分配的土地上建立大学"。实际上,该政策的实际内容是,激励各州出售位于西部偏远地区的地块并有义务将因此获得的利润用于创建学校。出售联邦土地为州政府提供资金的目的是,既要建立新的高校,又要让既有的学校转型,提供实用领域所需的教学内容。

在这种政策方法激励下,很多学校同时动工兴建。实际上,在这一赋权立法颁布后的10年里,美国新建了三十几所赠地学校。其他已经存在的学校则依据该法转型,17所学校中首批转型为公立院校的是密歇根州立大学(建于1855年)、艾奥瓦州立大学(建于1858年)和明尼苏达大学(建于1851年)。它们随后被指定为赠地机构。历史学家艾伦·内文斯(Allen Nevins)就建立赠地机构做了以下评论:"因《莫里尔法案》赠地条款而受益的机构中,有7所是在1862年前成立的高校(通常比较赢弱);至1865年年底,又增加了18所高校;至1870年年底,再增建了16所高校。"尽管在通常情况下,"赠地"一词通常被视为是州立大学的代名词,但很明显,也有少数几所院校是私立的。例如,成立于1861年的麻省理工学院最初是建在波士顿制造业中心的一所小型技校；还有康奈尔大学这样的公私合营学校，其建校的目的在于实现该部立法旨在推进的实用主义目标。1868年建立的加利福尼亚大学，是从伯克利一所赠地机构发展起来的，现在已经发展为拥有10个校区的规模，其中有8个校区是赠地学校。康奈尔大学和加利福尼亚大学都是从第三次浪潮过渡到第四次浪潮的机构缩影。

构成第三次浪潮的高校具有多元化和异质性特点，但是，它们所产生的广泛影响力与其实际学校数量并不成正比。根据一项估测，拥有大学学历的美国人中，有五分之一的人是由赠地机构培养的。而且，《莫里尔法案》成为美国联邦政府支持高等教育的先例，它鼓励各州立法机关每年向大学提供拨款。该项立法开创了联邦支持的先例，其影响力在第二次世界大战后呈指数级增长。根据对美国高等教育的一些评估，第二次世界大战后，美国研究型大学在全球享有主导地位得益于美国联邦的投资，得益于美国联邦政府向许多赠地学校提供了种子资金。赠地大学体系进一步巩固了高等教育作为公共产品的概念，斯蒂芬·加瓦齐（Steven Gavazzi）和戈登·吉（Gordon Gee）将其描述为一种盟约——是"赠地机构与其力求服务的社区之间存在的双边纽带"，也是"美国社会及其教育体系的社会良知"。的确，斯蒂芬·加瓦齐和戈登·吉甚至说："尽管赠地机构的缔造者并没有明确说明，但支持这种方式的主要观念是，所构想的大学应该是民享、民治和民用的大学。"

因为赠地机构肩负这样的使命，所以它们注重科学探究和技术创新，新兴的美国研究型大学因此被塑造成了研究型企业。我们可以看到，在第三次浪潮下，在学术环境中开展应用研究成为高校发展的第一原动力，尽管应用研究是与农业和当地工业的需求紧密相关的，而且在很大程度上局限于所谓的"动手解决问题"。《莫里尔法案》中规定的实用主义原则这一历史遗产，在为"劳工阶层"开设农业、机械、采矿和军事指导等"有用的技艺"课程中得以体现。该项立法也对美国研究型大学的科学学科和工程领域的崛起发挥了重要作用。的确，经济学家们也认为，美国研究型大学具有的创业精神与《莫里尔法案》中规定的实用主义相关。内森·罗森伯格指出，由于这些研究型大学机构享有相对自治权，并且可以在不受联邦集权约束的竞争环境中运作，从历史视角来看，大多数机构"在很大程度上依赖于本地产业的需求及本州立法机关确定的优先事项"。因此，研究型大学与经济的关联性源于它们愿意适应农业和工商业的发展需求："美国去中心化的高等教育可以被描述为是'市场驱动型'的，没有受困于经费预算和人员分配都会受到政治因素、官僚体制及过往历史条件严重制约的集权系统之中。"㊀

在因《莫里尔法案》而建立的机构及先前已经建立后来因为该法案成为受益者的机构中，相当多的是在美国内战后几十年间出现的研究型大学。实际上，根据某些学者的估计，赠地大学是"美国第一批准研究型大学"。罗杰·L. 盖格评选出了为美国建立研究型大学奠定基础的 15 所机构，其中以下 6 所均是公私合营的赠地机构，它们分别是加利福尼亚大学、康奈尔大学、伊利诺伊州立大学、明尼苏达州立大学、麻省理工学院和威斯康星州立大学。根据我们的类型学分析，研究型大学代表着美国高等教育的第四次浪潮。出现在公立和赠地大学协会（APLU）名册上的 76 所赠地机构中，包括加利福尼亚大学 8 个校区在内的 42 所高校成为美国主要的研究型大学。包括加利福尼亚大学的 6 个校区在内的 20 所赠地学校均是美国大学协会的会员机构。

美国联邦政府对于高等教育第二阶段的投资始于 1887 年颁布的《哈奇法案》（The Hatch Act），该法涉及为农业研究，包括为赠地大学附属的农业实验站运营提供资助。1890 年颁布的《第二部莫里尔法案》（Second Morrill Act）授权建立更多的赠地机构，并赋予 21 世纪初建立的大学以赠地大学地位，其中包括美国传统黑人院校（HBCUs）在内的一系列学校。1890 年的赠

㊀ Nathan Rosenberg, "America's Entrepreneurial Universities," in *The Emergence of Entrepreneurship Policy: Governance, Start-ups, and Growth in the U. S. Knowledge Economy*, ed. David M. Hart (Cambridge: Cambridge University Press, 2003), 113 – 114, 116.

地学校体系由 19 家机构组成，包括亚拉巴马农工大学、塔斯基吉大学及西弗吉尼亚州立大学。

比赋权创建赠地学校体系的《第二部莫里尔法案》（1890 年）颁布早 14 年，也就是在 1876 年，约翰斯·霍普金斯大学成立，该大学是美国研究型大学和第四次浪潮的雏形。这类机构具有独特的架构和轮廓，同时也与赠地大学的形成相互关联。但是，我们必须将赠地机构本身理解为第二次浪潮的产物。从某种意义上而言，第二次浪潮中州立特许公立大学所隐含的实用主义原则被编撰成文，成为立法，因此产生了第三次浪潮，而第三次浪潮反过来又使新兴的美国研究型大学生机勃勃，因为研究型大学有利于科学探究和技术创新及与工商界开展合作。康奈尔大学被评选为对《莫里尔法案》中规定的理想模式进行开创性制度化改革的具体实例，而第三次浪潮高校向具有第四次浪潮特征的以经济发展为主的企业过渡，则始于其对产业界的欣然接受，而这又发端于麻省理工学院的建立，其后就是在 20 世纪初将企业家精神引入斯坦福大学人文学科课程的学术文化中。1876—1915 年，前三次浪潮的交汇确立了第四次浪潮的机构类型。

重新审视学术金本位制

为了理解第五次浪潮，我们必须认识到第四次浪潮也是在不久前的近代才出现的。在 19 世纪末期，科学知识增长加速，再加上必须将知识应用到技术创新中，这两点既突显了美国大学的美中不足，又显示出主要的问题仍然集中在本科教育上。19 世纪，有超过 9000 名美国人前往德国学习，他们认可并广泛传播了德国大学所具有的严谨的科学精神，从而进一步凸显了前三次浪潮所产生的美国院校的局限性。1800 年左右兴起的德国研究型大学，作为组织机构适应了知识生产和近代新兴科学文化的要求。第四次浪潮也为美国的科学发现和技术创新提供了基础性框架。这些学术文化和机构模式在 19 世纪的最后二十多年时间里融合，从而形成了美国研究型大学的新机构类型。前三次浪潮产生的许多领先机构，包括公立和私立机构，都在力求扩大其功能范围、细化其专长领域，以期在众多学科领域的研究和教学上取得进展。在这二十多年的时间里，几所全新的研究型大学也在没有任何既有机构的基础上拔地而起。

必须认识到，一种独特的新机构类型出现，必然是先前机构模式发展演变的结果。鉴于这种情况，我们可以从以下两个相互关联的视角来理解最接近的模式。西方这些机构的起源可以追溯到 11 世纪或 12 世纪在英国和欧洲大陆建立的大学，而这些大学的来源又可以追溯至中世纪的修道院和教堂学校，或者如果有兴趣再往前追溯，它们则源于古典时代的学院。而我们讨论的第四次浪潮，既是英国和德国学术模式的融合，也是前三次浪潮机构演变的产物。牛津大学和剑桥大学是英国模式的缩影，它们推行精英主义教育和"学院制"，在住宿制学院开展本科生教学工作。尽管近代早期所取得的创新性科学成就离不开牛津大学和剑桥大学，但是有组织的研究在近代早期的学术文化中仍属于偶发性的。与英国模式不同的是，德国模式将知识生产的科学方法制度化，并且重视前沿的研究型学习，将科学研究和教学相融合。德国模式源自柏林大学创立时的规划愿景（柏林大学是德国柏林洪堡大学的前身）。柏林大学是在语言学家、哲学家、自由主义者、普鲁士教育大臣威廉·冯·洪堡（Wilhelm von Humboldt）的影响下创立的。克拉克·克尔指出："近现代德国的研究型大学开始于 1809 年创建的柏林大学。它的理念是，依据科学原理探索所有领域的真理和知识，并将理性和经验传统相结合，形成现代科学研究的基础。"这种科学方法从古典语言学入手，为现代人文科学提供参考。查德·威尔蒙对此说："完善的学科，体现了现代科学的优点：孜孜以求的态度、注重细节、专注方法、精确、严谨，致力于开放式的讨论，秉持批判性态度。"

英国模式和德国模式这两种看似完全不同的模型，在一个机构框架内偶然混合，两种伟大的学术传统的特征水乳交融。正如克拉克·克尔所描绘的那样，一种是"枢机主教纽曼的学术隐居地"，指的是英国著名教育学家约翰·亨利·纽曼（John Henry Newman）所主张的隐居式本科生学习体验；另一种是19世纪德国大学所推崇的实操性更强的研究型学习。"大学本科的生活遵循在这方面做得最好的英国模式，其历史可以追溯到柏拉图。人文主义者往往对此津津乐道。"克拉克·克尔详述道，"研究生的生活和研究方式则遵循德国模式，德国人曾经在这个方面最为擅长，其历史可以追溯到古希腊哲学家和数学家毕达哥拉斯（Pythagoras）。科学家们则对此大力支持。"乔纳森·科尔证实道："如果德国人为我们绘制了进行前沿科学研究的蓝图，那么英国人就为我们提供了有关大学本科教育的纲要。"正如亚瑟·科恩（Arthur Cohen）所总结的那样："科学研究及先进的培训（即德国模式）被添加到既有的类似于英国青少年男孩住宿制学校的机构中。"正如威廉·克拉克（William Clark）所解释的那样："在美国大学中，本科学院本质上仍然是英国牛津学院和剑桥学院的衍生物，而研究生院则是德国院系式的上层建筑，并被添加到了本科学院中。19世纪70年代以后，新的研究生院开展研究培养工作，而本科学院则承担着传统的教学使命。"美国研究型大学因此成为"放眼全世界的一种新型机构"。查尔斯·W.艾略特（Charles W. Eliot）自1869年开始担任哈佛大学校长，并且任职长达40年时间。正如他所观察到的，这种新的机构模式是独一无二的美国模式，他解释道："从大学一词所具有的任何有价值的意义上而言，美国大学必须从美国土壤里发芽、生长，而不能从英格兰或德国移植过来。"

定义第四次浪潮的融合模型（即在单一教育机构的综合平台里开展研究和教学）仍然是第五次浪潮的基础。但是，即使是前几次浪潮，机构自身也蕴含着产生新的组织形式的潜力，这个问题我们将在第6章中加以讨论。威廉·冯·洪堡似乎有先见之明，早就构想了一个在范围和规模上都可以扩容从而具有多元功能的机构，这似乎是预见了乔纳森·科尔提出的多元性概念——"所有的社区及以共同的名义、共同的管理委员会和相关的目的而共同举行的活动",以及通过尼尔·斯梅尔塞描绘的结构性累积来实现的发展和扩张。这就是约翰·塞林所说的"美国学院的延伸和扩张",它通过学术部门和最终的专门研究单位的激增,促使"学院作为联合体演变为大学"。此外,正如查德·威尔蒙所言:"对于威廉·冯·洪堡来说,大学不应该是一所单独的机构;相反,它应该是集教育、知识生产和知识传播为一体的系统的中心。在该系统中,所有的知识机构(包括小学、中学、图书馆、博物馆和学术机构)都作为一个整体发挥作用。"与第五次浪潮的宗旨一致,"威廉·冯·洪堡设想的大学,是不断扩张的传媒和知识生态中心"。

第四次浪潮的研究型大学的雏形,随着1876年在巴尔的摩创立约翰斯·霍普金斯大学而得到巩固和强化。根据历史学家爱德华·希尔斯(Edward Shils)的估计,创立约翰斯·霍普金斯大学"可能是西半球教育史上最具决定性意义的事件"。罗杰·L.盖格认为,这样的主张虽然"有些夸张",但并非完全不合理。加利福尼亚大学前校长丹尼尔·科特·吉尔曼(Daniel Coit Gilman)担任约翰斯·霍普金斯大学校长后,将以德国科学研究院为模板的科学研究和专业化研究型学习模式引入美国高等教育,重视学习与研究之间的相互促进。而在该基础框架得到巩固之前,学术研究被认为"在全局安排中是偶发性的事件"。正如纳翰·塞林所观察到的,直到1890年,美国学界才"建立了它们自己的实验室、收集自己的书籍和期刊、开展植物学实地调查、撰写书作和短文、收集标本和文物",但这些在很大程度上算是"零敲碎打,无法出现在官方目录中……"除了研究生院"具有极高的学术水准,美国高等教育仍处在相当新潮又相对落后的文明之中"。克拉克·克尔还列出了约翰斯·霍普金斯大学引入到美国高等教育之中的其他诸多创新,包括:专业教育的新理念,特别是医学领域的专业教育;以学科为基础的学术部门的首要地位;研究机构和研究中心;学术出版社;学术期刊;"学术阶梯"。

尽管人们普遍认为,约翰斯·霍普金斯大学是美国研究型大学的原型,

第五次浪潮
迎接教育的变革

但罗杰·L.盖格描述的是，在研究型大学机构模型巩固过程中发挥了塑形作用的机构一共有15所，它们代表了研究型大学这种机构类型起源的异质性。在此，我们重申一下我们在本书第1章中所列举的大学花名册中的15所机构：美国独立战争之前特许成立的5所殖民地时期的大学（哈佛大学、耶鲁大学、宾夕法尼亚大学、普林斯顿大学和哥伦比亚大学）；5所州立大学（密歇根州立大学、威斯康星州立大学、明尼苏达州立大学、伊利诺伊州立大学和加利福尼亚州立大学）；从成立之初就被构想为私立机构的5所研究型大学（麻省理工学院、康奈尔大学、约翰斯·霍普金斯大学、斯坦福大学和芝加哥大学）。正如罗杰·L.盖格所阐述的那样，这些大学构成了独一无二的和差异化的集合，因为它们具有以下几大特征：它们之间既竞争又合作；有将专业知识制度化和学科化的能力；在行政管理方面具有一定的敏锐度；将研究融入教学并对传统教学形成补充。虽然我们的机构分类似乎是一个静态的概念，但我们的目标是，强调每种机构类型都有可能在随后的浪潮中演变成更复杂的形式。从我们的类型学视角考量罗杰·L.盖格提出的分列，第四次浪潮高校中的5所（哈佛大学、耶鲁大学、宾夕法尼亚大学、普林斯顿大学和哥伦比亚大学）起源于第一次浪潮；密歇根大学是唯一一所来自第二次浪潮的大学；6所大学是第三次浪潮的产物（加利福尼亚大学、康奈尔大学、伊利诺伊州立大学、明尼苏达州立大学、麻省理工学院和威斯康星州立大学）；其余3所大学（约翰斯·霍普金斯大学、斯坦福大学和芝加哥大学）最初都是作为第四次浪潮研究型大学构想并筹建的。

到1890年，许多第一次浪潮学校［如哈佛学院、耶鲁学院、新泽西学院（普林斯顿大学）和国王学院（哥伦比亚大学）］和第二次浪潮期间成立的一些处于领先地位的州立大学（如密歇根州立大学），受约翰斯·霍普金斯大学模式的启发，将既有的科学研究及以德国大学学术实践为模型而移植改良的研究生项目的范围扩大至其住宿制本科生课程。在此期间诸多学校从学院制转型过渡到研究型大学，正如约翰·塞林就此所做出的评价："从1880年到

1890年这十年时间里，美国只有少数机构可以合理地宣称自己是一所'真正的大学'，它们是约翰斯·霍普金斯大学、康奈尔大学、哈佛大学、克拉克大学和哥伦比亚大学，但其他能真正与之比肩角逐的实属凤毛麟角。"尽管几个世纪以来，整个欧洲的科学研究机构都很活跃，并且学术研究在德国大行其道已经是常态，但在美国，科学研究则是零散的、不成气候的。例如，哈佛大学的劳伦斯科学学院和耶鲁大学的谢菲尔德科学学院都成立于1847年，哥伦比亚大学于1864年成立了矿业学院，这些机构引领了美国的科学研究。罗杰·L.盖格认为，除了约翰斯·霍普金斯大学，还有康奈尔大学和哈佛大学分别在安德鲁·迪克森·怀特（Andrew Dickson White）和查尔斯·W.艾略特的领导下，"各自以自己的方式"塑造了这种新型机构类型。例如，在哈佛大学，查尔斯·W.艾略特实行了弗吉尼亚大学创始人托马斯·杰斐逊开发的课程选修制度，旨在改革本科教育、创新研究生课程，并且建立了研究生院及艺术与科学学院。路易斯·梅南德和同事评论道："查尔斯·W.艾略特发起的改革颇具示范效应，德国人的教育理念通过文化转移过程被引入美国大学，这在他对哈佛大学的改革内容和改革程度方面都有所展现。"第三次浪潮的赠地机构，因为与农业和工业相关联，并且推崇有用的知识和技术创新，已经开始塑造新兴的第四次浪潮的学术文化。罗杰·L.盖格指出："如果有任何一种发展变化改变了美国高等教育的价值观，这一定是约翰斯·霍普金斯大学所取得的非凡成就。19世纪80年代标志着德国大学影响力的鼎盛时期，但更重要的是，约翰斯·霍普金斯大学展示了如何将德国大学的研究模式引入美国大学。"

新的研究型大学从无到有，约翰斯·霍普金斯大学、斯坦福大学和芝加哥大学对巩固第四次浪潮模型发挥着特别关键的作用。以下这些机构被认为是研究型大学，而且是由慈善家个人慷慨捐赠所创立的，包括：约翰斯·霍普金斯大学，根据同名企业家、铁路大亨及其同行实业家的遗赠所创立的；斯坦福大学，由铁路大亨利兰德·斯坦福（Leland Stanford Sr.）创立；芝加哥大学由石油大亨约翰·D. 洛克菲勒（John D. Rockefeller）创立。1873年，霍普金斯家族捐赠700万美元（按2017年的美元价值，约为1.5亿美元），这在当时是美国历史上数额最大的一笔慈善捐赠，原本是打算平均分配，分别用于建立一所大学和一家医院。斯坦福先生在1885年遗赠2000万美元（按2017年的美元价值，约为4.8亿美元）。1890年，约翰·D. 洛克菲勒遗赠3470万美元（按2017年的美元价值，约为8.32亿美元）。迈克尔·R. 布隆伯格（Michael R. Bloomberg）于2018年11月向约翰斯·霍普金斯大学捐赠了18亿美元，设立基金资助学生。在此之前，2001年，戈登和贝蒂·摩尔（Gordon and Betty Moore）向加利福尼亚理工学院捐赠6亿美元，仍然是过去半个世纪里捐赠给研究型大学的最大一笔捐赠。其次是两笔5亿美元的捐赠，分别为2017年海伦·迪勒基金会（Helen Diller Foundation）向加利福尼亚大学旧金山分校捐赠，以及2016年佩妮和菲尔·奈特（Penny and Phil Knight）向俄勒冈大学捐赠。

克雷格·卡尔霍恩指出："在世界范围内，大多数高等教育都是由政府划拨资金支持，但在其他少数几个社会中，私人捐赠也发挥了它们在美国同样的作用。""简而言之，富有的大学越来越有能力独立于政府和基金会，自行绘制其学术蓝图（尽管它们从政府和基金会中也得到了很多资助）。""财富，如同年岁，并不能使一所大学自然而然就变得伟大"，哈佛大学1963年的招生宣传手册上如此写道，"但它确实对于一所大学的发展是有帮助的。"实际上，哈佛大学于2017年获得的捐赠高达360亿美元，与美国经济衰退前384亿美元的捐赠峰值相比有所减少，但它仍然是美国获得捐赠资金最多的大学，也是全球最富有的学术机构。而且，哈佛人学接收的捐赠来源稳定，继续大幅超过耶鲁大学（271亿美元）、得克萨斯大学（265亿美元）、斯坦福大学（247亿美元）和普林斯顿大学（238亿美元）。根据《高等教育纪事》（The Chronicle of Higher Education）的报道，加上个人捐赠额超过5亿美元，位于美国马萨诸塞州的15所高校的财富总额已经超过700亿美元，超过了所估测的斯里兰卡、约旦和立陶宛几个国家的全国财富总额之和。[一]正如经济学家罗纳德·G. 伊兰伯格（Ronald G. Ehrenberg）评价道："一些机构所拥有的捐赠的金额巨大到令人难以置信的地步。"

知识生产与永久创新

查德·威尔蒙说："研究型大学自 19 世纪初期在德国创立伊始，以及 19 世纪后期在美国得到革新，一直是西方最核心的知识机构。"直到 20 世纪，核心知识机构的优势地位一直由欧洲的研究型大学占据，但是随着第二次世界大战的破坏和干扰，以及与备战有关的学术研究动员，美国的研究型大学逐渐超过欧洲享有盛名的同类大学。第四次浪潮巩固了美国研究型大学在全球享有的学术领先地位，部分源于第二次世界大战后时代美国联邦政府给予了国防、经济繁荣及公共卫生等重点领域的科学研究前所未有的支持。在被称为是"美国联邦研究经费推动下建立的去中心化、多元化及竞争激烈的学术市场"，创新和冒险精神得到鼓励，从而促使一批雄心勃勃的大学崛起为世界一流的研究机构。

在罗斯福总统和杜鲁门总统的领导下，当时新成立的科学研究与开发办公室（OSRD）的创办主任范内瓦·布什（Vannevar Bush），负责拟定了美国联邦政府与美国研究型大学之间的契约，内容主要体现在 1945 年 7 月致总统的关于战后科学研究计划的名为《科学：无尽的前沿》报告中。该报告列明了第二次世界大战后美国联邦政府对国家科学研究企业投资的条款，而这种投资是通过一些精英研究型大学的相互竞争促进的。报告中所谓的"科学社会契约"措辞的释义如下："联邦政府承诺资助那些被同行评议者认为是最值得支持的基础科学，并且科学家们承诺，诚信且卓越地开展研究，并源源不断

[一] "College Endowments Over ＄500 Million, FY 2017," *Chronicle of Higher Education*（August 19, 2018）.

地提供可以转化为新产品、新药物或新武器的研究成果。"罗杰·皮尔克解释说:"第二次世界大战后科学政策的基本假设之一是,科学能够提供知识储备,人们可以对其加以利用并运用到国家需要的地方。"因此,范内瓦·布什将研究型大学构想为他所谓的"知识和理解力的源泉",科学家可以"在它的引领下,自由地追求真理",它会源源不断地提供"新的科学知识,让人们加以应用,从而解决政府、产业或者其他领域的实际问题"。范内瓦·布什传播的概念中暗含了线性创新模型,强化了基础研究和应用研究之间的区分,这是我们在第 5 章中将讨论的问题。

在"曼哈顿计划"(Manhattan Project)的激励下,美国建立了洛斯阿拉莫斯国家实验室(Los Alamos National Laboratory)和劳伦斯利弗莫尔国家实验室(Lawrence Livermore National Laboratory)等国家实验室体系,随后美国联邦又投资建立了诸如美国国家科学基金会(NSF)、美国国立卫生研究院(NIH)和美国国家航空航天局(NASA)等联邦机构。与学术机构相关联的一些科学家和工程师的大量研究是在获得美国能源部等联邦机构资助,但由承包商或大学负责管理的国家实验室体系内进行的。事后看来,美国研究型大学作为研发的主要场所,其崛起是不可避免的,但是研究经费原本同样可以划拨给国家实验室或独立的研究机构。但是"曼哈顿计划"的成功,证明了大学主导型研究更有潜力、更能产生经济效益。《科学:无尽的前沿》巩固了美国联邦政府与美国研究型大学之间的正式契约关系。此外,战备动员也产生了广泛的社会影响力。"美国为应对第二次世界大战,建立了国家创新体系,将实验室研究、大规模生产、战争策略和董事会战略结合在一起,"格雷格·扎卡里(Gregg Zachary)指出,"这个军事—工业—学术综合体的规模和严密程度是前所未有的。"

德怀特·D. 艾森豪威尔(Dwight D. Eisenhower)于 1961 年 1 月 17 日在对全美发表的告别演说中将利益群体高度凝练,第一次提出"军工联合体"这个概念,与参议员威廉·富布赖特(William Fulbright)提出的学术界的影响力概念交汇在一起。正如历史学家斯图尔特·W. 莱斯利（Stuart W. Leslie）所言："军事机构、高科技产业和研究型大学形成的'金三角'创造了一种新型的战后科学，从而模糊了传统上认为的理论与实践、科学和工程、民用和军事及机密和非机密之间的区别。战后科学的特点及其所获取的合约，要归功于确保国家安全状态的需要。""冷战大学"这一新型科学企业，用斯图尔特·W. 莱斯利的表述是一个"围绕军事呈现出两极分化的大学"，符合所谓的"大科学"（Big Science）特征，有些人将其描述为一种浮士德式的交易（Faustian bargain）。随着这些机构"联邦化"，论辩也"联邦化"，联邦化进程导致研究企业的功能缩减，也造成了学术科学官僚化。专注于科学和技术，是以牺牲社会科学和人文科学为代价的，这样的疏忽和遗漏一直持续到20世纪60年代，直到美国国家科学基金会（NSF）开始支持社会科学和行为科学才得以纠正。呼吁第五次浪潮对第四浪潮的学术文化加以改造，就意味着对"冷战大学"模式造成的局限性进行思考。

第四次浪潮中的研究型大学的研发工作和教育工作催生了基础发现和技术创新。但是，要调查这样的基础发现和技术创新到底产生了怎样程度的社会影响，几乎是不可能的，因为这些发现和发明成千上万，从激光的发明到磁共振成像，再到全球定位系统和谷歌搜索算法，正如我们以前总结的那样，在目前的情形下就这些发明和发现编撰一部纲要是多此一举的。在科学研究推动下进行持续创新，刺激了经济增长，并促进了所有新产业的发展。鉴于这种情况，经济学家乔尔·莫基尔强调了科学发现、技术创新和经济增长之间的关系。他的阐述如下："技术所依靠的认知基础越广、越深，就越有可能扩展技术并发现新的应用，改善产品和服务质量、精简生产过程、节约生产成本、适应不断变化的外部环境，并将技术与其他相结合，进而形成新的技术。"的确，经济学家帕塔·达斯古普塔（Partha Dasgupta）和保罗·A. 戴维（Paul A. David）也表示："如果说现代经济增长是建立在利用科学知识的基础上，那就是在表达一种众所周知的事实。"但是，改善社会福祉并为经济增长做出不可估量贡献的创意、产品和流程，不仅是科学研究和技术创新带来的成果，也是艺术、人文科学及社会和行为科学领域创造力和学术努力带来的成果。关于后面这些领域，乔纳森·科尔阐述道："这些领域的学者也一直在进行探索发现，这些发现通常采用基本思想、概念、理论和实证研究结果等形式。"此外，"一个领域的重大发现会迅速传播到另一个领域。例如，某个重大发现从经济学领域传播到社会学领域，或者从心理学领域传播到经济学领域。很快，强有力的概念就从其最初产生的领域传播到关联学科，并从那里进入人们的日常生活语言。"主张第四次浪潮发挥经济发展功能的隐含之意就是，第四次浪潮能够对社会发展产生广泛的影响力。

在20世纪中叶之前，麻省理工学院就率先提出了大学与产业之间的创业互动关系，其后在20世纪下半叶，研究全球化进入全盛时期，大卫·古斯顿称之为"学术商业化的新政治经济"。希拉·斯劳特（Sheila Slaughter）及其同事从所谓的"学术资本主义"维度加以评价。他们在使用该术语时，并非要推定学术界企业化或颠覆学术界，而是对学术企业所具备优点的认可。1980年美国通过《贝多法》（Bayh-Dole Act），该法允许大学保留其在美国联邦资助下所研发的创意、产品和流程的知识产权，大学拥有的专利和许可增长，会进一步促进大学与产业之间的互动并促进商业发展，从而刺激经济增长。该部立法巩固了亨利·埃茨科维兹及其同事所描述的大学—产业—政府"三螺旋"创新战略。

主要研究型大学除了实现知识商业化从而形成人力资本，并促进经济发展，还通过形成区域创新集群促成知识生产和创新传播。学术研究特别是主要研究型大学的初创企业及因为业务剥离而新建的公司产生知识溢出促进了创新传播，研发工作的集聚进一步促进了创新传播，因此创新传播被认为是有地理介质的。主要研究型大学产生区域创新集群的最明显的代表是斯坦福大学和硅谷，此外还有波士顿的麻省理工学院和美国波士顿128公路模式。或许还有人会想到北卡罗来纳大学教堂山分校、北卡罗来纳州立大学及加利福尼亚大学圣地亚哥分校、得克萨斯大学奥斯汀分校、及罗切斯特大学和罗切斯特理工学院的影响。

大卫·古斯顿指出，关于市场力量对大学的影响，人们的态度是矛盾的，因为它带来的不完全是积极且良好的影响。有批评人士称市场对学术的不利影响在于，它会加剧利益冲突、改变学术规范、将学生作为消费者及降低学习标准。许多大学设立机构审查委员会表明，他们认为有必要监管与市场参与者的关系，并保护人类和作为实验对象的动物免受剥削。大卫·古斯顿认为，为了使机构能够与商业实体建立更紧密关系并因此获得好处，同时也应对其所可能产生的负面影响，我们必须促使机构开展"创新与社会之间互动关系的反思性研究"。

事实上的美国国立大学

我们曾经提到过这样的观点：美国领先的公立研究型大学共同构成一所事实上的国立大学。在美国背景下，它指的是费城内科医生本杰明·拉什（Benjamin Rush）构想的，以及乔治·华盛顿和詹姆斯·麦迪逊等美国开国元勋力主倡导建立的联邦特许高等学府。尽管《美国联邦宪法》并未就高等教育本身进行过规定，但高等教育却是美国的缔造者们热烈讨论的重要议题。1787年在费城制宪会议上，詹姆斯·麦迪逊首先呼吁建立一所国立大学和一个立法机构，"提供激励机制，以鼓励发展有用的知识。"在最初的会议审议过程中及随后的一个世纪里，相关部门不时地对拟建机构的范围和目的进行了各种构想。最后达成的共识是，这个国立大学应设在新国家的首都并承担两项主要职能：一是开展研究生教育，特别是培训公务员和政府官员；二是承担为更宽泛地服务国家而开展研究的职能。但是，人们关于该国立大学的治理性质、资金来源及课程安排却存在争议。以下综述表明，美国建国一代的领导人对于拟建机构的理念及其持续的相关性，于我们而言，在很大程度上是象征性的。尽管现在我们可以引述美国的建国者们当初所构想的国立大学来唤起公众决意为国家利益而开展科学发现和创新的决心，但未能按照设想建立机构，可能同时激发了美国联邦高等教育部的创立。回顾过去，意外取得的非凡成果，就是为美国高等教育的去中心化和具备竞争力铺平了道路。

尽管就建立美国国立大学的提议开始辩论之时，哈佛学院已经迎来了其建校150周年纪念，并且其他8所殖民地时期的大学已成为其各自所属社区的重要支柱，但支持者们认为，这些现有的高校无法满足当时美国的需求，无法提供必要的教学广度和教育质量。此外，联邦特许大学的拥护者们认为，这样的机构有助于传播共和国的价值观，并且在地区利益截然不同的动荡时局下起到发挥统一各方力量的作用。阿尔伯特·卡斯特尔（Albert Castel）认为，美国建国者们的动机不仅仅是出于对理想的信奉，也不仅仅是因为他们"坚信除非对民众和官员进行适当的教育，否则美国的共和政府不会成功"。他认为美国仍充斥着地方主义，有些人认为，一所伟大的国立大学"作为核心学府，将各州精挑细选的年轻人集聚在一起，可以打击分裂主义倾向"，能够让"美国拥有统一的目标和政策，使其可以最终实现光荣的使命"。

那些对国立大学持狭义理解的人则希望将国立大学的范围限制在农业、商业、国防和航海等领域，尽管为促成建立一个强大的联邦政府的目标，国立大学也需要开设外交、经济学和法律课程。一些学者则设想建立一个提供包括艺术和科学在内的综合课程的机构，但对其治理基础、资金来源和课程安排，甚至关于它的合宪性都始终存在争议。建立国立大学的提议遭到拒绝，却可能最终促成了美国联邦高等教育部的建立。提议遭到拒绝的原因可能是因为它与州权原则相冲突。

在美国启蒙运动的思潮中，构想在新国家的首都建立一座伟大的高等学府，对于美国建国者们来说似乎是不可或缺的，他们熟悉英国和欧洲的机构模式，也深谙国家对高等教育系统的控制和集中化模式，直到今天，这样的模式仍然是全世界很多国家的标准框架。美国这一代政治领导人大都熟悉大不列颠及欧洲大陆的学术界和科学学会，如英国皇家学会（The Royal Society）或者法国科学院（The Académie des Sciences），尤其是巴黎久负盛名的"大学校"（grandes écoles）的机构前身，这些机构是在法国大革命的国民大会阶段之后特许建立的。随后对建立国立大学的讨论当然会受到法国成立的各种"大学校"的影响，特别是成立于1872年的巴黎政治学院（Institut d'Études Politiques de Paris，Science Po，简称"巴政"）。尽管支持者们没有将美国拟建的国立大学与这些学院进行明确的比较，但他们可能设想的是，根据大西洋彼岸的科学研究院和法国"大学校"这些精英学校模式，在美国的首都建立一个享有国际地位的学术和科学研究中心。然而，正如内森·罗森伯格所言："尽管华盛顿特区拥有非凡的档案资源和图书馆资源，尽管有诸多提议，但在过去的两个世纪里，它从未成为一流研究型大学的所在地……这就证明，如果需要进一步的证据的话，那就是政治上长期以来对学术领域的集中倾向持反对态度。"

乔治·华盛顿成为筹建美国国立大学的主要支持者之一，他将之作为晚年的主要事业之一，甚至将个人的部分地产拨出用于建校。1790年1月，在当选总统后第一次向国会发表年度讲话时，他质疑当时的少数几所大学是否能够满足国家发展的需求：

> 我相信你们会同意我的观点，没有什么比推广科学和文学更值得你们资助了。知识在每个国家都是最能确保公众幸福的基础。这样一个值得拥有的事物，是通过向已经建立的"神学院"提供资助，还是通过建立一所国立大学或者任何其他权宜之计，完全值得立法机构对此予以审议。

乔治·华盛顿在1796年1月的第八次国会演讲中做了以下评述：

> 迄今为止，我已经多次建议国会考虑建立一所国立大学……在建立这样一个机构的动机中，很重要的一点是，每个学季我们都有一部分青

年人接受相同的教育,从而使我们同胞坚持的原则、观点和举止能够同质化。我们的公民在这些细节上越同质化,我们的永久联盟的前景就越好。这个国立机构的主要目标应该是对我们的青年进行政务学教育。对我们这个共和国而言,什么知识能跟它相提并论?对我们的立法机关来说,有什么样的职责能比资助这个项目更加紧迫?我们国家未来的自由捍卫者需要学习这种知识。

作为美国第三任总统,托马斯·杰斐逊提出了一项要求建立一所国立大学的宪法修正案,但未能获得足够的支持,因此他决定建立弗吉尼亚大学作为替代方案。他的继任者詹姆斯·麦迪逊同样无法让思想越来越狭隘的美国国会支持这个提议。詹姆斯·麦迪逊担任总统期间,在其4次年度演讲中都敦促建立国立大学。例如,1817年他向国会提交的关于建立这一机构的议案被众议院否决。美国开国元勋者中最后一位倡导建立国立大学的是詹姆斯·门罗(James Monroe)总统,当他意识到这一事业在政治上是徒劳的,他便和一群朋友在波托马克河(Potomac River)沿岸建立了一家私立机构,也就是后来的乔治·华盛顿大学(George Washington University)。这是一所伟大的大学,尽管它在历史上和现代都和乔治·华盛顿所曾构想的宏伟愿景几乎没有相似之处。支持建立国立大学事业的最后一位美国总统是约翰·昆西·亚当斯(John Quincy Adams),他恰如其分地指出了该项目对提升美国国家竞争力的重要性,并告诫说:"自由是力量,那些不如我们享有更多自由的国家,正在大踏步向前迈进,投入到提升公共机构的事业之中。"

尽管在美国内战之后,包括尤里西斯·格兰特(Ulysscs Grant)、拉瑟福德·伯查德·海斯(Rutherford Birchard Hayes)和詹姆斯·加菲尔德(James Garfield)在内的后任美国总统都明确倡导和坚定支持建立国立大学,但国会一再未能颁布有关筹建国立大学的立法。此外,曾经构想的国立大学应该承担的职能,在19世纪被大学及其附属的科学学院和技术学院接手,并在19世纪最后二十多年里被新兴的研究型大学接过接力棒。接受英国科学家罗伯特·史密森（Robert Smithson）的巨额遗赠，成立于1846年的史密森学会（Smithsonian Institution），在很大程度上承担了科学研究的职能。无须多言，随着时间的流逝，随着政府研究机构和美国国家实验室系统的形成，以及智库、私人研究机构和产业界的投入，最初构想的应由国立大学承担的职责，最终由其他机构承担。

关注教育在新共和国中作用的同时代人也意识到，第一次浪潮学校的局限性是显而易见的。例如，本杰明·拉什博士是约翰·昆西·亚当斯和托马斯·杰斐逊总统的助手，是联邦国立大学的最初拥护者之一，力求建立一所能够为"各州的精英提供某种研究生教育"的机构。他在1787年1月公布的一份提案中建议，联邦大学的课程应该包括"与政府有关的一切，如历史、自然法、国际法、民法及我们国家的市政法规和商业原则。1795年，本杰明·拉什在宾夕法尼亚大学发表演讲，他将有用知识的目标与第一次浪潮大学或"神学院"中占主导地位的经典课程进行了比较。他反对大学坚持讲授那些没有"合理考虑到时代不同义务和利益也发生了变化，以及新国家特殊的社会状况，当下新的社会情况是，民众主要的及首要的关切是获得谋生的手段"的课程。他表示遗憾的是，美国大学没有将重点放在与新民主相关的"许多国家职责"上，没有"让我们的孩子学习对他们生存最重要的技艺，并获取那些与他们所生活的时代、国家及政府相关的知识"，反之，强迫他们学习希腊语和拉丁语，即"两种很少使用且已不再是科学和文学的载体，并且不包含任何知识"的语言。

"国立大学"这一名称在各种不同的国家背景下都意味着极高的声誉，这种机构类型在全世界很多国家仍然是至关重要的。自18世纪以来，时至最近，欧洲开始效仿美国研究型大学，但欧洲集权型高等教育模式仍然是标准框架，而且在欧洲背景下，这一概念与美国建国者们所构想的机构几乎没有相似之处：通过集中规划和官僚决策制度带来效率，欧洲的国家高等教育部有权决定录取有学术天赋的学生、指定有关机构的专长领域，并力求确保资源公平分配。在这方面，值得注意的是，当今世界上许多极具创新力的经济体，包括新加坡、韩国、以色列、瑞士和澳大利亚等都拥有国立大学。由于官僚决策控制最大限度地减少了机构之间的竞争，这种体制与美国研究级教育的竞争情况不同。正如休·戴维斯·格雷厄姆和南希·戴蒙德所阐述的那样："欧洲高等教育的集权性质，以牺牲竞争和创新为代价，换来了组织合理性和官僚体制带来的效率。""专业机构的垂直组织设计效果不佳，无法跟上科学发展的快速竞争步伐。"尽管如此，在大多数国家，一流的国立大学在招生方面通常是最负盛名和最有竞争力的，他们为高等教育设定了标杆。美国在共和国早期就缺乏一所国立大学来设定学术卓越标准，美国的学术金本位制不是由最杰出的国立机构设定的，而是由构成常春藤联盟的一批具有竞争力的大学设定的。

此处重申一点：美国高等教育的去中心化及联邦高等教育部的缺位会引发机构之间的竞争，并因此界定了美国高等教育的属性。国立大学"肯定会成为美国联邦政府关于联邦高等教育政策的核心工具，"马丁·特罗阐述道，"因此，建校提议被拒绝……可以说是影响联邦政府在美国高等教育中发挥作用的最重要的决策，它决定了或至少限制了联邦政府未来所有干预的特性。"美国高等教育仍主要由各州负责："第十条宪法修正案将未授予联邦政府的所有权力保留给各州，"一项评估解释说，"由于《美国联邦宪法》中没有明确提及教育，各州在教育事项上发挥带头作用，而联邦政府则扮演次要角色。"约翰·塞林主张，在教育领域缺少联邦机构的情况下，两个基金会——卡内基教学促进基金会和约翰·D.洛克菲勒创立的通识教育委员会——"承担了事实上的国家教育部的角色"。但是，认为在当代背景下出现一系列机构充当事实上的国立大学是一个截然不同的命题。

在为这条特殊轨迹设定路线的历史决定因素中，有一个因素是美国殖民地的定居模式，即在东海岸建立了一群独特的且基本上自治的管辖区，每个管辖区都试图以地方当局和教派的偏好对新院校施加影响。实际上,马丁·特罗解释说:"即使在1789年联邦政府出现之后,《美国联邦宪法》也明确放弃了对教育(包括高等教育)的监管权,而是将这种权力下放给了各州。"因此,殖民地时期的各所学院"在起源、与殖民地政府的联系及和宗派的关系方面彼此不同",还开创了"在公共权力机关及强大的私人选民的倡议或鼓励下"成立诸多学院的先例。

对后来的美国高等教育模式的形成具有重大作用的因素,除了未能建立一所国立大学,马丁·特罗还引用了另外两个相互关联的因素:一个是美国殖民地大学的特许程序,另外一个是美国联邦最高法院于1819年就达特茅斯学院案做出的具有里程碑意义的判决,即阻止新罕布什尔州对一所私立大学行使监管权。马丁·特罗的解释是:自从12世纪和13世纪英国和欧洲大陆最早建立的一批大学以来,各机构一直在寻求获得皇家特许状。例如,1836年威廉四世国王颁布皇家特许状,允许伦敦大学授予学位,在这之前长达7个世纪里,牛津大学和剑桥大学一直保持着对这一特权的有效垄断。然而,在17世纪的北美新大陆上,特许状"被一个权力机构垄断,该机构有权在特定殖民地授予学位"。

在达特茅斯学院受托人诉新罕布什尔州一案中,美国联邦最高法院对州政府干预高等教育给予了一记重拳。正如马丁·特罗所解释的那样,在校长与校董事会之间发生争执时,该州曾试图夺取对达特茅斯学院的控制权:"新罕布什尔州坚持认为,尽管达特茅斯学院可能是在殖民地时期作为一家私营公司创建的,但它的创立是为了造福该州的人民。因此,通过州立法机构,公众应该且要求在学院的运作中发出自己的声音。"马丁·特罗总结了由首席大法官约翰·马歇尔(John Marshall)主笔的判决:"他写道,学院是'私立的'而非'民间的'公司,并确认了该州和达特茅斯之间的合同(如特许状中所体现的)神圣不可侵犯。"马丁·特罗阐述道:"在该案判决做出之后,各州无法对高等教育完全行使控制权。让美国私人创办和管理的高等教育机构数量激增的法律基础现已到位。"他将特许成立国立大学的计划受挫及达特茅斯学院的胜诉表述为"地方自主性和私营创业精神的胜利"。在他看来，这两大事件的结果是"特许个人和团体不受限制地自主地创办各种规模、形式和理念的大学"。这种不受限制的自主性无疑是美国高等教育"百纳被"式（crazy quilt）不规则发展的基础。据查尔斯·克洛特费尔特估计，美国高等教育体系中包括"世界上最好的 50 所大学和最差的 500 所大学"。

不是反复赘述，我们的确是需要以最强烈的语气来强调，在 18 世纪没能颁布相关立法并可能因此筹建了美国联邦高等教育部，恰好有助于形成美国高等教育去中心化和高度竞争的特点——这是美国高等教育伟大的资产之一，竞争一直是推动美国研究型大学开展研发工作的主要动力。然而，在 21 世纪，如果科学发现、创造和创新要继续为公共利益服务，高校之间的合作和竞争则必不可少。虽然美国很幸运，没有一所联邦特许国立大学，但是国家的福祉现在可能取决于公立研究型大学的发展，这些大学共同承担了超过建国者们曾设想构建的单一机构本应承担的社会角色。在这个意义上，本书提出的不断发展演变的知识型企业，即致力于知识生产和研究级高等教育并以适当规模为国家服务的机构，可以说构成了事实上的"国立大学"。

事实上，它们对国家的重要性可能从它们被描述为国家服务型大学联盟得到更准确的体现。我们重申，这种措辞不是为了将其与这些国家服务型大学进行比较，即美国纽约西点军校或马里兰州安纳波利斯的美国海军学院，也不是将其与第五次浪潮和我们称之为第三次浪潮的赠地大学画等号，尽管这些国家服务型大学的服务导向都具有重大的历史意义。大多数主要的研究型大学，无论是公立的还是私立的，都将其使命宣言描述为教学、研究和公共服务三位一体，但国家服务型大学的概念旨在强化与第三次浪潮相关的服务成分及与第四次浪潮相关的研究导向，国家服务型大学的子集可以被构想为包括不同的机构模式，但都具有可扩展性、社会技术融合性和社会影响力等共同的设计元素。国家服务型大学的运作应致力于实现公共利益最大化、将技术无缝整合到核心业务中、提升教学和研究力求产生最大的社会影响力，并致力于生产有用的知识。这种由差异化机构的异构子集——受到 21 世纪平等入学愿景的启发，并与其他大学、工商界、政府机构和实验室及市民社会组织合作，可以实现美国开国元勋们的抱负，并将学术奉献整合到推进社会进步的明确使命之中。因此，可以说国家服务型大学联盟构成了美国高等教育正在兴起的第五次浪潮。

重振美国的民主实验

古典时代的雅典民主为当代社会的许多规范、价值观和制度提供了启示，它的出现被许多学者认为是与古希腊城邦公民有机会获取知识有关。为论述知识型或认知型民主的起源，古典学学者乔赛亚·奥伯（Josiah Ober）追溯了雅典六代人为利用有用的知识所做的努力，这样的努力不仅使其在城邦竞争中取得城市繁荣和竞争优势，而且还产生了高效的民主机构。他提出了促进学习和创新及有效的集体努力的 3 个认知过程：①分散知识的聚合；② 具有共同价值观和共同知识的市民结盟或协作；③知识的编纂，使得决策一旦做出，就成为指导未来达成共识的规则。乔赛亚·奥伯解释说，雅典的民主机构被证明具有很强的适应性，它鼓励机构创新，从而使得雅典城邦能以前所未有的繁荣、权力和文化影响力兴旺发展。

古典时代雅典人所实现的参与式民主和协商式民主具有更广泛的认知含义，它们仍然适用于今天这个时代。根据乔赛亚·奥伯的说法，这些"使得民主被定义为一个群体做事的能力（而不是简单的少数服从多数的规则）、关注创新与学习之间的关系（而不仅仅是谈判和投票）及进行机构设计以便聚合有用的知识（而不仅仅是偏好或爱好）"。与这种对雅典城邦极为实用主义的解读相一致，当代学术文化的价值观是学术自由和共享治理，这种文化具有规范性和定性的特点。古典时代的雅典崇尚理性选择促成集体行动，这样的"民主优势"在几个世纪以来引起了共鸣,与这一先驱制度遥相呼应的是:在知识转化为行动的过程中,实用主义倡导理性沟通及开展持续的公开辩论。

政治理论家海伦·兰德莫尔(Hélène Landemore)认为,市民的集体智慧产生了她所称的"民主理性",与对认知多样性和群体智慧开展的研究成果相一致,佐证了民主认知论。

雅典人在认知过程和政治实践中发现的有用知识与系统的哲学训练的出现在多大程度上相关,仍然是推测而已,但这仍然引领我们去把这两者关联起来:柏拉图于公元前387年在雅典城墙外的一片小树林中创立了柏拉图学园(Platonic Adademy),他的学生亚里士多德创立了吕克昂(Lyceum)学园,因为它们,容许存在多样性和不同意见并有利于个人自由的认知民主得以发展。事实上,乔赛亚·奥伯认为雅典人之间的自由的思想交流("各种知识的有效聚合")对于城邦的成功至关重要。这种相关性与学术文化在当代被误解为象牙塔形成了鲜明对比。正如政治理论家艾米·古特曼(Amy Gutmann)所说:"一个社区为谋取自身利益而追求知识从而将该社区团结起来的理想,可能在它初期繁荣阶段是有意义的:在雅典城邦内,许多工作都是留给外来居民(外邦人)、奴隶和妇女的,他们被排除在公民群体之外。"即便如此,她阐述道:"雅典民主制度中的高等教育的目的并非完全是非工具性的,即使它完全是非专业化和非职业性的。知识对城邦是有用的,或者至少对良好城邦的善治是有用的。"

无论古雅典的知识和文化成就在多大程度上与今天密切相关,它们持久的影响力与哲学流派的小规模运作是不成比例的。根据同时代人的说法,在公元前347年柏拉图去世时,柏拉图学园的招生人数可能不超过24人。后来的吕克昂学园在整个城镇招收的人数与此大致相当。尽管这些数字看起来微不足道,但据估计,在公元前4世纪的任何时候,雅典城邦的核心城区群中居住的成年男性市民都没有超过10000人。虽然柏拉图学园的学生通常都是家境富裕的年轻男子,有足够的金钱来支持他们学习哲学,但是约翰·狄龙

（John Dillon）报告称，柏拉图去世时，学生名册上出现了两名女性的名字：来自曼蒂尼亚（Mantinea）的拉斯特尼娅（Lastheneia）和来自弗莱厄斯（Phleious）的阿克西忒亚（Axiothea）。在柏拉图之后担任柏拉图学园校长的继任者们，从他的侄子斯普西普斯（Speussipus）开始，维持学园的运作，使其影响力延续了几个世纪。

由于可以将雅典民主实验的成功与知识的聚集和交流相关联，这一点对21世纪我们自身所处的社会的启发意义似乎很明显。但是，在一个拥有超过3亿人口的国家，获取知识的渠道与机构规模之间的相关性至关重要。第五次浪潮为美国的公立研究型大学提供了增强招生能力及建设与教育任务相称的学术基础设施的可能，这个教育任务就是要把学术合格且排名在前三分之一的学生培养成具有竞争力的人才，他们代表着美国社会经济的多样性和知识分子的多元化。为了加快社会的发展步伐，学术界必须召集利益相关者，为一部分公立研究型大学开发新的发展模式，即让美国的大学既具有大众可及性，又是世界一流的知识生产者并产生社会影响力，能够坚持和利用科学发现与可及性之间的互补性和协同性。

民主社会的公民必须接受教育，这一点从美国的缔造者首次提出以来，就一直是我们集体认同的组成部分。以约翰·亚当斯和托马斯·杰斐逊为代表的美国早期领导人，一再肯定古典时代的雅典民主的理想，他们受到启蒙运动信念的启发，即理性应该指导人类事务，明确表示受过教育的公民对自由社会至关重要。有识之士取得成功在很大程度上取决于其教育程度的推论，同样也塑造了我们民主实验的叙事弧线。尽管如何界定政府在提供教育中的适当作用仍然是我们今天没有解决的问题，但美国的建国者们认为教育对形成社会凝聚力和政体内部的德行至关重要，这样的观念为美国开创不同于英国和欧洲大陆的创新型教育框架奠定了基础。在平等原则指导下，从19世纪中叶开始，美国就在提供小学和中学教育方面领跑全世界，到20世纪中叶，随着对大学教育的期望成为常态——特别是随着知识经济的到来，这种期望越来越高——高阶的教育程度已成为个人成功及国家繁荣和发展的基础。

教育是民主不可或缺的部分,实用主义哲学家约翰·杜威是这一主张的主要支持者之一。事实上,他写了大量关于教育与民主之间关系的文章,他提出的代表性观点是"每代人都必须诞生新的民主,而教育则是它的助产师"。民主的诞生与知识之间的关联性,并不是近代晚期才被洞察到的。正如乔赛亚·奥伯指出的那样,雅典人通过对有用知识的聚合、排列和编撰,从而建立了鼓励市民开展合作和创新的有效的民主制度。"雅典人民政府的历史表明,充分利用被传播的知识是民主力量的源泉。"㊀关于对知识进行投资与民主社会的繁荣之间的相互依存关系,乔赛亚·奥伯提出了一个令人信服的观点:"自由、平等和尊严这些民主条件,不仅促进了在不同领域里对理性人力资本的投资,也促进了因投资而创造更高价值的有用知识的合理披露和交流。"换言之,投资先进的高等教育,能够提升个人成就和公共福祉。

乔赛亚·奥伯在他 2008 年出版的关于民主和知识一书的题词中,列出了约翰·亚当斯于 1765 年(即他成为美国第二任总统的 30 多年前)提出的观点及经济学家弗里德里希·哈耶克(Friedrich Hayek)的观点。约翰·亚当斯认为知识必须在整个社会中传播:"如果人民普遍没有知识,就无法维护自由,人民理应有权获得知识。""对公众而言,保护最底层人民获得知识的方式比保护国家所有富人的所有财产更重要。"约翰·哈耶克关注人们是否可以获取分散的知识。他说:"因为没有将事实传达给一个个的人,所以才会出现传播知识的实际困难。因此,要想解决这个问题,我们必须利用在集体人群中传播的知识。"事实上,约翰·哈耶克认为获取分散在整个集体中的知识是"所有社会科学的核心理论问题"。

教育水平与民主成功之间的相关性从一开始就是美国政治概念的基石。而且,最早的提法表达的是公立高等教育中隐含的社会契约。由约翰·亚当

㊀ Ober, *Democracy and Knowledge*, 26–27.

斯起草并于 1780 年 6 月获得批准的《马萨诸塞州联邦宪法》是《美国联邦宪法》的原型，其第 5 章第 2 节开篇内容如下："在民众中普遍传播的智慧、知识及美德，是维护他们的权利和自由所必需的。由于这些取决于在全国各地和不同阶层的民众中传播教育的机会和教育的益处，因此在本联邦的未来所有时期，立法机关、地方法官及所有'神学院'负有珍视民众对于文学和科学的兴趣的职责。"由于当时马萨诸塞州唯一的一所"神学院"是成立于 1636 年的哈佛学院，因此该法中继续阐明"尤其是位于（马萨诸塞州）剑桥市的大学"。

美国开国一代领导人对高等教育具有的公共价值有着强烈的认同感，在这种情况下，观察大多数第一代大学毕业生似乎就有必要。这一学生名册包括约翰·亚当斯、塞缪尔·亚当斯、托马斯·杰斐逊、詹姆斯·麦迪逊和本杰明·拉什。关于这些领导人，苏珊·梅特勒指出："他们坚信，通过鼓励和补贴高等教育，国家可以促进知识、创造力、活力、领导力和技能，从而刺激经济增长、技术创新和社会进步。"在这方面，她引用了本杰明·富兰克林在创立宾夕法尼亚大学时所说的："历代智者都推崇青年应该接受良好的教育，这是个人、家庭和整个联邦（国家）获得幸福的最可靠基础。因此，几乎所有的政府都将为下一个时代培养合格的接班人作为关注的重点，这样他们才可以光荣地为自己并为他们的国家效力。"

威廉玛丽学院的毕业生托马斯·杰斐逊阐述了后来形成美国高等教育第二次浪潮的理念，他在 1820 年构思弗吉尼亚大学的发展愿景时，同样表达了这一必要性：我知道社会的最终权利应该留存在人民手里，如果我们认为他们不够开化、不够文明，无法以健康的自由裁量权来行使控制权，就应该采取补救措施，但是不是从他们身上夺走这些权利，而是教育他们，让他们了解如何行使自由裁量权。1786 年，他又表达了类似的信念："我认为到目前为止，我们整部法典中最重要的法律是规定在民众中间传播知识。要维护自由和幸福，就没有比这更可靠的基础和设计了。"次年，托马斯·杰斐逊写给詹姆斯·麦迪逊的一封信中说："最重要的是，我希望能够重视普通人的教育。我确信，凭着他们良好的判断力，我们可以完全信赖于给予他们适度自由。"托马斯·杰斐逊在其他场合论述受过教育的公民群体与民主的行使之间存在必要关联时说道："如果一个国家希望在文明状态下变得无知但却自由，那么它不曾获得也永远不会得到它期待的。"普林斯顿大学的毕业生詹姆斯·麦迪逊在 1822 年提出了同样的观点，当时他写道："知识将永远统治无知：一个民族想要成为自己的统治者，就必须用知识赋予的力量武装自己。"

美国社会始终坚信，必须将有用的知识传播到整个社会。1944 年 1 月 11 日，富兰克林·罗斯福总统在国情咨文演讲中提出了一项经济权利法案，其中包括"接受良好教育的权利"，这项权利跻身于不言而喻的"经济真理"之列。几年后，哈里·杜鲁门总统成立了高等教育委员会，该委员会的职责是"审查高等教育在美国民主中的作用及最能发挥其作用的方式"。报告指出："高等教育首要的和最根本的责任是……，它应该是民主价值观、理想和民主进程的载体。"它敦促社会提供"机会，让每个公民、青年和成年人能够并被鼓励在其本国能力允许的范围内接受正式的和非正式的教育"。该委员会规定的总体目标之一是"在生活的各个阶段进行更充分的民主教育"。言下之意是，高等教育的目标是"解放和完善每个公民的内在权利"，这被认为是"民主的核心目标"。报告其他地方阐明："特别严重的情况是，现在我们很多最有才华的年轻人在高中毕业后没有继续他们的学业，生活和社会问题的复杂性意味着我们需要对任何可能聚集到的人开展培训。目前的状况导致人才流失过多——他们是我们最宝贵的自然资源。"约翰·塞林将该报告描述为"全面且富有远见的"及"是对美国社会在人口统计、民权、社会正义和经济机会等问题上发生什么变化做出的具有先见之明和有理有据的探讨，越来越多的人笃信接受大学教育是他们重要的也许是不可或缺的通行证，有了它才可以在第二次世界大战后的美国获得身份认同及生活"。此外，该报告得出的结论是："就学生的兴趣、能力和需求而言，免费和普遍接受教育必须是美国教育的主要目标。"2009年2月，奥巴马总统在国会联席会议上曾展望，到2010年年底，美国要再次拥有世界上最高比例的大学毕业生。无论人们选择引用什么具体数字，对这一点几乎不存在分歧：要实现公平和繁荣，就意味着在未来几十年要再培养出数百万名毕业生，如此才能催化产生知识经济，并从知识经济中受益。

十多年前，美国国家科学院召集的一个专门委员会曾得出结论："我们当前的繁荣、安全和健康应归功于过去几代人的投资，我们有义务重申在教育、研究和创新政策方面的承诺，确保美国人民能继续受益于全球经济快速发展所带来的难得的机会，以及它在科学和技术领域举足轻重的基础地位。"

公众对美国社会前百分之一人口处于不平等地位表示强烈抗议，虽然抗议有所平息，但美国社会中的两极分化和不平等现象在过去十年里反而有所加剧。美国国家科学院的报告发出以下告诫："如果不重新努力巩固我们的竞争力基础，我们可能会失去我们的优势地位。历经几代人，这个国家的孩子们可能首次面临比他们的父母和祖父母更糟糕的前景。"

第 5 章
第五次浪潮的理论框架和概念框架

有些事情，理论上行得通，实践中行不通，可一旦你信了这个邪，情况就会发生反转，令人啼笑皆非，类似于这样的说法："是的，是的，我知道实证如此，但有理论支持吗？"这个现象告诉我们，理解潜伏在表面之下的动力学是非常有必要的。关于这一点，社会心理学家库尔特·勒温（Kurt Lewin）曾说过："有时，没有什么比好的理论更实用。"理论和模型都以简化和抽象为出发点，旨在给人以启示。例如，经济学家理查德·M. 西尔特（Richard M. Cyert）和政治学家詹姆斯·马奇在他们的企业行为理论中认为："企业行为理论最主要的困境在于，如果把所有相关的组织特征都纳入理论，就会导致理论失控；如果将模型精简为简单体系，会不符合实际情况。"阐明新型美国大学和第五次浪潮的理论模型也面临类似困境。例如，关于第五次浪潮模式，我们使用"浪潮"这一概念，对应马克斯·韦伯提出的"理想的组织类型"，将其与机构类型的类别相关联。而且，正如马丁·特罗所解释的那样，马克斯·韦伯的理想的组织类型是"从经验现实中抽象出来的，并强调机构系统的若干组成部分之间的功能关系……而不是任何单个机构的独特特征"。但是所有这一切都只是表明，理论在构建第五次浪潮框架中占有一席之地，因为正如教育政策研究者迈克尔·巴斯德多（Michael Bastedo）所解释的那样，从资源依赖理论到新制度主义理论，"现代组织理论是建立在对高等院校开展研究的基础之上的"。

在本章中，我们将讨论一些构建第五次浪潮框架的理论和概念，它们不一定符合传统的大学评估标准。我们曾提出,"新型美国大学"模式将美国研究型大学重新定义为复杂自适应性综合型知识企业,它致力于科学发现、创造和创新。我们在此提出,第五次浪潮将由一个复杂自适应性知识企业联盟组成,这些知识企业集成社会技术、具有可塑性和反思性特征,在机制设计上旨在对其他机构类型的高校起补充作用,而所有这些高校机构将继续并行运作,并在各自的设定框架内发展和演变。因此,我们首先从有关复杂自适应性知识企业这一概念出发,再讨论"知识生产模式Ⅱ"、集成社会技术、负责任创新、边界组织和可持续发展等概念在这一主题下的相关性。本书第6章将以同样的叙事方式展开,分析关于组织机构制度设计的理论方法,特别是知识生产与制度背景之间的反思性关系。

第五次浪潮由复杂自适应性知识企业组成

在参考了大量的关于复杂性和复杂系统的理论及进化、涌现、非线性、适应性和顺应力等相关概念的文献后,我们认为可以将研究型大学理解为结构复杂且自我调适性强的知识企业(以下简称"复杂自适应性知识企业")。对于复杂性,尽管其并没有一个获得普遍认同的定义,也没有一种关于复杂自适应系统(CAS)的理论,但大多数读者在一般情况下都会熟悉讨论中用到的术语。19世纪后期,人们在对达尔文(Darwin)和华莱士(Wallace)研究工作的述评中已经发现了关于复杂理论的蛛丝马迹。复杂系统这一概念于20世纪40年代首次被科学界接受,但直到20世纪90年代才被广泛应用于社会科学领域。直到最近,研究复杂系统的理论家们才将大学纳入他们的研究视野。不得不承认,将第五次浪潮大学构建为复杂自适应性知识企业仍然是暂时的,但是我们仍然认为,经过预先的机构设计,条件一旦满足,涌现有益的适应性的可能性就大大提高。第五次浪潮大学的机构设计中固有的内容是承认复杂性能够带来积极影响,并认识到即使是最完美的设计,也不可避免地且会立即受到新出现的和不断变化的条件的挑战，而对于这些条件，大学行政管理者和教职员工都只掌握有限的控制力或影响力。因此，这些机构设计有时可能不得不去适应与调和那些不兼容的和不具有可比性的使命、目标和成就，而且无法根据效率指标或优化指标来对其加以管理。教育和科学研究本质上都是难以控制和容易发生突变的。熟悉高等院校运作的人都承认，身处独立院系组成的内部环境，又受到立法机构和监管机构等社会外部环境影响，教职员工、管理人员和学生之间的互动会不由自主地产生一些意想不到的和令人惊讶的行为。为了澄清与复杂性相关的一些关键概念，便于理解大学可以被定义为复杂自适应系统，我们参考了这个领域相关学者的奠基性研究，下面来梳理一下有关研究成果。

  关于复杂性和复杂自适应系统的文献很多，每个相关术语都可以用各种方式加以定义。例如，约翰·帕吉特和沃尔特·鲍威尔指出："复杂理论是一个统称，指的是高度互动、非同质系统中的自组织的动力学数学模型。"根据约翰·霍兰德（John Holland）的观点，"涌现"（emergence）是复杂系统的显著特征，可以将其简单地理解为整体大于部分之和。复杂自适应系统涉及"大量的组成部分经历万花筒般的实时交互作用"，其特征包括进化（evolution）、聚合行为（aggregate behavior）和预期（anticipation）。约翰·霍兰德认为，层级组织（hierarchical organization）对于理解复杂理论是至关重要的，因为"各个层级上涌现属性的相互作用是'自上而下'的组合……和'自下而上'的效果"。许多读者会认识到复杂性的特征之一是"自组织发展成斑图模式，就像成群结队的鸟或鱼群一样；初始条件的微小变化（'阿根廷的蝴蝶扇动翅膀'）会产生后期较大变化（'加勒比地区飓风来袭'）的混沌行为……和适应性互动，其中随着经验的积累，互动主体（如在市场或在囚徒困境中）以不同的方式调整他们的应对策略"。个体具备适应性是教育不可或缺的成果，但也可以用之来指代机制演变。根据约翰·霍兰德的说法，机制演变是"具备适应性"的主体之间相互作用、发生聚合反应得来的产物。

因为，复杂系统在集体层面展现的涌现行为是不可预测的，超出领导者的影响力范围，它们通过系统各个组成部分的相互作用体现出来。复杂系统受到内生性信息和外生性信息的影响，并通过学习过程或进化过程增强自身的适应度（fitness），以适应环境变化。

威廉·B. 劳斯从繁杂系统（complicated system）和复杂系统（complex system）之间的基本区别着手，解释大学为什么属于后者。他指出，繁杂系统通常是可以理解的，因为它们是按照规划或蓝图设计出来并由履行既定角色的个体组成；而复杂系统是"实践和先例"的产物，正如生物系统和人类社会一样，难以理解。威廉·B. 劳斯将诸如大学这样的复杂自适应系统的特征归纳为具有非线性和动态行为倾向，这些行为回避均衡且可能呈现出随机性或混沌性，独立的具备自适性的主体之间相互适应和学习，会导致冲突或竞争，自组织和涌现行为亦如是。

罗慕洛·皮涅罗（Rómulo Pinheiro）和米切尔·杨（Mitchell Young）也提出了自己的观点。他们认为，大学应该承认并接受一种更松散的组织风格，以促进新模型的创建及实现机构适应环境的顺应力。他们认为，大学是一个非线性的、动态的、共同演化的复杂系统，具有涌现属性和自组织的特征，并由多个子实体（multiple subentities）、关联（connections）和联结（linkages）构成。他们认为，大学管理层更倾向于把大学视为物理实体，他们固执地认为，要优化高校运营，必须从管理和政策上施加压力，寻求校内外更密切的互动。而罗慕洛·皮涅罗和米切尔·杨则把大学类比为珊瑚礁等生物体集合，它们既是参与者，也是其他参与者身处的环境。借用生物学隐喻，大学是复杂系统，可以不断适应内部压力和外部压力，并为创新可能带来的生态位（niches）腾出空间。

大学的生物学特性（biologicalorientation）决定了其组织上的顽抗性，想要将政策强加给大学的人往往不知道从何入手。罗慕洛·皮涅罗和米切尔·杨认为，将大学视为复杂系统，"撼动了政策是政府或大学行政管理者的意向性行为的观点。复杂性不仅意味着有多个主体参与，行事时权力呈分散状，而且行为的意向性是模棱两可的"。根据他们的论点，政策包括生态位之间模棱两可的横向沟通，政策指令不是自上而下地下达。此外，在这种方法下，整体被视为大于部分之和，因而无法对政策建议做还原论分析（认为整体等于部分之和）或线性分析。接受了实证科学理念或习惯于传统治理实践的人们，必定会对大学这样的复杂自适应系统的模糊性倍感失望。进一步展开这个生物学隐喻来理解大学，这就意味着大学还必须应对来自外部竞争者的压力，这些外部竞争者同样也通过利用新的生态位及改变所有主体身处的环境来不断适应变化了的环境。

尽管大学或任何组织强行实施政策的能力不可避免地都受到限制，但罗慕洛·皮涅罗和米切尔·杨引用了约翰·霍兰德的论点：这种涌现现象"涉及持续进行的互动模式，尽管组成部分在不断发生变化"。换句话说，"涌现现象是一种模式"，而不是单一事件。学者们将复杂系统理论与制度理论联系起来，用复杂系统理论来解释大学这类机构如何在组成部分不断变化的情况下保持其作为复杂自适应系统的身份。机构僵化的结构和僵化的路径依赖，通过涌现的介入而不再僵化，因为涌现将进化、介质和创新生态位等动力引入陈旧的学术环境。与生物进化往往发生在较为稳定的环境所不同的是，高等教育所处的优胜劣汰环境是动态变化的，一个机构的变量发生变化会引发其他机构的连锁反应，从而导致高等教育环境本身发生变化。大学作为复杂自适应系统，还必须面对横向和纵向两个方面的差异化。

大学乐于追求纵向差异化，即"通过排名、指标管理、记分牌和卓越的计划"寻求卓越品质。然而，大学不太愿意接受以使命为导向的横向差异化。因此，大学一方面显得过于复杂，另一方面差异化又略显不足。大学通过增加新的功能和单元组成，已经变成了克拉克·克尔所描述的"多元化巨型大学"，但是却不一定真正不辱使命。

罗慕洛·皮涅罗和米切尔·杨的视角有所不同，他们认为，目前高等教育模式不会通过扩招等方式来促进"输入端"的竞争，而是会力求"达到输出端要求，让高校跻身于'世界一流'之列"。这种模式助推了"高校组织机构在使命上的综合性和同质性"。根据他们的估测，高校取得成功的先决条件是其规模大小，并不取决于它们是否具备多样性，尽管有许多生物学例子表明"个头更小但具备更丰富的多样性的生物体往往能够更快地适应环境，使它们更具备顺应力"。我们并不完全赞同他们的上述观点。我们认为，第五次浪潮大学可以像复杂系统中的独立组成部分一样运作，给学生提供差异化的学习机会，使他们能够从跨学科合作的社会环境中受益。由于第五次浪潮大学不会取代前几次浪潮中出现的大学，我们认为，如果第五次浪潮大学可以满足日益增长的招生需求，就能够增强整个高等教育系统的顺应力。我们对罗慕洛·皮涅罗和米切尔·杨的挑战深表同情，因为他们认为高等教育的顺应力得益于高校组织结构的松散性、必要程度的多样性及与相关系统的分离性。无须赘述，他们的此种观点定会遭到理论家们的反对，因为这些理论家们的目标是促进效率的提升和优化管理。

对概念框架加以扩展，将"顺应力"这一概念纳入其中，可以提高机构的适应能力。"顺应力"被定义为"系统在面对内部变化和外部变化时，维持其功能和结构并在必要时优雅地退化的能力"。布拉德·艾伦比（Brad Allenby）和乔纳森·芬克（Jonathan Fink）的观点是："当难以确定挑战的概率和特性时，发展更强大的顺应力不失为一种理性策略。"顺应力在复杂自适应系统下显得特别重要。根据4个基本概念，顺应力可概括为："①从创伤中反弹并恢复平衡的顺应力；② 作为稳健性的同义词的顺应力；③ 作为脆弱性的反义词的顺应力，即当意外情况挑战其边界时，系统所具备的优雅的扩展性；④ 作为组织网络，能够根据条件变化适应未来突发情况的顺应力。"

"松散性"（slack）在高等教育环境中，可以为大学抵御逆境起到一定的缓冲作用，并使它们能够承受外部冲击、吸收冲击力，并对外部冲击做出响应。松散性因增加系统组织应对突发事件的响应范围从而增强其顺应力，但它受制于组织系统所处的外部竞争等外源性条件及系统本身的规模、参与者主体或群体秉持的价值观等内生性特征。"必要程度的多样性"是指应对突发事件时,"潜在的各种可能的反应"。由于理性是有限的,如果组织系统想要生存和繁荣发展的话,系统内的人员、技能、知识和结构的多样性,就应该"与外部环境中存在的多样性相匹配"。因此,建议第五次浪潮大学应该避免制定过于详细的战略规划,规划蓝图中应该设定范围广泛的政策参数,以激励学术单位创新、演化并积极开拓新的生态位。为了保证必要程度的多样性,第五次浪潮大学应该抵制那些要求关闭依据会计考核指标而表现不佳的院系的呼声。表现不佳,从另一种视角考虑,是一种多样性,它可能会提供激发大学的创新力,使得大学具备顺应力。

大学被认为是"有组织的无政府状态",但更准确地说,可以被描述为"松散的与相关系统分离而自主运作的"组织,由享有一定自治权并"按照断断续续的任务分工、具有多样性特点和非集权式的利益相关者组成,它们并不遵循组织上下层级和直线权力归属模式"。"与相关系统分离"是指大学倾向于"将其实体单位松散地聚合在一起,权力不集中,并向下分散和分配"。为了提高效率和落实问责,许多大学一方面加强了"更高层次战略目标(大学/学院层面)与教学和科研之间的紧密性,另一方面则加强院系内部和院系之间教学和科研之间的紧密性"。过度紧密的关系会降低大学的多样性和顺应力。然而,第五次浪潮大学鼓励采取"以高校为中心"的松散集合模式,将学业责任和创业责任下放到学院层面,并授权学术单位享有一定的自主权,不鼓励在学校内部开展竞争,而是在市场许可的范围内,鼓励高校与全球范围内的同行争夺资源和声望。

大学必须认识到,松散性、必要程度的多样性和与关联系统的分离性是至关重要的。但是,罗慕洛·皮涅罗和米切尔·杨坚持认为,将大学定义为复杂系统,就否定了"政策是政府或大学行政管理者的意向性行为"这一主张。此外,"复杂性不仅意味着有多个行动者参与决策,在决策行事时权力往往呈分散状态,而且意味着行为的意向性是模棱两可的、不确定的"。从这种评价和特点视角考虑,第五次浪潮欣然接受复杂性。为此,政策研究者克里斯多夫·胡德(Christopher Hood)在此语境下肯定了他所称的"稳健性"的优势,将大学视为复杂自适应系统来加以管理,它通过满足以下要素来最大限度地提高大学的顺应力:

较大程度的松散性可在危机中为学习或部署调度提供备用资源;质量控制框架关注的是输入或过程,而不是输出指标,以避免因为增加压力而造成信息有误;人事管理结构方面,不惩处另类的创意和想法,促进凝聚力;任务分工时,应全盘考虑,而不是狭隘地划分组织结构;责任落实方面,容许失误和错误存在。相对松散地结合和运作,并强调信息是系统组织内部共享的集体资产,将是这种结构设计的特征。

第五次浪潮将"知识生产模式Ⅱ"制度化

在过去几十年里,参与者和旁观者都能明显感觉到存在良久的传统学术文化治理模式正在发生变化——知识生产从主要以单学科和分析性为导向,日益向跨学科、协同式和问题驱动型转变,并整合了传统陈旧的线性创新模型二分法上的基础研究和应用研究。20世纪90年代初期,由迈克尔·吉本斯率领的政策学家和社会科学家团队,系统地描述了这种新的知识生产方法的轮廓:"在应用背景下进行的知识生产具有以下特点:跨学科性;异质性;组织异构性和短暂性;落实社会问责制和反思性;质量管控强调'背景—效用—依赖'"。新方法被称为"知识生产模式Ⅱ",随后被进一步描述为"社会分配型、应用导向型、跨学科型及落实多重问责制"。尽管支持者声称"知识生产模式Ⅱ"预示着自20世纪中叶以来一直盛行的学术文化的认识论实践、认知实践和社会实践正在发生转变,但颇具讽刺意味的是,当前学术文化形成于近代时期,而这一新的方法会复原近代时期的制度化科学的基础平台。

在迈克尔·吉本斯及其同事的阐述中,"知识生产模式 I"主要包括,根据自 17 世纪以来主导知识文化的科学和科学主义规范、认知和社会规范所产生的学科知识。知识生产模式 I 被认为是"由思想、方法、价值观和规范构成的集合体,逐渐形成并控制着牛顿模型(Newtonian model)向越来越多的研究领域传播,并确保它符合合理的科学实践"。此外,理解支配知识生产模式 I 的学科性必须结合迈克尔·吉本斯及其同事所说的"享有自治权的科学家及其所在的机构、大学,在理论科学或至少在实验科学上的霸权"。尽管知识生产模式 I 主要与科学和技术有关——实际上,知识生产模式 I 被认为"与科学的含义完全相同"——但这种方法在社会科学和人文学科中也越来越占主导地位。与其不同的是,知识生产模式 II 适用于不同的知识生产模式,并假定知识是暂时的和不确定的,不再是"独立自主和自我指涉的……是理论与实践、抽象与聚合、思想与数据的混合体"。

迈克尔·吉本斯提出的模式存在的一个概念性问题是,知识生产模式 II 已经取代了知识生产模式 I。无论是否是故意为之,关于知识生产模式 II 的预测,将神秘的线性创新模型具体化,并强化了范内瓦·布什在其报告《科学:无尽的前沿》中提出的基础研究和应用研究二分法。事实上,6 位作者中包括迈克尔·吉本斯本人在内,共有 3 位在其第一本著作出版的 9 年后重新审视了这个概念,并接受了对其观点所提出的各种批判。但是,针对该论点"要么是过于简单化,要么是乏善可陈,要么就是两者兼而有之"的指责,以及缺乏"实证证据来证明该模式下的发展趋势,或者认为这些并非什么新的发展趋势",赫尔嘉·诺沃特尼、彼得·斯科特和迈克尔·吉本斯挺身而出,坚决表示反对,部分原因可能是它在一定程度上引起了研究人员和政策制定者的共鸣。

尽管学者们对迈克尔·吉本斯及其同事所描述的知识生产模式 II 的周期划分存疑并提出了合理的反对意见,但我们仍然决定引用这一概念,因为它提供的方法具有启发性,有助于理解第五次浪潮的关键特点。展望中的第五次浪潮，最重要的一点是它明显符合这种新兴的知识生产范式。事实上，我们认为，随着第五次浪潮的出现，与知识生产模式Ⅱ相关的趋势可能会进一步增强，因为第四次浪潮中的研究型大学在整个上升过程中获得动力后达到的巅峰，恰恰是第五次浪潮所具备的。

基于此，我们重申，知识生产模式Ⅱ的许多属性，构成了科学知识和技术创新之间基础的、永久的、密切的辩证关系。此外，美国大学从第三次浪潮赠地大学开始，就在推进所谓的应用型科学，并开展了与农业和工业需求相关的研发工作。正如丹尼尔·萨雷维茨指出的那样，既有的学术文化压制了知识生产模式Ⅱ研究所具备的强大力量，并试图使其不具有合法性。知识生产模式Ⅱ研究实际上是美国研究型企业在第二次世界大战之前重点关注的方面。在整个冷战期间，第四次浪潮中的研究型大学进行了与知识生产模式Ⅱ一致的研发工作，但并未对此予以承认，因为该模式的内涵与纯粹研究的价值是背道而驰的。

知识生产模式Ⅱ的特征是在学术界、工商界及政府机构和实验室之间开展跨界协作，这一点对于解决我们社会所面临的复杂的科技挑战至关重要。的确，根据吉本斯团队的估测，知识生产模式Ⅱ"对大众所熟悉的大学、政府研究机构及企业实验室这些知识生产机构的充分性提出疑问"。因为，大学不一定是主要的知识生产机构，在知识生产方面，第四次浪潮中的研究型大学已经做好了与构成国家创新系统的广泛的知识企业开展新层次合作的准备。但是，第五次浪潮中的研究型大学更容易通过"分布式卓越中心"或知识生产模式Ⅱ的混合式论坛促进新模式的知识生产，这些中心或论坛通过吉本斯团队所说的"精英职能多元化"，加快实现协同式科学发现和创新。事实上，异质机构主体组成的组织网络，已经实施了知识生产模式Ⅱ并将继续维持该模式，第五次浪潮中的研究型大学将成为这一组织网络中的关键结点。

在目前的情况下，我们无须再对知识生产模式Ⅱ做出更详细的解释，但是有必要进一步分析几个关键术语，以便理解该模式与第五次浪潮框架的相关性。例如，知识生产模式Ⅱ所隐含的应用背景可能被认为是指基础研究的应用，或者应用研究、应用科学的常规方法，即为解决特定问题而进行的研究，或者更狭义地指针对行业需求进行的产品研发。然而，知识生产模式Ⅱ"不同于在理论/实验环境中产生的'纯粹'科学的应用过程"，该模式不对基础研究加以应用，因为基础研究坚持的是线性科学观，而该模式是以效用背景为基础，并坚持所谓的知识情景化和社会化："此类知识旨在对行业、政府或者社会总体有用，这在一开始就是必要的。"此外，这种知识"总是在不断的协商谈判中产生，除非每个参与者的利益都被兼顾，否则它不会产生。"㊀因此，知识生产模式Ⅱ被认为是通过强化知识的情境化演变而来的，其目的是生产"具有社会稳健性的知识"。关于"具有社会稳健性的知识"这一概念，丹尼尔·萨雷维茨解释说："科学研究过程中更高程度的包容性，类似于科学社会学家所说的从可靠的知识（遵守自身的一套科学规范关起门来研究的专家小组的研究产物）向具有社会稳健性知识的转变。在这种知识的生产情景中，具有不同利益的参与者参与知识生产，会产生一个令所有人都满意的结果。"事实上，正如希拉·贾萨诺夫（Sheila Jasanoff）所指出的，这种稳健性是确保知识融入社会的必备条件。

　　应用背景是跨学科的内在的固有本质，而跨学科性则是第五次浪潮下新知识生产的显著属性。事实上，知识生产模式Ⅰ和知识生产模式Ⅱ这两种知识生产模式之间的主要区别可能在于，它们与现代学术文化中占据支配地位的学科划分之间的关系不同。在知识生产模式Ⅱ中，"科学探索超出了任何特定学科的范围，科学从业者也无须对此重新加以验证"。尽管学科分类令人难以捉摸，但跨学科性通常因其具备的跨越机构范围的特点，而需要与学科交叉性加以区分，将知识生产解释为科研院所与外部参与者（包括商界、产业界和政府）共同生产知识。但跨学科需要的不仅仅是具有多样化背景的专

㊀ Gibbons et al., *New Production of Knowledge*, 3 – 4.

家团队之间的合作，在知识生产模式Ⅱ中，指导科学探究的共识，必须根据其所处的应用环境有所变化。新知识的生产和传播都不太可能受制于学科之间人为划分的界限，"因为解决方案既包括实证成分，也包括理论成分，它无疑是对知识的贡献，尽管不一定是学科知识"。因此，这种探究被认为是动态的，因为知识生产是通过一系列"亟待解决的问题和应用环境"与科学探索发生相互作用而逐步推进的。当科学从业者面对新的问题和应用环境时，新知识就可能产生并被传播。

由于现代科学文化是在研究型大学的制度背景下发生演变的，正如文学学者查德·威尔蒙所指出的那样，知识生产在学科上是有组织的、合法化的，它也依赖于特定的组织制度。第四次浪潮使知识生产模式Ⅰ的学科性永久化，并通过日益的专业化进一步使当代的知识生产方法呈现出碎片化倾向。相比之下，知识生产模式Ⅱ——尤其是在第五次浪潮中实施的知识生产模式Ⅱ，要求具备跨学科性特点，我们将在第6章中更全面地评估其影响。

吉本斯团队认为，机构的"官僚主义"作风发生转变是"最悄然，但也可能是最重要的"。"无休无止的专业化分工，导致大学放弃道德上的诉求和文化上的诉求，而这些诉求大多数是需要超越知识技能和职业技能积累才能做到的"。相反，知识生产模式Ⅱ鼓励落实问责制和从社会环境视角反思知识生产和传播，因为它是在应用背景下构思的，不再完全优先考虑探索未知事物，也不再对日益专业化的学科知识加以孤立分析。新模式使知识这种经同化、合成、实施和应用的产物合法化，因而符合技术发展的模式，因为技术发展就是对现有的创意、产品和流程加以组合或重组创新的产物。重新构建学术框架以适应跨学科知识生产的要求，是新型美国大学和第五次浪潮的标志。

根据吉本斯团队的观点，知识生产模式Ⅱ不遵循知识生产的标准的线性模型。标准的线性模型在3个阶段演变并逐步趋于稳定："一门学科产生并从中诞生了专业化,这种专业化首先在机构中扎根,然后才走向职业化。"[一]因为大学不再是唯一的生产知识的场所,人们已经采用社会的、政治的、经济的及学科的多重标准来评估跨学科研究的质量。作为新模式产物的知识,不再需要通过传统的机构化方式来取得合法化地位(即"质量控制"),也不需要特别严格的学科同行对其加以审查。因为,知识生产模式Ⅱ是社会分布式的,知识生产的各个站点之间的互动为协作提供了新的途径。这种社会分布式知识生产与其机构背景无关,并且与传统的直线工作流管道模型形成鲜明的对比,因为在管道模型下,只要给定一个完整的输入,经过各个组件的先后协同处理,就会得到唯一的输出。希拉·贾萨诺夫从科学治理及必须为公共利益推动科学发展的视角来解决新模式知识生产面临的困境。他指出:"需要解决的问题是,如何在机构内将多中心的、互动式的和涉及多方主体的知识创造过程制度化,这些机构几十年来一直致力于使专业知识远离反复无常的民粹主义和政治影响。"

1972年,物理学家阿尔文·温伯格在一篇颇有先见之明的文章中阐述了"超科学"(trans-science)这一概念,在一定程度上论及这种扩展式知识生产涉及的关系。正如丹尼尔·萨雷维茨解释的那样:"阿尔文·温伯格观察到,现代社会越来越多地呼吁通过科学来解决复杂的问题——当然,其中许多问题可以归咎于科技造成的。"但是,阿尔文·温伯格坦言,这些问题无法仅靠科学就能得到解决,并且提出了超科学这一概念。丹尼尔·萨雷维茨阐述道:"如果传统科学旨在获得关于自然现象的精确且可靠的知识,那么超科学研究追求的则是偶然的或不断变化的现实。这就意味着超科学所研究的对象和现象从来都不是绝对的,而是可变的、不精确的、不确定的,因此可能总是需要对其加以解释,并就其开展论辩,才能有明晰的理解。"

因为知识生产模式Ⅱ发生在应用环境中,所以第五次浪潮旨在融合社会

[一] Gibbons et al., *New Production of Knowledge*, 140.

技术的机构平台使应用启发式研究具有可操作性。应用启发式研究必须越来越多地解决现实社会中那些复杂的、棘手的问题。与托马斯·库恩描述的"常规科学"相反,知识生产模式Ⅱ对应的是西尔维奥·芬特维兹(Silvio Funtowicz)和杰罗姆·拉维茨(Jerome Ravetz)所说的"后常规"科学。这个术语听起来似乎有点误导性,它蕴含的价值观也不可避免地充满了不确定性和争议性,因此要求科学家及利益相关者一起进行同行评审,"这种同行评审相比于以前的学科同行评审,参与主体的范围大大扩展了"。正如杰罗姆·拉维茨解释的那样,当"事实不确定、价值观存在争议、风险高且决策紧迫"时,采取科学家和利益相关者一起参与的同行评审就显得至关重要,这一视角在另一种情况下也同样至关重要,那就是,如果治学和研究拟要解决的问题是规划理论家霍斯特·里特尔(Horst Rittel)和梅尔文·韦伯(Melvin Webber)描述的要对既定规划和决议提出挑战这类"诡异的"问题。相比于"诡异的"这个提法,希拉·贾萨诺夫提出了"社会相关的"或"社会技术的"这些替代名称来描述这类棘手的问题和挑战,这符合第五次浪潮知识企业融合社会技术的特征,本章随后会对此予以评述。

与第五次浪潮机构推动科学探索和创新一致,知识生产模式Ⅱ具有异质性和多样性的特点,其既适用于研究人员和从业者横跨多个学科及采取跨学科的方法,也适用于呈现社会分布式的跨机构连接和多元知识生产场所。"在这些场所和研究领域同时存在差异化,从而形成越来越精细的专业,对它们加以重组和重新配置,从而形成了新型的、有用的知识的基础"。因此,异质性存在于新知识本身的性质中,这种具有典型后现代特征的知识,是"理论与实践、抽象与聚合、思想与数据的混合体"。

知识生产模式Ⅱ中的组织结构本身具有后官僚主义和层级结构的特征,与第四次浪潮学术文化中的等级结构特征形成对比。我们可以将复杂自适应系统描述为一种层级网络结构。分层不是等级分明,往往是自行组织行为,并呈现出分散式问责。权力也不是集权式的:"层级网络代表了一种既不是市场模式也不是等级制的组织模式：根据一项评估，等级制涉及依赖关系，市场关系涉及独立关系，而层级网络涉及相互依存关系。""正如该术语所表明的那样，层级制的特点是具有最低限度的等级关系和组织异质性。"㊀由于组织内呈横向关系而不是纵向关系，专业知识和责任落实呈多位点分布，这种动态的、跨越边界的组织形式被比作是"贸易区"。根据物理学家彼得·加里森（Peter Galison）的观点，贸易区代表了学科或理论中的亚文化，它通过相互理解的混杂语来协调思想交流。在后官僚主义组织中，贸易区"精心组织跨界协调工作"，以应对不确定条件下对响应速度和灵活性方面的要求。

第五次浪潮中的知识企业对知识生产模式Ⅱ加以巩固，促进开展问题驱动型的、全面的、协同式的研究，超越了标准线性创新模型中基础研究和应用研究之间的简单二分法。这里重申我们在第1章中提到的，技术创新是从基础研究开始的，但需要针对特定问题开展后续研究，最终才可能开发出适合市场的产品和服务。本·施奈德曼（Ben Shneiderman）简洁地对比了这些模式：基础研究是"好奇心驱动的，采用还原论模型，寻求通用原则，并依赖于简化的和理想化的场景"；应用研究是"任务驱动的，寻求实用的解决方案和指导，审视多个变量之间的复杂的互动作用，并利用现实的（而不是理想化的）场景"。第五次浪潮促进了本·施奈德曼提出"ABC法则"。"ABC"法则指的是将应用研究和基础研究相结合，通过合作实现突破。很简单，正如他所说的："与单独研究相比，将应用研究和基础研究相结合，会产生具有更重大影响力的研究。"此外，本·施奈德曼还主张"与单独开展研究相比，将科学、工程学和设计相结合，会产生具有更大影响力的研究"，他称之为"SED法则"。这种综合型研究方法对应的是新型美国大学语境中的"应用启发式"研究，这一点我们在第1章中根据唐纳德·司托克斯提出的"科学研

㊀ Monique Girard and David Stark, "Distributing Intelligence and Organizing Diversity in New Media Projects," *Environment and Planning* 34 (2002): 1927–1949.

究象限模型"已经有所讨论,他努力揭示基础研究和应用研究之间标准二元对立观的局限性,因此他支持路易斯·巴斯德采用的研究方法,即"力求拓宽对前沿问题的理解,但也考虑应用启发式基础研究"。在第四次浪潮所取得成就的基础上,第五次浪潮寻求通过引入巴斯德象限(Pasteur's quadrant)这一应用启发式研究方法来改善目前存在的问题。

就高等教育规模而言,吉本斯团队将高等教育转型为知识生产模式Ⅱ归因于高等教育"渐进式的普及性",并指出,随着知识生产模式Ⅱ的出现,高等教育在范围和规模方面扩张,相应地,学术文化也会同步发生变化。20世纪特别是60年代以后,高等教育几乎普遍出现了"超级扩张",随之则出现了高等教育的普及,知识生产模式Ⅱ既依赖于这种普及性,也助推了这种普及性,埃文·舍弗和约翰·迈耶是如此评述的。第五次浪潮与知识生产模式Ⅱ转型并行发展,并且发端于高等教育功能多样化带来的范围和规模上的扩张。吉本斯团队对此解释:"机构的核心和外围之间的界限变得不那么清晰。"从某种意义上说,高等教育功能多样化类似于克拉克·克尔在20世纪60年代提出的"多元化巨型大学"所具有的特征:"以统一的名称、共同的管理委员会和相关联的目的聚集在一起的若干个社群和活动。"教学、研究和公共服务三位一体历来是第四次浪潮研究型大学的标志,但是,大学功能越来越多元化,第四次浪潮大学很有希望在第五次浪潮中扩大行动的范围和规模。

不足为奇的是,吉本斯团队将高等教育扩张与学生群体社会背景发生转变联系起来。吉本斯团队对此解释说:"学生不再以中上层和职业阶层的男性为主,他们也不再注定是会填补社会和经济中的精英职位的人。"高等教育的扩张一直在持续,在第二次世界大战后的几十年里,显而易见地体现在本科生和研究生招收人数增长及在读大学生人口构成多样化方面。然而,第五次浪潮采取完善的措施,最大限度地扩大学术团体的民主化程度,这些团体的来源极为广泛,最大限度地代表着美国甚至全球的社会经济多样性和学术多样性。

与崇尚学生们应该来自不同社会经济背景的目标一致，吉本斯团队坚持认为，艺术和科学不应该继续是主导课程，"这些核心科目已被分化的专业教育取代"。任何领域的毕业生都有潜力获得职业成就，但是这取决于他们是否具有第五次浪潮所展望的具备适应性和主导型学习者的能力，平衡发展式和综合型的通识教育，是使学习者能够从不断的环境变化中学习并适应这样变化的先决条件。尽管在第五次浪潮模式下，各机构将积极推进越来越多样化的专业教育课程，但通识教育课程仍然是根本核心，这一点在关于人力资源发展的讨论中是经常被忽视或被蛮横地搁置不理的重要一点。第五次浪潮模式下的课程还应该包括自然科学、艺术、人文科学及社会科学。只追求高校公共投资要取得经济回报的政策制定者及崇尚效率和节俭的决策者，会从狭隘的功利主义视角将高等教育定义为劳动力的发展。但是，即使是优先考虑劳动力储备的学校，它们也总是欺骗和误导学生，无视、不重视甚至贬低通识教育。

鉴于科学发现和技术创新对美国在国际上赢得竞争力的重要性，第五次浪潮旨在最大限度地提高所有学生的科学素养和技术素养。但是，解决社会面临的复杂挑战，不仅仅要依赖于科学和技术。例如，发展中经济体的政策制定者发现，如果建立研究型机构仅仅关注科学和技术这些学科，结果往往会不尽如人意。他们发现，排斥人文科学和社会科学，不利于培养合格的毕业生，也无法取得理想的社会成果，因为教育如果仅限于学习科学和技术学科，就无法提供全方位的通识教育所能带来的在道德观和价值观上给予学生的广泛指导。因此，第五次浪潮回应了美国艺术与科学研究院在一份报告中表达的关切。该报告指出："就在一些欧洲国家试图复制美国在人文、社会科学和自然科学领域采取广泛的教育模式时——因为这样的教育模式是激励创新和增强社会凝聚力的源泉——我们却反其道而行之，缩小我们教育所关注的范围，摒弃我们一直以来秉持的教育理念及教育该如何继续发展的理念，恰恰是这些教育遗产，才成就了今日美国之伟大。"

吉本斯团队认为，由于招生规模扩大，教学和科研之间的紧张关系仍然存在且没有得到任何缓解。该团队解释道："精英机构的产品，被视为以科学出版物和技术设备形式存在的知识，而不是训练有素的年轻人。"他们将这种扩招与问题导向型研究的增长相关联，指的是高等教育将重心从探索与知识生产模式Ⅰ相关的基础学科，转向以知识生产模式Ⅱ的应用导向型和跨学科方式解决社会问题。但是，尽管这些学者将这种转变部分归因于资助机构限制预算及扩招增加的运营成本，但第五次浪潮框架既适应了基础研究和综合的问题驱动型、合作式研究的要求，也超越了基础研究和应用研究之间虚假对立的二分法带来的限制，还适应了扩招要以必要规模招收符合学术要求学生的需要。

知识生产模式Ⅱ带来的初级知识生产下降，在认识论上具有深层次意义："许多领域的重心已经从初级数据和创意生产转变为以新颖的模式配置数据和创意，并将它们传播到不同的环境之中。"尽管吉本斯团队将这一转变主要归因于无处不在的信息技术所带来的知识可及性及不断攀升的研究成本（"协同生产的成本更低"），但从认识论的视角来看，新数据和新创意产出下降，可能表示存在一种更广泛的知识概念，认为知识是"理论与实践、抽象与聚合、思想与数据的混合体"的主张，使那些临时性、不确定性及协作性和偶然性的知识具有合法化地位。基于实际问题的新知识及现有知识的重新配置，通常都是创新和获取比较优势的源泉。探究方法发生的变革往往是跨学科和跨机构的，专注于通过这种方法来解决问题，会产生与工商界和政府之间的通力合作。

在第五次浪潮中被制度化的知识生产模式Ⅱ本质上是具有协作性的，并且关注知识的应用环境。第五浪潮关注的是如何解决问题及开展变革性探究，这与我们曾经提到的实用主义导向是一致的。实用主义更关心问题是否得到妥善解决，而不关心知识的抽象真理标准，并且正如约翰·杜威所提出的，它寻求在特定环境、时间和地点运用具有可操作性的知识解决现实世界中的问题。此外，知识生产模式Ⅱ的转变，在本质上也是具有协作性的。它符合实用主义所主张的知识在本质上具有社会性，是谈判并达成共识的产物——这一过程被尤尔根·哈贝马斯称为"交际理性"。

对传统过度崇敬，是和中世纪美国大学的学科行会相关联的现象，它仍然主导着第四次浪潮的知识生产，也反映了今天的学院自治问题，加剧了社会成果评估没有落实问责制的倾向。根据吉本斯团队的评估，知识生产模式Ⅱ的转变包括与该模式相关的机构类型异质性的增长，减少了大学享有的自主权，而在发生模式转变之前，大学运作"主要是自给自足和自我指涉的"。然而，减少自主权被积极解释为"强化了问责制"。同行评审过程作为合法化的主要模式（"初级质量控制"），其衰落也标志着这种转变的开始。传统上，同行评审在学术文化中发挥着"把关作用"。丁.布里特·霍尔布鲁克（J. Britt Holbrook）写道："通过同行评审，学术卓越得以实现。"但是，他指出，遗憾的是，因此而取得合法性的学术卓越，"通常与其产生的社会实用性成反比"。

吉本斯团队对技术在学习中发挥的作用持怀疑态度，反映出知识生产模式Ⅱ与第五次浪潮之间在一致性关系上的某种偏离。展望本科教育转型——"如果新技术鼓励自主学习，教育就会朝着好的方面发展；如果新技术带来的是一种疏远的非人道的环境或导致机械的学习形式，则会让教育朝着更糟糕的方向发展"，作者担心教学和研究之间的融合会被削弱，它们"可能朝着不同的方向发展，因为技术辅助教学需要高度的程式化，而研究越来越多地处理的是不确定的知识"。虽然它们之间存在矛盾，但是数字技术为在无限规模上进行适应性、互动式和个性化学习提供了可能。因为，第五次浪潮由集成融合社会技术的、可扩展的、复杂自适性的知识企业组成，根据我们对社会和技术的一体化的讨论，新的机构模式与数字革命一样，不仅会带来教学创新，而且能提高绩效，还能控制成本。

对许多学者来说，共同生产的概念在科学和技术研究领域有着不同定义，这使得对于知识生产模式Ⅱ的讨论没有那么引人关注。用威廉·詹姆斯

（William James）的话来说，我们试图"解锁"知识生产模式Ⅱ理论，并使其以新的方式发挥作用。本章不是要评判关于知识生产的各种理论孰优孰劣，我们在此引入共同生产理论，并参考了克拉克·米勒（Clark Miller）和卡琳娜·怀伯恩（Carina Wyborn）的一篇论述共同生产的概念是如何发展的文章。克拉克·米勒和卡琳娜·怀伯恩指出，诺贝尔经济学奖获得者埃莉诺·奥斯特罗姆在20世纪70年代研究公共行政领域时就援引了共同生产这一概念。对于埃莉诺·奥斯特罗姆来说，共同生产描述的是提供这样的公共服务："分布在整个社会，公民与公共机构开展合作，而不是仅仅由政府机构代表社会或为社会提供服务。"因此，埃莉诺·奥斯特罗姆认为，没有公民的参与，政府就无法提供服务。我们同意她的观点，并将她的逻辑扩展到第五次浪潮大学的研究之中，没有公民参与，就无法教育学生。

根据克拉克·米勒和卡琳娜·怀伯恩的说法，共同生产概念发展过程中的另一条线索来自于科学社会学受到托马斯·库恩的代表作《科学革命的结构》的启发而发生的实证研究转向。追随托马斯·库恩的脚步，科学和技术研究学者拒绝将科学从其产生的社会背景中分离出来。因此，希拉·贾萨诺夫将共同生产称为"知识和社会秩序的同时生产"，并认为科学是"研究的产物，科学也是政治和权力的产物"。根据希拉·贾萨诺夫的说法：

> 共同生产是以下命题的简写，即我们认识和代表世界（包括自然和社会）的方式与我们选择在其中生活的方式密不可分。知识及其物质载体，既是社会协作的产物，又是社会生活形式的组成部分；没有知识，社会就无法运转，而没有适当的社会支持，知识也无法存在，尤其是科学知识，它并不是现实的超验镜子。它既内嵌着社会实践、身份、规范、惯例、话语、工具和制度，又被嵌入在社会实践、身份、规范、惯例、话语、工具和制度之中。简而言之，它在我们所说的社会的所有构成部分之中存在。技术也是如此，甚至强度更大。

基于希拉·贾萨诺夫的定义，大卫·古斯顿观察到，边界组织通过促进科学家和非科学家群体之间的合作，以及"通过产生边界对象和一揽子标准化安排来创造科学和社会相结合的秩序，从而参与共同生产"。我们将在本章后面再回到边界对象和组织的概念。同样，可以说，第五次浪潮大学既生产知识又是由知识所构成的。事实上，第五次浪潮大学生产的知识并不是仅限于学术文化的"现实的超验镜子"，而是植根于"社会实践、身份、规范、惯例、话语、工具和制度"之中。当然，理查德·罗蒂从新实用主义视角同样表达了对知识是"自然之境"（自然的写照）这一概念的怀疑。从这个意义上讲，实用主义认为，知识和行动之间存在相互依存的关系，而共同生产的概念使得这一见解具有可操作性。下文将论证"模式Ⅱ科学"概念与共同生产的概念并不是不相容的。

第五次浪潮推动社会和技术的一体化

高校将科技无缝整合到其核心业务中，以促进有用知识的生产并最大限度地提高其社会影响力。第五次浪潮就由一批这样的高校构成。社会科技一体化要求知识生产必须考虑社会、伦理和文化因素，科学发现和技术创新尤其如此，其他环节也不例外。技术创新在我们以知识为基础的社会中发挥作用，基于此，才有了社会技术评估这一概念。尽管技术通常指的是科学知识应用意义上产生的有形的人工制品和过程——"一个文化可以获得的实践和元素的集合……以及成套设备和工程实践"［W. 布赖恩·亚瑟（W. Brian Arthur）］，但这个概念更广泛地代表了"实现人类目的的任何手段……作为一种手段，技术可以是一种方法、一个流程或一种设备：一种特定的语音识别算法、化学工程中的过滤过程或柴油发动机"。因此，丹尼尔·萨雷维茨和理查德·R. 纳尔逊将技术定义为"任何具有标准化、可控和可复制核心并成功实现目标的实践"。内森·罗森伯格说："技术本身就是关于某些类别的事件和活动的知识体系……它是具有实际操作性的技术、方法和设计的知识，并且以某些方式运作并产生某些后果，即使人们无法确切解释原因。"乔尔·莫基尔表示："简单地说，技术就是知识，即使并非所有的知识都是技术。"技术是有用的知识，本杰明·富兰克林和西蒙·库兹涅茨（Simon Kuznets）都规定了这一限定条件。乔尔·莫基尔强调要对陈述性知识和规定性知识加以区分，这类似于历史上对知识和技术加以区分，并且对应于当代对科学和技术、对基础知识和应用知识的共同生产加以区分。因此，根据乔尔·莫基尔的提法，陈述性知识中可以被称为"是什么"的知识，指的是关于自然现象的看法，而规定性知识则对应可解释"应如何"的知识。

与显性知识（即将科学技术的相关内容编码记录）相反，隐性知识代表了对"事情是如何做的"的实践理解，也就是支持特定技术发展的"专有技术"。知识在隐性维度的重要性因行业、部门和时间不同而不同，其中创新按照各自的技术范式进行。每个行业部门都由某种技术范式来界定，该范式与其组件技术、行业基础设施和支持机构，尤其是大学共同演变。因此，技术被解释为"嵌入工具、设备和设施中的应用知识"及"工作方法、实践和流程，以及产品和服务的设计"。此外，技术也是"'专有技术'，不同于代表科学的'原理知识'"。丹尼尔·萨雷维茨和理查德·R.纳尔逊将"专有技术"定义为"知识，有些是显性的，有些是隐性的，它指导着有一定技能的主体为实现特定实践目标而行动"。因此，可以说，"专有技术的状态界定了人类活动领域的最佳实践"。理查德·R.纳尔逊将这一术语定义为"人类社会多年来获得的并使之能够满足需求的广泛的技术和见识"。他解释说，专有技术"是多面的、富于变化的，并且以不同的形式存储在不同的地方"，尽管其中有一些是"相对显性的知识"，但很多则是"内嵌在特定的人类技能中，与'蓝图式'的专有技术形成鲜明对比"。此外，他继续说道："有必要认识所涉及的各种特定技能，并认识到高效的表现是集体成就。"但是，有一种制度意义上的技术，适合将这一概念理解为一种知识体系或一揽子实践。

西方组织科学的基础可以追溯到中世纪甚至古代，但 19 世纪初，德国研究型大学的建立标志着近代科学文化的出现，而这与其在学术框架内的制度适应性和学科合法化分不开。因此，查德·威尔蒙将现代研究型大学视为提供"启蒙技术"的主要机构，"与从书写和手抄本的发明到印刷机和现代科学实验室的建立有着相同的历史渊源"。大学被赋予了无可争议的"认知权威"地位，它们要求被授予获得具有足够科学性和合法性知识的特权。启蒙技术为科学革命和启蒙运动之后解放和扩散知识提供了"制度性回应"。事实上，研究型大学通过其"启蒙运动组织"加速了人类迈入现代的进程，是新的学术文化将科学制度化和知识学科化来实现的。由于现代科学文化塑造研究型大学，反之亦然，知识生产本身会依赖于机构。事实上，到 19 世纪末，研究型大学已经拥有"组织知识的精湛技术"。因为，现代和当代的研究型大学可以被称为一种制度化的技术机构，因此，调用这一技术创新宝库既必要又适宜。

克拉克·克尔写道："现代德国研究型大学在科学原理的基础上，在所有领域探索真理和知识，并将理性和经验传统相结合，以形成现代科学研究的基础。"德语中的"Wissenschaft"不仅仅包含科学，路易斯·梅南德将其理解为"纯粹的学习，知识的目标本身"。正如吉本斯团队所言："17 世纪以来的知识生产史可以谱写成致力于以前非科学的知识生产形式获得科学认可的奋斗史。"如斯蒂芬·高克罗格（Stephen Gaukroger）所观察到的，在新的科学文化里，"认知价值通常从属于科学价值，并且相应地，科学不仅为科学学科，而且为任何具有认知目标的学科，如神学、形而上学、政治理论学、政治经济学、法律和历史，提供一条通往认知成功的典型路径"。

由于研究型大学可以被框定为一种技术，因此人们可以将机构类型的演变比作技术创新。迫切需要整合社会技术是第五次浪潮出现的必要原因。社会与技术一体化要求在知识生产的过程中，考虑社会、伦理和文化因素，但根据埃里克·费舍尔（Erik Fisher）及其同事的说法，这个概念中的"社会"

不过就是指知识的背景维度,而"技术"指的是任何特定形式的专业知识在实践中的应用:"社会背景可以包括文化、伦理、政治、环境、语言、认识论、价值论及其他诸多价值维度。"此外,社会和技术的一体化"通常以互惠、高效整合专家实践为特征,这些专家实践在背景维度上是对立的、存在分歧的或先前是彼此分离的",它必须"面对语言、实践、价值观、权力差异和其他可能存在的'无可比性''不一致性'或'不可调和性'的因素所带来的挑战"。因为,这样的目标需要通力合作,所以整合过程"寻求跨过各种设想的和已经存在的社会技术鸿沟,并开展审慎的、明确的和反思性工作"。

社会和技术一体化的概念很可能带有反乌托邦的内涵,其含义需要进一步解释。布拉德·艾伦比和丹尼尔·萨雷维茨指出,虽然我们早已摆脱了将技术视为单纯的人工制品或机器的概念,但对其中涉及的利益关系进行更复杂的理解,则要求我们认识到技术"来自于社会系统,因此必然反映、内化并经常改变权力关系和文化假设"。此外,"技术系统与自然系统一样复杂、无处不在且难以理解"。而且,"社会系统实际上是技术社会系统,它在我们的生活中强加了某些我们无法选择的行为秩序,并且……锁定了技术依赖的路径,这是对人类能动性的嘲弄"。也就是说,布拉德·艾伦比和丹尼尔·萨雷维茨要求我们"对全球能源系统脱碳"。

系统理论已成为界定复杂社会技术系统不可或缺的组成部分。事实上,自第二次世界大战以来,包括运筹学、系统分析、系统动力学和系统工程学在内的系统方法已经成为解决问题的主要方法。由系统理论先驱路德维希·冯·贝塔朗菲(Ludwig von Bertalanffy)提出的开放系统的概念,对于实现统一的跨学科科学目标至关重要。赛斯·斯特里博斯(Sytse Strijbos)认为,该方法试图缓和西方科学界的简单化冲动,"超越笛卡尔主义,不被世界可拆分观念所局限"。设计理论家唐纳德·诺曼(Donald Norman)和彼得·简·斯塔珀斯(Pieter Jan Stappers)认为,人类崇尚简单和直接的倾向阻碍了人们对复杂、不可分解、非线性系统的了解。他们解释说,复杂的社会技术系统由相互依存的缺乏模块性的组成部分构成,并以非线性的受反馈回路控制的因果关系为特征。"反馈会改变系统行为,因此无法通过各个组成部分来理解作为整体的系统本身",这可能预测的是紧急行为。事实上,"组成部分之间的相互关系可能比其本身更重要"。

社会和技术的一体化本身就包含跨学科合作之意,因此必须跨越"两种文化""互不理解的鸿沟"。1959年,C·P.斯诺(C. P. Snow)到剑桥演讲,提出了这一开创性的论断。其中一方面是科学,按斯诺的提法,包括自然科学、数学,有时也指工程学;另一方面则指人文科学,引申开来也指社会科学。因此,大卫·古斯顿将社会和技术的一体化描述为"机会的创造,包括在研究和培训中跨越'两种文化'的鸿沟,进行实质性交流,以便建设长期的反思能力"。然而,协同的社会和技术的一体化与其他多学科研究的区别在于"它得到社会背景中领域专家的明确认可,在该社会背景中他们开展工作,其成果得到应用"。换句话说,它要求科学从业者具有反思能力。因此,"成功的一体化显然会改变技术实践,非常郑重其事地改变"。

负责任创新的框架

社会技术一体化是负责任创新的原则和目标的组成部分——不断努力实现科学发现和技术创新治理(无论自行管理还是正式监管),尽管难免存在不确定性,也可能存在歧义,但还要努力协调和促进具有社会稳健性且对社会负责的成果产生。新兴科学和创新往往会陷入监督或有限治理的"制度空白"。因此,杰克·斯蒂尔戈(Jack Stilgoe)、理查德·欧文(Richard Owen)和菲尔·麦克纳顿(Phil Macnaghten)将负责任创新定义为"为了未来而对当前科学和创新进行的集体管理"。负责任创新必须从承认科学和创新产生的不仅有"见识、知识和价值(经济的、社会的或其他方面),还会产生问题、困境和意料之外的(有时是不利的)影响"开始。因此,在"缺乏确定性、证据和全面理解的情况下，对科学和创新过程加以适当的（和相称的）监督和管理，就成为负责任创新的核心挑战"。如果目的和意图比风险谈判及实现经济效益和社会效益最大化更激烈，则必须为负责任创新建立一个被人们广泛认同的持续性框架，这意味着"广泛且系统的重构，而且在文化方面也要进行重大的变革"。

杰克·斯蒂尔戈、理查德·欧文和菲尔·麦克纳顿确定了负责任创新的4个维度：预测、反思、包容性（也称协商）和反馈。"预测"涉及系统地思考顺应力、追求创新和影响"社会稳健性风险研究的议程"。尽管"反思"有多重含义，但作者主张"制度反思"，这意味着"举起一面镜子，反思一下自己的活动、承诺和任务，意识到知识是存在局限性的，并认识到针对某个问题的处理方法可能不具有普适性"。"包容性"是指使治理多元化。尽管学者们对可以或应该进行协商的条件和假设存在争议，但它提出了与合法行使权力相关的问题。"反馈"指的是需要保持创新发展的能力，并同时认识到知识和控制存在局限性。理查德·欧文及其同事指出，预测、反思、包容性和反馈是建立在技术评估、"上游"参与和预测治理这些负责任创新的基础之上的。然而，目前这种意图的应用在很大程度上仅限于行为准则和正式审查过程："目前很少有系统的和制度嵌入框架的例子来表明在科学和创新过程中能够整合4个维度，并反复应用4个维度。"在这种情况下，作者呼吁进行"制度反思"。由于第五次浪潮展望的是由实现社会和技术一体化的、可扩展的、复杂自适应知识企业构成的，机构作为负责任创新框架的必要性变得显而易见。

社会技术一体化的体制适应势在必行。社会技术一体化这一概念的微观含义是指它对个人的影响；中观层面是指对集体和组织环境的影响；宏观层面是指对合作的结构性基础的影响，包括其机构背景。微观层面的应用经常是嵌入式的，就像艺术家和人文学者加入科学家和技术专家的行列一样。更广泛地说，这一概念在宏观层面的应用表明，跨学科和交叉学科领域的学者和从业者之间存在互惠的和跨学科合作的可能。

此外，埃里克·费舍尔及其同事认为，社会技术一体化显性或隐性地存在于许多合作型研究方法中，在他们各自的文献中被描述为：学术参与；道德、法律和社会影响或方面（简称 ELSI 或 ELSA）；实验室研究；团队科学；应用伦理学；技术评估；交叉学科和跨学科；公众参与。然而，埃里克·费舍尔及其同事选择将协同的社会技术一体化定义成与上述所有这些都不同，因为其旨在寻求改变科学和技术实践的方法。他们认为，在这个意义上，协同的社会技术一体化是负责任研究和创新等方法的核心、预测治理、反思性治理和趋同工作："随着知识系统和技术轨迹的发展和演变，这些愿景涉及将社会方面的考量明确整合到科学和技术实践中。"

人们可以将研究型大学的演变比作技术创新，因此，进一步深入了解技术创新中的路径依赖和固化可以为第五次浪潮中的知识型企业的出现提供新的视角。大卫·科林格里奇（David Collingridge）于 1980 年提出了"科林格里奇困境"这个概念，为技术评估提供了参考依据，也与我们目前的论点相关，即结构惯性和相应的设计局限性限制了第四次浪潮高校的发展：

> 人们无法在技术生命周期的早期对技术的社会影响做出预测。然而，当不良影响被发现时，该技术往往已成为整个经济和社会的重要组成部分，对其加以控制变得极其困难。这就是控制困境。容易改变时，人们无法预见改变需求；改变需求明显时，改变已经变得昂贵、困难和耗时。

控制困境构成了"难以解决的双重束缚，它阻碍社会对技术施加控制"。另一种解释则强调，大卫·科林格里奇并不认为这种困境具有历史不可逆转性，也不意味着不可避免的技术决定论。然而，固化可能扼杀创新：在技术被开发和得到传播之后，不同类型的技术……可以构成各种复杂的依赖关系。伴随着这样的固化，会出现某种技术决定论，因为技术"就像火车在轨道上一样，会在道路上停留和演进"。

埃里克·费舍尔、罗普·L. 马哈詹（Roop L. Mahajan）和卡尔·米切姆（Carl Mitcham）解释说，对技术加以监管和控制历来采用公众间接参与或正式治理的形式。相比之下，被称为技术的"中游调节"，提供了"从内部治理"的可能。由于对社会愿望和价值观的响应是负责任创新的一个关键方面，社会技术一体化机构将相应地评估研发计划："将这种响应纳入研究优先考虑的事项之列，可以提高生产力，有助于产生更强大的社会成果"，甚至可能提高国家竞争力。事实上，"制度响应"已被认为是负责任创新关键的新兴领域之一，是"对反思、预测和包容性审议机制进行整合，并以制度化形式予以确立"。

第五次浪潮大学和边界组织

苏珊·利·斯塔（Susan Leigh Star）和詹姆斯·格里泽默（James Griesemer）于1989年发表了一篇被广泛引用的文章，其中提到了"边界物"（boundary objects）。理解了这一概念，就能促进复杂研究环境中异质参与主体之间的合作与协作。从广义上讲，"边界物"指信息，包括概念、模型和系统这些构念，也指"存在于几个交叉的社会中……并满足彼此的信息需求"的具体实体，如专利和合同。边界两侧的参与主体出于不同目的使用边界物，但边界物仍保留各自的身份。它们"既能符合不同的观点，又足够稳定，可以斡旋其间并保持自己的身份"。由于各个组成部分的视角不同，这些边界物的含义也有所不同，尽管如此，它们的结构仍然足够稳定，可以保持共同的身份。苏珊·利·斯塔和詹姆斯·格里泽默就异质性对研究环境的影响进行了案例研究，对象是加利福尼亚大学伯克利分校的脊椎动物学博物馆。在建馆过程中，包括科学家、策展人、业余博物学家、赞助人和管理人员在内的各方参与者相互协作。作者解释说："科学研究需要在合作中建立共识，确保跨领域的可靠性，并收集在时间、空间和当地突发事件中保持其完整性的信息。"但是，要实现"共同运作的做法"，参与者必须"进行翻译、谈判、辩论、三角剖分和简化，以便实现合作"。

因此，边界物在不同社会领域之间占据地盘，即使个人出于自己特定目的利用它们，它们仍然保留自己的身份。边界物的灵活性解释可以通过专利来说明。大卫·古斯顿解释说："科学家可以为研究结果申请专利，从而获得优先权或者商业利益。政治家可以同时利用它来衡量研究的生产力。在某些情况下，整个组织都可以作为边界物，如21世纪中叶科学家创建的许多旨在保护科学目标同时促进政治目标的公共利益组织。"苏珊·利斯塔在2010年发表的一篇后续文章中感叹，对边界物的解释太灵活，已经超出了她和詹姆斯·格里泽默曾精心推导出的定义。然而，正是这种灵活性，让参与者可以从不同的角度来评估边界物服务个人的方式，而其稳定性又让人能够从不同角度对其进行理解。解释上的灵活性有利于协商及合作与协作。

学者们因此将边界物的逻辑扩展到机构组织上。事实上，正如大卫·古斯顿所指出的那样，机构组织可以作为边界物。根据大卫·古斯顿的说法，边界组织为"创造和利用边界物提供了空间，也为科学秩序和社会秩序的整合、委托人和代理人及科学家和非科学家之间的合作提供了空间，并且确定共同利益和划分清晰的问责范围"。大卫·古斯顿称其为"双面实体"，"类似于古罗马的两面神雅努斯"，可以容纳游走在"政治与科学的边界"上的主体。因此，边界组织是共同生产的场所。大卫·古斯顿援引美国技术评估办公室（OTA）作为边界组织的典型例子。在1995年美国第104届国会撤回对该机构的资助之前的20多年的时间里，美国技术评估办公室就科学技术相关的问题为美国国会的成员和委员会提供了客观和权威的分析。大卫·古斯顿表示："作为一个政治中立的组织，美国技术评估办公室……内化党派分歧，针对每项研究进行协商，并在每一项研究中产生一个边界物。任何一方（或几个国会委员会中的任何一个）都可以用其实现自己的目标。"对大卫·古斯顿来说，至关重要的是美国技术评估办公室对两个政党都负责。因为大学作为一个整体，不会像美国技术评估办公室那样对其他组织负责，所以根据大卫·古斯顿的定义，从严格意义上说，大学作为边界组织的地位是模棱两可的。

与大卫·古斯顿对美国技术评估办公室和其他组织开展实证分析并得出边界组织的概念不同，约翰·帕克（John Parker）和比阿特丽斯·克罗纳（Beatrice Crona）扩展了大卫·古斯顿界定的标准，发展出以大学为基础的边界组织这一概念。大学跨越了物理、政治和知识的边界。许多学者以各种方式研究跨界组织和合作，包括上文论及的吉本斯团队就知识产生模式Ⅱ开展的相关研究。大卫·古斯顿所描述和定义的边界组织发挥一些相同的功能，但其运作是基于与其他跨边界组织不同的机制。或许可以将所有边界组织都归入更广泛的跨边界组织范畴，但反之则不成立。约翰·帕克和比阿特丽斯·克罗纳所描述和界定的以大学为基础的边界组织是跨边界组织的一个子集，但尚不清楚它们是否可以归于大卫·古斯顿所定义的边界组织的范畴。尽管关于不同类型的组织的参数可能存在争议，但我们认为，第五次浪潮大学为社会提供了少数几处可以识别、监控、研究和调解重要的跨越边界的社会问题的地方。

约翰·帕克和比阿特丽斯·克罗纳将大卫·古斯顿所确定的边界组织标准称为理论假设，并不承认该标准的实证基础。约翰·帕克和比阿特丽斯·克罗纳挑战的第一项标准是边界组织仅充当两个委托人的代理人。虽然这项标准适用于应用研究机构，也就是最初发展出边界组织构念的地方，但这项标准并不适用于大多数大学，原因有二：首先，在以大学为基础的边界组织中，科学和政策之间没有明确的界限，它们是与政治和产业都有联系的"混合空间"；其次，以大学为基础的边界组织通常针对两个以上的委托人。约翰·帕克和比阿特丽斯·克罗纳采用的利益相关者方法，有助于分析"大量的复杂的组成部分"，并能分析每个利益相关者对边界组织的活动和发展方向有何影响。

第二项标准涉及以大学为基础的边界组织和利益相关者之间的问责制。由于大学内部的奖励和期望不是单一的，它们"可以在大学行政部门和学术部门内部及两大部门之间脱钩"。因此，对利益相关者落实问责制可能会存在"倾斜"，从而会让一些利益相关者施加不成比例的影响。修订后的第三项标准涉及利益相关者的相互冲突或不具有可比性的需求。大卫·古斯顿发现边界组织可以调和其委托人的需求，但是，如果需求是无法比较的，那么也就不可能调和。例如，在以大学为基础的边界组织的背景下，约翰·帕克和比阿特丽斯·克罗纳引用了与同行评审相关的期望。如果一个利益相关者期望同行评审是"有效的"（彻底的和精确的），而另一个利益相关者认为它是"高效的"（迅速的），那么这些期望就是不可比的，双方必须做出选择而不是通过协商达成一致。随着选择的积累，以大学为基础的边界组织的研究议程、社会环境和组织结构都会受到影响。

约翰·帕克和比阿特丽斯·克罗纳调查了亚利桑那州立大学沙漠城市决策中心的形成和发展，并将其作为大学边界组织的案例研究。沙漠城市决策中心被"明确设计为一个位于亚利桑那州立大学内的边界组织"，约翰·帕克和比阿特丽斯·克罗纳认为这是一所"明显渴望成为大型边界组织"的新型美国大学。该概念在这种背景下的相关性在于它强调跨学科知识生产的应用和社会嵌入性。但约翰·帕克和比阿特丽斯·克罗纳确认存在潜在的障碍，因为他们确认了沙漠城市决策中心与其利益相关者之间出现以下4种"管理紧张状态"：学科交叉的程度、生产率、基础知识和应用知识生产之间的差异及决策自由度。

有了这个案例研究，我们不妨暂时搁置理论探究，这样可能对进一步了解这个概念更有帮助。沙漠城市决策中心寻求以跨学科的方法制定以证据为依托的战略框架，以促进科罗拉多河流域向城市可持续性水资源过渡。该中心整合研究、教育和外展服务的力量产生了一个由科学家、学生和利益相关者构成的组织网络，设想通过在科罗拉多河流域开发区域城市供水系统来推进社会转型。该供水系统"能够适应气候变化，在提供一系列生态系统服务的同时，产生公平的社会效益和经济效益"。作为朱莉·安·瑞格利全球可持续发展研究所的研究单位，沙漠城市决策中心于2004年获得美国国家科学基金会（NSF）的首笔投资并通过"不确定性下的决策"（DMUU）项目成立。美国国家科学基金会（NSF）的后续投资总额约为1800万美元，使得亚利桑那州立大学能够将研究范围扩大到亚利桑那州中部以外，并包括那些依赖科罗拉多河水资源且位于科罗拉多州、内华达州和加利福尼亚州的城市。

沙漠城市决策中心同时开展气候、水资源和决策研究，以弥合科学家和决策者之间的边界。从一开始，沙漠城市决策中心就被构想成在确保水资源可持续性和适应城市气候变化的背景下实施边界组织构念的战略规划。由于边界组织的主要特征包括对科学界和决策共同体双重负责、来自多个社群共同体的主体参与及有专业调解员，研究试图理解和改进这种以大学为基础的边界组织的具体实例的功能，以及为类似尝试提供有用的经验。该中心的运作说明大学如何推进以空间为基础的和功用启发式的举措，以便更有效地将知识与决策联系起来，从而产生积极的社会影响。

这一过程不仅创造新知识，而且使学院派的科学家和其他利益相关群体（包括城市管理者、农民、环保主义者和美洲原住民社区），就提高区域水资源的可持续性开展富有成效的对话。科学家和利益相关者一起合作开发知识和工具，如模型、模拟场景和计算机决策支持系统。沙漠城市决策中心这一案例中的主要边界物是被称为"水模拟"（WaterSim）的水平衡模型，它可以估算凤凰城都市区的水供给和需求。开发该模型是为了弥合科学和决策之间的特定差距，即需要知识来为规划区域水资源的可持续性提供信息，包括气候变化在多个时空范围上的可能影响等信息。这样的需求是许多单独的水资源管理机构无法充分满足的，因为每个机构都只专注于各自的服务领域和客户群，这也情有可原。各州或联邦机构也无法满足这种需求，因为它们往往关注更大的空间维度和更广泛的政策问题。"水模拟"模型是使用参与式建模方法开发的。来自以大学为基础的边界组织的科学家与水资源管理界的利益相关者合作设计模型，合作选择和协商数据源、模型计算、空间范围、时间尺度、结果指标和可视化效果。通过迭代过程，科学家根据利益相关者的反馈对模型进行优化和重新设计，以增强科学可信度，提高该模型参与决策的相关性，并增加该模型对多个利益相关群体的合法性。通过打开用于批评和改进的建模"黑箱"，以大学为基础的边界组织和利益相关者共同开发了边界物。因此，通过亚利桑那州立大学沙漠城市决策中心对三维复杂多元数据进行沉浸式的可视化效果展现、建模和模拟，科学家和利益相关者能够与世界各地的同行进行交流。

沙漠城市决策中心对不确定性下的决策开展相关研究，其回顾性研究评价强调了实证研究和决策支持工具在提高对决策的理解度及确定与气候变化相关的替代途径方面的重要性。此外，评估还证实，与科学家和政策制定者之间的边界活动相关的迭代互动改善了以大学为基础的边界组织，并促进了社交网络和协作式学习的形成。约翰·帕克和比阿特丽斯·克罗纳提出了他们所谓的"紧张局面"（LOT）模型，描述了沙漠城市决策中心的位置如何随着时间的推移并相对于该中心与其利益相关者之间的边界"蜿蜒移动"、修正路线，因为沙漠城市决策中心需要应对不断变化的结构、不断变化的研究重点及跨学科的挑战。"紧张局面"模型说明了第五次浪潮大学在发展过程中必须穿越充满风险的制度环境，才能演变为巢状的（nested）以大学为基础的边界组织，响应社会问题，以必要的速度大规模地生产有用的交叉学科的相关知识。

亚利桑那州立大学的决策剧场（Decision Theatre，DT）体现了相关文献中界定的边界组织的特征。决策剧场与社区利益相关者及研究人员合作建立计算模型，并召集来自学术界、政府和产业的不同决策者群体来探索不一样的未来。计算模型整合机器学习方式和预测分析，以消化决策剧场中呈现的结构化和非结构化数据，通过7个全景高清显示器270度呈现交互式模型，让参与者沉浸在数据丰富的环境中。该过程中固有的数据信息学和复杂系统思维鼓励利益相关者去了解多个社会系统如何互动，以揭示研究结果的大规模影响。为此，决策剧场与大学教师、行业专家、从业者和政策制定者合作，审视其模型的合法性、相关性、可信度和可用性。参与式方法框架绘制了相互关联系统的图景，并通过迭代分析和叙事发展鼓励参与和共同生产，以有利于人们做出更明智的决策。与美国国家科学基金会（NSF）提出的趋同范式一致，使利益相关者融入并成为共同创造者体现了该倡议的跨学科方法。自2016年以来，决策剧场推出了"全民普及率达到六成"（Achieve60AZ）的倡议，这是一项以社区为基础的举措，旨在提高所有亚利桑那人的受教育程度。目前，亚利桑那州25~64岁的成年人中接受高等教育的人口比例为35%（包括社区大学两年制的副学士、学士和研究生），而这项倡议举措的总体目标是到2030年将这一比例提高到60%。亚利桑那州立大学董事会（ABOR）是"全民普及率达到六成"联盟的主要成员。

约翰·帕克和比阿特丽斯·克罗纳认为，显然研究型大学被理解为边界组织，进而创建和维持附属边界组织，如学院和研究中心。但正如大卫·古斯顿所指出的那样，第五次浪潮大学也必须意识到"大学的首要任务——创造和传播新知识——具有规范性维度"。因此，他将间质实体（interstitial entities）的形成理论化，称之为"负责任创新中心"（CRI）。它为知识生产注入了规范性承诺。这一规范性维度的必要性的假设前提是，尽管新信息技术对其霸权地位构成威胁，但主要研究型大学将继续"在至少几代人的时间里从事以知识为基础的创新活动"。此外，这些研究型大学机构将继续营销新知识，正如他所说，承认至少从赠地大学首次巩固与工业的联系以来，高等院校就已经商业化了。大卫·古斯顿曾就此提醒我们："基于知识的创新具有规范性维度，而科学政策只是在最低限度内或以特别的方式应对这些维度。"

大卫·古斯顿指出，人们一直认为，市场力量对大学产生的影响一直被认为是矛盾的，而且并非全是好处，因为市场力量会加剧利益冲突、改变学术规范、让学生变成消费者、降低学习标准。建立机构审查委员会也佐证了这样一种看法,即大学必须监管与市场参与者的关系,以保护人类和动物受试对象免受剥削。鉴于战后出现了研究的全球化现象及大卫·古斯顿所说的"学术商业化的新政治经济学",他主张成立负责任创新中心,如此既可以获得与企业和产业建立更密切关系的好处,也可以通过"对创新与社会互动开展反思性研究"解决可能产生的负面后果。对于大卫·古斯顿而言,负责任创新中心还将充当边界组织的角色并促成交叉学科教育,这些边界组织为促进科学家和其他人之间合作提供"协作保证",从而实现互利目标。在商业力量日益主导的环境中,负责任创新中心的使命是将研究型大学的负责任创新制度化。

可持续发展框架

第五次浪潮为负责任创新提供了体系支持,从而决定了它要在促进可持续发展方面发挥作用。可持续发展概念最初是由罗马俱乐部(The Club of Rome)于 1972 年在《增长的极限》(*The Limits to Growth*)报告中提出的:"在不引发区域性甚至全球性灾难的情况下,地球要想存续下去,能够承受多少人口增长和发展、自然系统的多少改变、多少资源开采和消耗及多少废物产生?"但是,当代对于可持续发展的讨论,重要的起点是布伦特兰委员会(Brundtland Commission)于 1987 年提交给联合国(UN)大会且在此后被广泛引用的定义:"这种发展既能满足我们现今的需求,同时又不损及后代子孙且满足他们的需求。"该委员会将讨论从对环境的科学研究重新定位到自然和新兴社会目标之间的相互依存关系,强调可以调和环境问题与发展目标之间的矛盾。根据大卫·G. 维克多(David G. Victor)的说法,布伦特兰委员会的报告引入了可持续发展概念,称其"认为促进经济、保护自然资源和确保社会公正不是相互冲突的目标,而是紧密交织在一起并互补的目标"。

这一概念的重要性在联合国于 2000 年通过《千年发展目标》(MDGs) 后更加凸显。《千年发展目标》包括：①消除极端贫困和饥饿；②实现普及初等教育；③促进两性平等并赋予妇女权力；④降低儿童死亡率；⑤改善产妇保健；⑥与艾滋病毒/艾滋病、疟疾和其他疾病作斗争；⑦确保环境的可持续能力；⑧打造促进发展的全球伙伴关系。15 年后，联合国发布了一份报告，描述了在实现《千年发展目标》方面进展不平衡的情况。尽管在减少痛苦和增进福祉方面取得了重大进展，但仍然存在以下这些重要且更棘手的问题：性别不平等阻碍了妇女的发展前景；贫富之间及城乡之间存在巨大差距意味着生活在发展中国家最贫困家庭的儿童更有可能发育迟缓；气候变化和环境退化继续不成比例地影响着穷人；战争和冲突造成的流离失所阻碍了人类发展；8 亿人继续遭受饥饿。

但是，也有人认为取得的进展并不能归功于《千年发展目标》。大卫·G.维克多不赞同联合国采用的共识驱动法，并认为它"催生了过度专业化及在很大程度上毫无意义的目标清单"。尽管最初的目标被如此批判，但联合国在 2015 年提出了《可持续发展目标》(SDGs)：①无贫困；②零饥饿；③良好的健康与福祉；④优质教育；⑤性别平等；⑥清洁饮水和卫生设施；⑦经济适用和清洁能源；⑧体面工作和经济增长；⑨产业、创新和基础设施；⑩减少不平等；⑪可持续城市和社区；⑫负责任消费和生产；⑬气候行动；⑭水下生物；⑮陆地生物；⑯和平、正义与强大机构；⑰促进目标实现的伙伴关系。

自 1972 年以来，有关可持续发展这一概念的争议越来越多，因为批评者们已经注意到各种目标之间的内在矛盾。一些人认为"定义泛滥降低了该概念的可信度"。其他人则认为，虽然概念本身是为了应对全球挑战，但实际上，大量使用这个表达不过是为了加强人们对地方问题和项目级问题的关注："可持续发展缺乏明确定义，无法指导政治家解决全球层面或区域层面的挑战。"[一]尽管经常有人对这个概念进行重新定义,以便化解社会、经济和环境等因素之间的冲突,但有人质疑它是否能继续奏效。对于另一些人来说,可持续发展之所以重要,正是因为它存在争议,能让研究人员和政策制定者参与辩论并制定妥协方案。

就像美国选民及其选举出的官员内部否定存在人为的气候改变,相比于保护环境,更偏重经济增长和就业,许多国家也不可避免地对布伦特兰委员会提出的广为接受的可持续发展定义中所包含的模棱两可之处做出支持他们认为的利益的解释。正如詹妮弗·艾略特（Jennifer Elliott）指出的那样,发达国家更可能提倡节约资源以保护环境,而发展中国家则普遍倾向于开发自然资源以促进经济发展。此外,许多评论人士表示关切,要在目前现有公民的需求与尚未出生的公民的需求之间取得代际公平和平衡,以及在年轻公民和老年公民之间保持代际公平。

但毫无疑问,地球正日益受到单一的、占主导地位的生命形式的影响。正如我们之前所说,这种生命形式以其学习、推理、创新、交流、规划、预测和组织活动的能力而著称,但在所有这些领域都表现出严重的局限性。虽然我们的生活水平和质量在过去 150 年里得到提高,这通常是研究型大学的科学发现和技术创新带来的结果,但有大量初步证据表明,目前的模式不起作用。例如,20 年前,彼得·维图塞克（Peter Vitousek）及其同事用下面这段话概述了人类对生态系统的主宰:"陆地表面的三分之一到二分之一的地方已被人类行为改造过;自工业革命开始以来,大气中的二氧化碳浓度增加了近 30%;人为造成的大气氮沉降比所有自然的陆地来源的总和还要多;超过一半的可获取地表淡水被人类使用;地球上大约四分之一的鸟类已灭绝。"人类是地球上不守规矩的租户,正如简·卢布琴科（Jane Lubchenco）痛陈的那

[一] Erling Holden, Kristin Linnerud, and David Banister, "Sustainable Development: Our Common Future Revisited," *Global Environmental Change* 26 (2014): 130.

样,如果觉得有必要再来一个现状核实的话,可以看看联合国政府间气候变化专门委员会(IPCC)在一份特别报告中得出的结论:"全球升温1.5℃"。比尔·麦克基本(Bill McKibben)提到报告中所述的"非常严峻的预测"时说:"我们一次又一次地收到科学警报,但我们也一次又一次地按下了止闹按钮,长此以往,气候变化将不再是问题,因为问题意味着还有解决方案。"

我们曾提到一件颇为遗憾的事情,无论是在《美国联邦宪法》中,还是在亚当·斯密的《国富论》中,与工业革命同时期制定的资本主义指导原则都未明确表示"人类无限地开发自然资源的能力应该受到限制"。尽管可持续发展对我们人类生存而言必不可少,但因其定义各不相同,受到相当多的抵制或拒绝。所以,第五次浪潮大学有责任推进关于可持续发展的跨学科教学和研究,召集和协调相关的跨学科对话。因此,他们必须在有争议的讨论中识别和承认矛盾,并在可能的情况下尝试解决或调和紧张局面,或者在矛盾无法化解的情况下管理紧张局面。大卫·卡什(David Cash)及其同事分析了那些为了鼓励可持续发展而创造知识的若干尝试。为了使知识在这种可持续发展的情况下是有用的,他们提出:知识必须是可信的、显著的和合法的。可信度着眼于知识的可信赖度:它是否准确、完整和可靠?显著性评判知识是否是相关的:它是否对眼前问题的类型和级别做出反应?合法性评估知识是否公平和公正:那些受到知识影响的人是否参与了知识生产并表示同意?第五次浪潮大学创造的知识必须通过以上这三点测试。

可持续发展带来的挑战确实是全球性的,但解决方案却在地方层面实施,第五次浪潮大学可以在地方层面创造有用的知识并促进对话。第五次浪潮大学必须开展研究以获取更多的知识并参与对话,以便解决迄今为止可持续发展框架中存在的缺陷。第五次浪潮大学能够调解大卫·G.维克多认为的那种非正式政治对话,即"确定优先事项并达成一致的过程"。事实上,华盛顿在气候变化问题上的政治僵局,为第五次浪潮大学提供了促进地方对全球问题做出响应的机会。通过与地方政府合作,第五次浪潮大学可能有助于在地方层面就全球性问题做出可复制的反应。正如新型美国大学的设计愿景所阐明的那样，由于第五次浪潮大学嵌入本地社区和虚拟社区，它们必须为这些社区的社会、经济和环境成效服务并为之承担责任。

可持续发展的定义不断发生变化是环境和发展的概念不断变化的结果。此外，就可持续发展持续地开展激烈的辩论也相应地影响了关于环境和发展的对话。因此，不足为奇的是，可持续发展并没有一个被所有人都接受的稳定的含义。但是，第五次浪潮大学无法通过保持学术中立来免于卷入论辩，也无法使用提倡"还原论思维和机械解释"的牛顿模型和笛卡尔模型，因为这样的思维和解释会妨碍将知识理解为行动。相反，可持续发展——无论如何定义它——都需要学科交叉和跨学科的方法来评估、监控和影响本地层面和全球层面系统。第五次浪潮大学必须采取乐观、多元、向善向优的态度参与合作对话，一方面努力协调经济个人主义的要求与地球自然系统的有限性之间的矛盾，另一方面要预防对所有人造成毁灭性的潜在长期损害。

反对团体立场强硬，并且各反对立场之间往往没有优劣之分，如果要与其开展对话和对其进行管理，那么，第五次浪潮大学可能是社会中仅有的能够对话的机构。由于第五次浪潮大学融入当地文化，它们比前几次浪潮中涌现的大学能够更好地抵制模仿冲动，因为其他大学效仿受人尊敬的机构的方法可能并不适合当地需求。第五次浪潮大学可以定制方法以适应本地独特的条件。或者，更好的方面是，因为第五次浪潮大学鼓励创新实验、突破规范文化的极限，并且避开往往会影响主导机构的官僚机构，所以它们可能处于促进科学发现、创造和创新的理想位置。作为相信思想促进行动且知识必须适应不断变化的环境的实用主义者社群，第五次浪潮大学的学术社群必须成为所谓的可持续性知识发展的参与者。根据萨德·米勒（Thad Miller）、蒂沙·A.穆尼奥斯-埃里克森（Tischa A. Muñoz-Erickson）和查尔斯·L.雷德曼（Charles L. Redman）的说法，可持续性知识的特征包括"社会稳健性、对系统复杂性和不确定性的认识、对多种认识方式的承认及规范和道德前提的结合",以及其实施将需要致力于认识论多元化的反思性学术框架。这与智能生态设计的发展是一致的。可持续发展研究学者大卫·奥尔(David Orr)解释说,智能生态设计代表着"识别极限,计算正确,调和人类目的和自然约束,并以优雅和经济的方式这样做"的能力。大卫·奥尔认为,要在教职员工和学生中培养这种生态素养,可能"不亚于重新设计教育本身"。

第 6 章
第五次浪潮知识企业的制度设计

在对美国研究型大学演变所做的所有研究中,其组织改革和制度设计都是特别容易引起共鸣的问题。我们可以将组织改革理解为一个隐性的进化过程,也可以将其理解为显性且有意干预下的产物,但更有可能两者兼而有之。赫伯特·西蒙(Herbert Simon)博学多才,他在一本颇具影响力的著作中如此分析了创新组织:"当我们在短期内观察组织变化时,尤其是在发生重大、快速的变化时,我们会看到,环境力量通过人类思维导致组织发生重大变化。"我们正是在后一种意义上——甚至是在通过干预推动进化的意义上——讨论第五次浪潮中的制度创新。赫尔嘉·诺沃特尼、彼得·斯科特和迈克尔·吉本斯表示:"创造性行为取决于调动和管理一系列理论视角和实践方法论的能力,这些属于'外部'安排,也取决于新理论或新概念的发展或研究方法的改进等科学创造力,这属于'内部'动力学。"本章要从理论上认识与学术框架"外部安排"相关的挑战,即制度创新或设计过程。

创新和设计一样,通常被狭义地解释为工业中的产品研发,但该术语最近用于任何"将元素重新配置为更具生产力的组合"。经济学家亨利·埃茨科维兹认为,这种新的创新概念可能指的是"重组和加强促进创新的组织安排和激励措施",他将这个过程称为"创新的创新"。第五次浪潮涉及这种更广泛意义上的设计,这就是建筑师安·彭德尔顿-朱利安(Ann Pendleton-Julian)和组织理论家约翰·希利·布朗(John Seely Brown)所说的设计"不受事物束缚"。他们观点中的要点可以用下面这段话来表述:"当人们想到设计时,通常是视其为通过制造东西来解决问题。但是,并非所有要解决的问题都会产生具有物理形态的东西。许多最重要的问题都与非物理形态的系统和模型有关,或者说它们是'诡异的'问题,意思是它们根本没有解决方案。"安·彭德尔顿-朱利安和约翰·希利·布朗所说的"诡异的"问题包括人口过剩、水资源短缺、气候变化、地缘政治冲突和教育。

"世界瞬息万变、日益互联,同时,因为互联性不断增强,一切事物都更加依赖于周围发生的其他一切","无界设计"试图为这样一个世界确定新的研究方式。我们将这样的世界描述成"白水世界"(White water world),因为在"白水河里,也就是激流河中划皮划艇,航行——通常是生存——取决于知道如何适应不断变化、不断涌现状况的动态环境"。这种设计是"复杂性科学的产物",设计师必须具有远见卓识,也就是说,设计要展望未来;要保持乐观精神,也要保持怀疑态度,因为设计"出来的理论要经过现实世界的检验",而在现实世界里,设计的作用是"转化和调节变化";将机会主义保持在一定程度内,因为企业家精神对于适当地协商变革至关重要。这种设计需要"本体论转变——一种不同的存在于世界的方式",以适应重大的突发情况。它传达的是能动性。《牛津英语词典》里对"能动性"这个词在这个意义上的词条释义是:行动或行使权力的能力;积极工作或操作;产生特定效果的行动或干预;手段、工具、介导。想象力是一种"特殊形式的能动性"。安·彭德尔顿-朱利安和约翰·希利·布朗认为,它与创造力通过生产性纠缠(productive entanglement),成为实用想象力,并发挥工具的作用。本书前面几章提到过查尔斯·皮尔斯(Charles Peirce)、威廉·詹姆斯(William James)和约翰·杜威阐述的美国实用主义原则。与该原则一致,安·彭德尔顿-朱利安和约翰·希利·布朗所构想的实用想象力,将思想和行动视为是不可分割的和互惠的。他们解释道:"想象力提供了愿景和意图,通常具有推动我们前进的新颖性。"但是,正是"环境提供线索和加以约束",使"想象力工具化并运用到实际行动中"。此外,正如作者所主张的,实用想象力是不可知论的，它可以被"巧妙地"使用，也就是说，既可以运用到艺术、人文和社会科学领域，也可以运用到自然科学和技术领域。

第五次浪潮建立在第四次浪潮之上——其认知基础、行政管理基础和社会基础之上，但是制度创新不仅需要"在现有基础上进行有计划的增量式改善"，正如约翰·帕吉特和沃尔特·鲍威尔所主张的那样。本书旨在论述关于一种假定的新制度类型的设计，所以，它可能更准确地对应约翰·帕吉特和沃尔特·鲍威尔所称的"从历史视角对组织新颖性的涌现"开展的研究。他们提出："组织并非凭空出现。所有新的组织形式，无论多么新颖，都是之前组织形式的重新排列组合，转型使得它们具备了新颖性。因此，进化并不是朝着某种脱离历史轨迹的理想前进……正如达尔文所说，它是由分支、重组、转化和连续的路径依赖轨迹组成的，是交织缠绕在一起的浓密灌木丛。"因此，正如约翰·帕吉特和沃尔特·鲍威尔所说，当代学术文化提供了"许多关于如何选择替代方案的理论"。"但是最初，关于新替代品出现的理论也是少之又少。在我们开始分析之前，新思想、新实践、新的组织形式、新的人物必须从想象落地为现实。"关于新组织形式的出现，约翰·帕吉特在别处也曾提及："一旦存在替代方案，解释方案的选择对社会科学来说并不困难，解释替代方案是如何被发现的则稍微困难一些，因为我们对当前替代方案之外的搜索空间有多大、多宽广并不是特别明确。在找到存在的替代方案之前，解释真正的新颖性如何出现是巨大的挑战。"

约翰·帕吉特和沃尔特·鲍威尔讨论的是经济组织，但他们的方法也被认为适用于解释政治组织。由于大学不可避免地卷入政治活动，并且越来越多地成为经济活动的参与者，因此我们将约翰·帕吉特和沃尔特·鲍威尔的见解延伸并运用到解释大学发展的浪潮模型中。由于第五次浪潮是建立在第四次浪潮基础之上的，设计过程中在评估新的替代方案时，我们必须参考学术组织现状的持久性，并考虑可能出现的新型学术组织形式，甚至要考虑新的机构类型。安·彭德尔顿－朱利安和约翰·希利·布朗从诗人兼哲学家保尔·瓦莱里（Paul Valéry）那里寻求理解这一问题的洞察力。"发明取决于两个过程，"保尔·瓦莱里表示，"第一个过程是产生一系列备选方案，另一个过程是遴选各种备选方案。我们要知道在第一个过程中产生的备选方案哪些是可取的和重要的。"后一种能力对于设计过程至关重要，即在发明的第二个过程中，能够识别呈现在眼前的内容所具有的价值，敏锐地捕捉住它，避免跟它失之交臂。

组织在科学探究中所发挥的作用

科学探究需要更优化的机制来推动，这一点我们并非今天才意识到。在17世纪，现代科学有组织地出现，自那时起，现代科学探索就一直隐含着一个目的，正如哲学家菲利普·基彻尔（Philip Kitcher）所说：创造一个"为实现认知目标而精心设计的社群。"这一目的突出了知识生产的偶然情境性（contingent situatedness），即一个看似不言而喻的问题："应该如何组织科学探究以发挥其恰当的功能？"这个问题难免受制于特定的制度背景。而且，正如历史学家A.亨特·杜普瑞（A. Hunter Dupree）深入浅出地指出的那样，有组织的科学活动是"能力有限且容易犯错的人们在一起开展的集体活动"。他还补充道："其有效性在很大程度上取决于其组织及机制所具有的连续性和灵活性。"从历史视角和理论视角，包括从社会维度评估知识和信仰的社会认识论，能够帮助我们加深理解优化机制对实现认知目标具有的重要意义。

无论是从主要研究型大学、政府机构系统和美国联邦实验室的角度，还是从产业的研发角度进行评估，知识生产都依赖其制度背景，并因更优化的制度安排得到促进。尽管上述部门之间在知识生产方面越来越多地开展协作，但是在构成国家创新体系的机构参与者中，第四次浪潮研究型大学仍占主导地位。像美国研究型大学这样复杂的组织机构，必须不断演变和发展才能跟上不断变化的文化、经济、政治和社会环境，才能跟上新知识传播和扩散的步伐。尽管如此,学术文化中仍然存在这样一种假设,即制度框架在某种程度上总是能够且不可避免地得到优化配置,从而促进科学发现、创造和创新。知识生产是一种需要协作完成的任务,因此它具有社会建构性的特征,并且依赖于一定的历史条件——"知识生产部分属于开发和利用它的活动、背景和文化的产物",因此它具有路径依赖的特性,也就是说,它由以前的一系列决策活动所塑造。路径依赖这一概念强调了历史条件决定制度演变的程度。正如米切尔·史蒂文斯和本杰明·格布雷-梅欣所解释的那样:"过去的形式得以呈现的方式包括:①通过提供可以在任何给定时间点采取行动的组织背景;②通过提供被允许或不被允许采取某些类型行动的群体身份;③通过界定个体和群体在特定时间和地点能构想什么。"知识生产可以理解为"结构"(structure,指大学的制度矩阵)和"机构"(agency,指学术界的学术、创新和创造力)之间的反思关系的产物。这个过程用安东尼·吉登斯(Anthony Giddens)的话语表述就是"结构化"(structuration)。知识生产的制度背景构成了它的历史先验,正如伊恩·哈金所解释的那样,它的功能类似于托马斯·库恩所描述的常规科学范式,至少,"历史先验指向的是影响知识发展前景的历史条件"。

但是,这种相互依存关系却常常被误认为是科学发现和创新中的偶然事件,人们完全没把它当回事,觉得这只不过是敷衍了事的行政摆设。组织理论家约翰·希利·布朗和保罗·杜吉德(Paul Duguid)提出:"在一个赋予'抽象知识'以特殊价值的社会里,一旦掌握了相关的抽象概念,实践细节就被视为是无关紧要且很容易形成的。"我们使用的表述"机制设计",指的就是这样的实践细节及进行审议并达成共识的必要性,这些决定了研究型大学等知识企业的结构和功能。与正规历史记载的美国高等教育发展过程有所不同,我们重申,我们试图对机构类型在连续几次浪潮中所具有的结构和功能进行评估和诠释。这种分析既属于形态学,又属于类型学,但基本不是历史学分析。形态学是指研究组织和机构的结构属性,当然,即使是像结构这样看似固化的概念，也可能被认为具有相对性。安东尼·阿博特（Anthony Abbott）提醒我们："结构本身就具有欺骗性，虽然为了分析方便，我们将其概念化，但它却在无数次不起眼的量变中最终发生了变化，即使无法辨识出突然发生的质变，也是在所属种类上的改变。"安东尼·阿博特观点的核心要义就是："在某种意义上讲，结构通常不过是我们给那些变化较慢的事物所取的名称。"

知识是一种结构体，这种认识自古就有，并且以不同的方式表达出来，最终由康德（Kant）加以强化。康德重新定义了我们对心灵与世界之间相互依存关系的认识。最近，建构主义认识论对知识的建构进行了阐述。当认知评估明确是社会的或人际的维度，那就是社会认识论。正如菲利普·基彻尔所说："没有考虑历史的认识论是盲目的。"从这个前提出发，我们可以知道，人类的理解力通过了解其产生的条件而得到丰富。但是，当代学术文化仍然重视发现的概念，正如克拉克·米勒和蒂沙·A.穆尼奥斯－埃里克森所主张的那样，在组织环境中，知识并非总是"从组织自身显性和隐性的价值观、惯例和运营假设中构思和构建的"。因此，人们可以很容易将知识生产想象为对知识的设计，或者在组织环境中，将知识生产想象成对知识系统的设计和操作，具体指的是"组织创造、验证、交流和应用知识的实践和惯例"。克拉克·米勒和蒂沙·A.穆尼奥斯－埃里克森指出，知识系统决定了提出什么问题、不提出什么问题及在提出问题时如何设计问题和评估问题。由于组织评估的前提是"与真值的关系无法轻易确定或直接确定的不确定命题"，因此对知识生产的条件加以评估具有更重大的现实意义。在这种情况下，克拉克·米勒和蒂沙·A.穆尼奥斯－埃里克森提供了一连串与知识系统故障相关的灾难和崩溃情况，从珍珠港事件、三哩岛核电站事故、"挑战者号"航天飞机灾难，到在伊拉克识别大规模杀伤性武器所付出的徒劳无功的努力、2000年美国总统大选后佛罗里达州重新计票事件，再到2001年9月11日发生的恐怖袭击。似乎这些还不够，他们还继续调查了人们如何看待飓风"卡特里娜"

（2005年）和"桑迪"（2012年）、2008年金融危机、2010年墨西哥湾深水地平线漏油事件及持续不断的关于气候变化的争论。

我们看到，组织机构有责任完善和调整其框架，以适应知识对环境做出反思和依赖的要求，并更充分地促进在应用背景下进行跨学科知识生产的任务的完成。重新调整和重新定义学术组织和学术流程的必要性变得越来越紧迫，具体包括从行政管理、认识论和社会联盟等方面做出调整和重新加以定义。"新的知识生产形式使现有的制度结构和程序处于压力之下。"迈克尔·吉本斯及其同事在谈到知识生产模式Ⅱ时做出如此评价。因此，这些机构"需要新的和彻底的变革"。在第5章中，我们将第五次浪潮与新的知识生产模式联系起来，这种生产模式是"在应用背景下应用，并以跨学科性、异质性、组织异构性和瞬态性及落实社会问责制和反思性为标志，而且在质量控制上强调知识生产对环境的依赖和对应用目的的依赖。"第五次浪潮势在必行，是由于第四次浪潮的设计存在固有的局限性。同样，知识生产模式Ⅱ的出现，"对我们所熟悉的知识生产机构，包括大学、政府研究机构或企业实验室的充分性提出了质疑"。

组织改革：进化过程与科学设计

关于组织改革，人们有两种截然不同的看法。一种是进化模式论，它侧重于从动态的角度解释变革，即探讨如何适应充满竞争的复杂组织生态，并从中争夺资源；另一种观点则认为变革主要源于有意干预。技术创新已被视为进化过程，那么可以推断，制度创新也可视为进化过程。弗雷德里克·布鲁克斯（Frederick Brooks）参考设计环境中"进化"一词后专门解释说："'进化'一词在此被广泛使用。该模型是进化的，因为对问题的理解和解决方案的开发都是增量式产生的，而且开展的是增量式评估。"政策学者德里克·安德森（Derrick Anderson）和安德鲁·惠特福德（Andrew Whitford）对以下两种方法之间的区别做了进一步阐述："组织改革进化论认为，变革是通过对环境刺激做出反应来实现的。制度设计干预论的观点则认为，变革可以体现人为偏好和人类的价值观，并且有意图地使之在程度上实现最大化。"社会学家霍华德·奥尔德里奇（Howard Aldrich）和杰弗瑞·菲佛（Jeffrey Pfeffer）解释道："自然选择模型……假设环境因素会选择那些最适合环境的组织特征。有一种互补模型，它有各种名称表述，如政治经济学模型、依赖交换方法、资源依赖模型。该模型主张多关注组织内部的政治决策过程，组织应力求管理环境或战略性地适应它们所处的环境。"此外，组织改革可以越过渐进式和累积式改革。伊莱恩·罗曼内利（Elaine Romanelli）和迈克尔·L. 塔什曼（Michael L. Tushman）对此解释道："间断均衡理论将组织描述为在其基本活动模式中经过相对较长的稳定期（均衡期）而演变，这些稳定期被相对较短的阵发性的根本变革打断（变革期）。"在这个概念中，"变革期实质上打破了既定的活动模式，并为新的均衡期奠定了基础"。

相比之下，赫伯特·西蒙将制度变迁明确地视为有意干预的产物，他称之为"设计科学"。在"构成《人工的科学》（*The Sciences of the Artificial*）一书基础的系列讲座"中，赫伯特·西蒙强调了自然科学（指"关于自然物体和现象的知识"）和人工科学（人类制造的而不是天然的人工制品）之间的基本二分法。正如他所说的，自然科学关注事物的实然状态，而人工科学则关注事物"为了实现目标和发挥功能应该如何"。因此，他把实现创意、产品和流程的知识称为设计科学。此外，"每个人都会设计出旨在由谁将现有情况转变为首选情况的行动方案"。在这种情况下，赫伯特·西蒙强调了一个关键性区别："人造事物可以从功能、目的和适应性等方面进行描述。"关于功能和目的，赫伯特·西蒙评论道："实现目的或适应目标涉及三个术语之间的关系：目的（或目标）、人工制品的特性及人工制品运行的环境。"因此，赫伯特·西蒙为将制度设计凝练为有意干预的过程确立了理论基础。

"设计的中心思想是人工制品的概念和规划。"设计理论家理查德·布坎南（Richard Buchanan）如此解释赫伯特·西蒙的观点。但赫伯特·西蒙还主张，设计是一个可以被理解为科学地解决问题的过程。这个概念的新颖之处在于假设科学方法可以被适当地应用于各种涉及的环境之中——行政的、认识论的和社会的环境。"解决问题通常被描述为在存在着各种可能方案的迷宫中摸索。要想成功地解决问题，我们需要有选择地搜索迷宫，并将目标范围锁定到可控的范围之内。"因此，"解决问题需要有选择性地反复试验"。在两段文字的篇幅内，他重申："从最笨拙到最有洞察力的方式，解决问题只需要反复试验和选择不同的组合方式。"探索就是这个过程的要义所在："检验是否有了发现，就是看是否出现了无法确切预测的新事物，并且这个新事物还具有某种价值或利益。"

因为赫伯特·西蒙对设计这一概念做了宽泛意义上的理解，所以，他将我们的文化所生产的全部产品都认定是巧妙的办法——从最基本的工具，到"我们通过眼睛看到的、通过耳朵听到的一系列人工的东西，它们是以书面语言形式和口头语言形式存在的符号"。他强调设计的偶然性，以至于他认为"在很大程度上，设计科学是人类应该进行适当研究的学科，不仅仅是作为技术教育专业组成部分，而应该作为每个接受通识教育的人学习的核心学科。"事实上，赫伯特·西蒙将设计概念加以提炼，通过科学方法和定量评估来实现社会科学的一体化，并将之作为解决问题的基础。因此，理查德·布坎南主张将设计重新定义为他所说的"技术文化的通识艺术"，恢复设计这一概念所具有的更广泛的意义，即设计既是体系化的又是融合式的。体系化体现在设计具有建构性，而融合式则体现在设计必须将理论和实践相结合。

此外，将设计称为"技术文化的通识艺术"，使技术一词恢复了工业革命时期出现的除了"用品和机器"之外的概念感。理查德·布坎南解释说："大多数人继续从生产产品的角度看待技术，而不是将技术视为一门要求有系统思维的学科。"设计产生规划："规划是一个论据，反映了设计师的深思熟虑及他们以适合特定情形和需求的新方式整合知识的努力。"因此，他呼吁将设计作为"有实践推理和论证的新学科",也就是"克服单纯的口头论证或象征性论证的局限性——即文字脱离事物,或者理论脱离实践"。作为一种新的通识艺术,理查德·布坎南希望设计能够挑战我们认为不可能的观念,毕竟这些观念可能只反映了我们想象力的局限性。

与赫伯特·西蒙提出的设计概念一致,设计领域越来越多地将其宗旨和目标视为以解决问题为导向的过程,而非人工制品的生产,从而超越了包豪斯模型(Bauhaus model)所代表的手工设计的概念。这种更广泛的且有利于社会改造的概念有时被称为"设计思维",它主张规划和改进流程、系统和组织的意图。因此,设计理论家布鲁斯·毛(Bruce Mau)从"设计系统、设计组织和设计有机体"方面来设想变革。这种规模的变化需要探索他所说的"设计经济",其中"出现的模式揭示了复杂性、跨学科要求的整体思维和事物之间前所未有的互联性。"普拉萨德·博拉德卡(Prasad Boradkar)表示:"新的设计概念将设计定义为系统的开发,而不是生产单个工件。""新的设计思维强调关注社会公平和环境责任问题,推动设计跨越历史上存在的形式固化问题。现在人们也普遍认识到,仅靠设计领域孤军作战不能解决这些问题,这些问题的严重性和复杂性要求人们必须同时利用其他学科。"

1973年,霍斯特·里特尔和梅尔文·韦伯发表了一篇极有影响的论文,专门讨论"诡异的"问题。他们认为,在第五次浪潮背景下,这些问题可以通过设计思维的实施而得到解决。霍斯特·里特尔和梅尔文·韦伯借用哲学家卡尔·波普尔(Karl Popper)提出的概念,描绘了"诡异的"问题的10个属性,不确定性排在首位。霍斯特·里特尔和梅尔文·韦伯提出,"诡异的"问题没有明确的表述方式,也没有确切的解决方案,充满了不确定性,其价值也很有争议。理查德·布坎南认为,不确定性和"诡异"性在规划中不可避免,因为"除了设计师所构想的内容之外,设计本身并无特定的主题"。因此,"设计主题在范围上可能具有普适性,因为设计可以被应用于人类体验的任何领域"。此外,设计思维需要采用跨学科的方法,因为它认识到"不可能依靠任何一门科学（自然科学、社会科学或人文科学）来充分解决固有的'诡异的'问题"。理查德·布坎南解释说："设计师们正在探索如何具体地整合知识，将理论与实践相结合，以实现新的生产目的。"

了解一下当代理论和实践中的四大设计领域，就可以看出它们的雄心壮志。根据理查德·布坎南的说法，这些领域包括：象征性和视觉性传达；物质对象；活动和有组织的服务；生活、工作、娱乐和学习的复杂系统或环境。在这种背景下，关键的一点是，"设计思维中的论证朝着符号、事物、行动和思想之间具体的相互作用和相互联系的方向发展"。除了系统工程、建筑和城市规划，理查德·布坎南还具体说明第五次浪潮中适用于学术管理的背景，即设计在"复杂整体的各个组成部分的功能分析及其随后在等级结构整合"中的作用。

研究型大学在复杂且竞争激烈的组织生态中运作，按照赫伯特·西蒙对人工科学的描述，公共行政管理可以被视为一种设计科学，管理人员和政策学者都被赋予了为这些大学机构的发展演变做出贡献的能力，特别是根据公共组织和管理系统所处的外部环境来调整他们之间的联盟关系。正如巴里·博兹曼（Barry Bozeman）提醒我们的那样，所有组织都具有公共性，并且通过将公共行政管理作为一门设计科学，学者和从业者通力合作，既可以促进这些机构的有效性，又能提升公共利益。公立大学最初的设计是墨守成规的、具有官僚主义性质的，并以教师为中心，而不是以客户或学生为中心。因此，受制于组织行为的保守模型，大学在很长一段时间内仅表现出最低限度的适应性和变革性。与50年前美国雪城大学（Syracuse University）"麦克斯韦尔公民与公共事务学院"召开明诺布鲁克会议（Minnowbrook Conference）以呼吁产生"新型公共行政管理"一致，我们应重新思考第四次浪潮的机构框架，旨在重新定义它们的设计原则，以促进实现第五次浪潮必不可少的灵活性、变革导向性、系统响应性、以客户为中心、跨学科性及适应性。

惯性和同构性阻碍制度创新

"学术界很奇妙,"乔纳森·科尔评论道,"我们是研究孕育和早期发育的专家,熟知发育成熟和全面扩张的过程,但我们却拒绝面对死亡和消亡。"乔纳森·科尔指的是组织惯性,它阻碍着组织改革,隐伏在美国研究型大学中,暗中为害,情况最为糟糕。"有些东西一旦位居其所,你就很难摆脱它。"他总结道,"过时的或冗余的项目和实体,其在学术意义上的死亡方式就是达尔文在物竞天择中描述的萎缩和衰退。"政策研究者伯顿·克拉克引用社会学奠基人埃米尔·涂尔干(Émile Durkheim)的学说,评估这种惯性的广泛影响。埃米尔·涂尔干认为,教育是"实践和制度的合集,它们是随着时间推移缓慢组织起来并系统化的,可与所有其他社会制度相提并论,因此,除非社会本身结构发生变化,否则教育体制无法随意改变"。关于抵制创新,尼尔·斯梅尔瑟认为:"高校教职员工似乎已经培养了与其智力水平和创造力水平相称的抵制变革的本领。"他引用了约翰·凯(John Kay)努力筹建牛津大学萨伊德商学院期间与牛津大学委员会打交道的经历。约翰·凯借用划桨的比喻描述了他所遇到的"8次犹豫不决的决策:推迟、移交、程序性反对、'大局观'、回避、模棱两可、先例和否认。"尼尔·斯梅尔瑟风趣地讥讽道:"如果他没有被划桨这8次犹豫不决的决策束缚,他可能会发现甚至不止这8个。"正如理查德·R.纳尔逊和西德尼·温特(Sidney Winter)所评论的那样:"我们认为机构组织通常更善于在恒定的环境中进行自我维护,而不是在重大变化中,并且更擅长朝着'如出一辙'的方向变化,而不是朝着任何其他类型变化。"

官僚主义模式和同构性组织结构的复制阻碍了创新,并造成了学术文化僵化。抵制新制度加剧了常规性、标准化和惯性趋势,这些趋势已被确定是官僚化的标志。大型公共机构执行标准化和重复性任务,由此带来的轻蔑、贬损的官僚心态，往往不利于科学发现、创造和创新。对传统的过度崇敬，会鼓励人们固守历史模型，即使其相关性或有用性已经持久减弱。当然，这不足为奇，因为大学是"非常保守的组织，明显带有它们中世纪起源和许多功能的烙印"，正如社会学家杰森·欧文-史密斯所主张的那样。教育理论家威廉·蒂尔尼（William Tierney）和迈克尔·兰福德（Michael Lanford）认为："有史以来，高等教育一直都在变革和创新，尽管大学校园里到处都是庆祝历史和传统的器物和仪式。尽管如此，学术界对创新的权威解释仍然令人难以理解。"

同构性指特定经济部门的组织机构的矛盾发展趋势，它们相互模仿，逐渐同质化，但效率却不一定提高。正如社会学家保罗·迪马乔（Paul DiMaggio）和沃尔特·鲍威尔所主张的那样，产生主导组织模式的权力和合法性竞争的结果不具差异化，而是同构一致，因为"组织机构必须考虑的主要因素是其他组织机构"。由于制度屈服于强制性、模仿性和规范性压力，同构性可能是一种完全理性的反应。例如，强制性可能来自政府监管，拟态同构或同构模仿描述的是组织为实现合法性而努力地模仿竞争对手。专业化产生标准化模型。职业合法化的斗争产生了"一群在一系列组织中占据着相似的职位，并有着相似的取向和性格的个体，它们之间几乎可以互换角色，如此可能会覆盖传统上存在的变化和差异，从而可能会影响组织行为"。

社会学家迈克尔·汉南（Michael Hannan）和约翰·弗里曼（John Freeman）认为，同构复制会产生一种非常隐蔽的影响，即组织机构往往"对自己所处环境中的威胁和机会反应相对迟缓"，因此产生了一个有待解决的问题，即如何提升"结构对所策划的变化做出迅速响应的能力"？还有一个问题同样值得关注，那就是知识生产本身的特征和质量，其认识论参数不可避免地受到其行政和社会框架轮廓的影响，知识生产因受同构性学术组织和同源制度结构复制的约束，不大可能产生科学发现和创新所必需的变异性和多样性。面对第四次浪潮中的研究型大学内部根深蒂固的同质同构性，第五次浪潮鼓励机构组织在制度设计上实现差异化和异质性。

同时作为具有认识论、行政管理和社会文化的组织模式，学科分类有助于知识生产的同构性。尽管外界对此持怀疑态度，事实上，学科霸权、学科文化适应现象及学科与院系之间的相关性，仍然与主要于19世纪后期确立的历史模式保持高度一致。"学科有效地垄断（或试图垄断）本领域内的知识生产，"路易斯·梅南德提出，"而且，它们也垄断了对知识生产者的培养。"他认为，学科公会实际上主要只对它们自己负责。"由于批准产品的是系统——事实上，专家社区之外的任何人都没有资格评估系统中出产产品的价值，系统最重要的功能不是生产知识，而是系统的再生产。"这种系统的再生产体现在我们学术实践的方方面面，包括课程安排。路易斯安那州立大学系统前校长约翰·隆巴迪提出了造成这种同构性的两个来源，他认为："大学课程的相似性来自于竞争和监管造成的双重压力，竞争使得每所高校为寻求等同的学生和家长所形成的共同市场，从而提供大致相同的课程。""监管则通过认证制度强化了教育内容标准化，认证过程鼓励或强制要求高校提供内容非常相似的本科课程。"

同构性有助于次优组织结构的持续或复制。在这种情况下，沃尔特·鲍威尔提出了以下几个问题："实践和结构如何随着时间的推移而永久存在，特别是在功利主义算法表明它们已经功能失调的情况下？当有更好的选择时，实践为什么会得到复制？为什么不甚理想的安排即使遭到反对却仍然存在？"沃尔特·鲍威尔的解释很有说服力，并且符合第五次浪潮势在必行的论点，具体内容如下："持久性可能并不依赖于积极的能动性，因为特定实践或结构已经牢固确立在实践和程序的网络中，对其任何一个方面做出改变都需要改变许多其他要素。此外，当实践和结构被视为理所当然时，社会模式也可以在没有积极干预的情况下进行自我复制，因此它们不会被质疑，也不会被拿来与其替代方案进行比较。再者，组织程序和形式可以因为依赖路径发展模式而得以维系，在这种模式中，最初的选择排除了未来的选择，包括那些从长远来看会更有效的选择。最后，成功通常是实验的敌人，并会导致能力陷阱，即劣质程序或技术却取得良好的表现，从而促使组织以此积累其他的经验，导致对更有益的程序或技术缺乏了解，以至于使其无法得到运用。"

促进知识生产的组织环境

哲学家斯科特·库克（Scott Cook）和约翰·希利·布朗以西班牙思想家何塞·奥尔特加·加塞特（José Ortegay Gasset）的见解为依据，推断出组织会对知识生产起到阻碍或促进作用。组织知识（organizational knowledge）的常规解释是特定个体所拥有的知识的某个子集，斯科特·库克和约翰·希利·布朗因此将其称为"占有认识论"。相比之下，组织认知（organizational knowing）可以叫作"实践认识论"。认知意味着动态参与并符合实用主义信条，即确信知识意味着行动："实用主义视角主要关注的不是被视为抽象的和静态的'知识'，而是'认知'，认知被理解为动态的人类行为。"因此，组织认知是指"个体和群体在特定组织或群体背景下开展'实际工作'的协同活动"。因为组织知识和组织认知是互补的、相互促进的，所以，它们之间的相互作用被比作促进组织创新的"生成之舞"（generative dance）。假定占有认识论和实践认识论之间存在辩证关系，斯科特·库克和约翰·希利·布朗援引了约翰·杜威的观点和他称为"生产性探究"的过程。约翰·杜威是这样表述的："这是探究，因为从某种意义上说，促使我们采取行动的是一种疑问：一个难题、一个问题、一个引发争论的洞察力或一种棘手的情况。它是生产性的，因为它旨在产生（制作）一个答案、一种解决方案或一个决议。"因此，生产性探究是由适当的组织环境促成的，"利用和治理创新需要能够支持知识和认知发生相互作用的组织基础设施和技术基础设施"。

第五次浪潮跨机构维度的理想模式可以通过经济学家亨利·埃茨科维兹的"三螺旋"创新战略呈现。学界、产业界和政府之间的"三螺旋"合作伙

第 6 章 第五次浪潮知识企业的制度设计

伴关系由交叉的知识网络组成,多学科的不同视角为这一知识网络提供输入。但组织理论家认为,知识储备的价值正在减少,因此必须通过相关知识流持续地补充知识库。实际上,关于组织设计的理论探讨往往会忽略一些不太明显的模型,但这些模型可能对于理解第五次浪潮具有启发性和相关性的意义非常有帮助。知识网络和各种知识中枢的社会形态,包括隐形学院、实践社区、认知社区和企业这些被理解为知识中枢的组织,代表了第五次浪潮高校特有的跨学科合作的可行模式。

17 世纪和 18 世纪,知识分子和学者之间有书信往来,由此催生出著名的跨大西洋"文学共和国"(Republic of Letters),它与印刷出版的书籍和期刊一起,促进了启蒙运动时期的思想传播。历史学家罗伯特·达恩顿(Robert Darnton)认为,人们设想的"文学共和国"是"一个没有边界,除天赋不同之外,没有不平等的王国"。罗伯特·达恩顿说:"伏尔泰、卢梭、富兰克林、托马斯·杰斐逊,他们每个人的信件都多达 50 卷左右,你读完这些信件,就能看到那个曾经的文学共和国。"当时,托马斯·杰斐逊和詹姆斯·麦迪逊分处巴黎和费城,两人之间的书信往来体现了那个时代"对知识力量的信仰",他们的话题甚至涉及美国宪法。隐形学院是当前知识网络的重要历史模型,这一概念就源自跨大西洋"文学共和国"。它是指学者和科学家开展的任何非正式的合作参与,从不同学科视角就类似话题或相关问题加以探讨。乔尔·莫基尔解释了这个概念的相关性:"开放科学的蓬勃发展和隐形学院的出现——跨越不同国界的非正式学术团体,在这些团体中,17 世纪的学者和科学家彼此保持着密切而翔实的通信——一起推动了这些进步。"从某种意义上说,隐形学院代表了乔纳森·科尔所设想的学术联盟的历史原型。这个比喻来自于先驱化学家和自然哲学家罗伯特·波义耳(Robert Boyle),是他参考他在伦敦皇家学会的同行们的见解后所创造的词语。在大学有组织地研究制度化之前,伦敦皇家学会和法国科学院等机构的形成对于科学和学术交流至关重要,这些交流在近代开始推出的学术期刊及那个时代一些非正式沙龙中流传开来。

实践社区和认知社区本质上是基于知识的社交网络。我们可以认为，企业处在知识中枢，通过它们与学术研究团体——特别是科学研究团体——的相关性，我们就可以推断出这一点。事实上，企业已经按认知共同体建立起来，在该共同体中，显性和隐性智力资本在协作环境中被界定的功能就是提升竞争优势。正如组织理论家大卫·J.蒂斯（David J. Teece）所描述的沟通在这种环境中的作用："企业的本质是其创造、转移、组装、整合和开发知识资产的能力。"

设计过程为过渡到第五次浪潮的大学提供了重新定义其使命和目标的可能，也提供了重组和重新校准其组织、经营和标准操作程序的可能，因此，这些高校能够高效地推进科学发现、创造力和创新。这种重新定义为揭示或创造新的知识生产和应用范式提供了可能。新的跨学科配置代表了制度设计上的尝试，以便重新校准探究过程并增强研究的应用性。如果根据第四次浪潮学科方向定标的学术基础设施被证明不足以解决大规模挑战，那么我们必须专门建造有利于第五次浪潮的新单位，但是，这并不意味着第四次浪潮大学在学术框架重组中总会受到限制。包括哈佛大学、哥伦比亚大学和斯坦福大学在内的诸多主要研究型大学的跨学科精神不仅在新的大规模倡议中占据一席之地，而且还在为促进多学科和交叉学科合作而设计的新建筑中系统地展现出来。然而，内在的设计约束可以被称为"目的性故障"。《牛津英语词典》将"目的性"定义为"所有生命系统为达到目的而被组织起来的共同属性"。在这种情况下，似乎可以运用这个概念指代生物体结构和功能中的明显目的和目标导向性。最初的新聚合可能只代表基于最佳猜测的战略合并，但这种重新配置为通过机缘巧合带来出其不意的探索发现提供了可能。

第五次浪潮的组织框架具有充分的流动性、灵活性、弹性和容量空间，可以容纳无数替代型学术组织，包括历史学家大卫·斯塔利（David Staley）提出的许多替代形式。他在其出版的著作《另类大学》（*Alternative*

Universities）中，接手英国高等教育理论家罗纳德·巴内特（Ronald Barnett）提出的重新构想当代大学的挑战。罗纳德·巴内特提出："世界各地的所有高等教育系统都势不可当地朝着市场化大学的方向发展。"他将这样的大学称为企业型和官僚式组织。大卫·斯塔利指出："公共领域的大学理念已无可救药地没有创造性了。"为了扭转这种所谓的不可避免的局面，罗纳德·巴内特呼吁"大学的新诗学"，并设想了大量的思索性的学术乌托邦，而且他指出这些乌托邦必须是可以执行的（"具有可行性的乌托邦"）。大卫·斯塔利本人设想了多达10种这样的学术组织形式，包括他所谓的"平台大学"，他将其比作：雅典的集市，因为它的组织会自发地、有机地衍生出来；微型学院，每个学院由1名教授和20名学生组成；人文智库，它们将这些学科运用到事关工商业和政府关注的问题上；游牧大学，由一系列来自不同地方文化背景的学徒组成；界面大学，它们探索将认知与人工智能相结合的可能；身体力行的大学（university of the body），这些大学意识到，认知是一个身体力行的过程；进阶游戏研究所，探索创造力和想象力在知识生产中的作用；博学者的大学，每名学生都主修3个不同的领域；未来大学，其课程跨越了纯粹研究和应用研究这两者的"未来"。大卫·斯塔利指出，这种思想实验（"概念大学"）是一种推测性设计，他引述了设计理论家安东尼·邓恩（Anthony Dunne）和菲奥娜·雷比（Fiona Raby）倡导的方法。事实上，当设计展望的是比现在更可取的替代性未来时，设计就变成具有推测性的批判形式。

第五次浪潮跨学科知识生产

跨学科是知识生产模式Ⅱ的首要属性，也是第五次浪潮中的知识企业制度设计的主导原则。美国国家科学研究委员会的一个专门委员会将跨学科性描述为"旨在深度整合学科方法以产生根本上全新的概念框架、理论、模型和应用的研究。"10多年前《科学》杂志的一篇社论拟定了第五次浪潮的跨学科合作特征："我们是时候认识到新的前沿好比一个界面，它尚未被探索，接下来的时间里，创新者在建立新的合作伙伴关系时需要放弃熟悉的工具、想法和专业带来的安全感。"第五次浪潮旨在促进"各个学科之间认知影响的无缝网络"的扩张，这对于乔纳森·科尔来说是一流大学的标志。

尽管交叉学科的分类仍然存在争议，但我们一旦使用"跨学科知识生产"这一术语，就意味着我们认同知识生产具有整合性——超越了基础研究或应用研究之间的虚假的二分法——以及合作性。因此，交叉学科可能涉及来自多个学科领域的研究人员及科学院之外的研究人员。第五次浪潮的跨学科方法与吉本斯团队的解释是一致的："从特定应用环境中产生的知识，具有其自身独特的理论结构、研究方法和实践模式，但可能无法出现在流行学科版图上。"此外，我们可以将这个概念理解成跨机构合作，即知识生产被理解为除科学院主体外，还有其他主体一起参与共同生产。大学不再被视为知识生产的唯一场所。跨学科研究质量的评估标准除了采用学科标准，还有社会的、政治的和生态的标准。跨学科、跨机构和跨国界的框架合作最大限度地发挥了实时推进知识生产和创新的潜能，而且达到了取得预期社会成效和经济成效所需的规模。

第五次浪潮高校的交叉学科和跨学科合作特征需要配置优化的制度框架及以创新为导向的学术文化。尽管人们对这种合作的必要性已经达成了广泛的共识，但是学科文化适应现象却将继续塑造一代又一代的科学家、学者和从业者，学科和院系之间的传统关联仍然是学术组织的基础。跨学科合作在当代学术实践中蓬勃发展，但是，持续存在的学科划分是对美国研究型大学知识生产设计和进一步演变发展极为不利的限制之一。

院系划分以学科为基础，这种根深蒂固的传统反映出学术文化重视个人主义，而非团队合作；重视专业知识，而非通力合作解决问题。第四次浪潮的学术文化重视科学家个人对新知识的发现，不太重视应用型、问题导向型的协作努力。项目协作执行情况也如此，第四次浪潮的学术文化不重视通过同化、合成、实施和应用来推进知识的产生。在这种情况下，同样不利的是这样一种假设：研究和学术主要靠单打独斗，最佳成果不可避免地来自个人贡献的聚合。正如斯科特·库克和约翰·希利·布朗所提出的困境："人类集体的每一项行动并不是都可以有意义地或有用地还原为该集体中每一个个体所采取的行动。"现在的学术文化重视个人成就胜过重视团队合作，但是，如果没有战略协调，个人努力的临时聚合往往无法摆脱一个孤军奋战的调查研究者不可避免的局限性。

第五次浪潮的跨学科合作特征有时遵循重组创新所带来的技术发展模式，而重组创新指的就是将现有创意、产品和流程组合在一起或进行重组。对近1800万篇科研论文的分析证实，新知识在很大程度上产生于对现有知识的新见解。根据布莱恩·乌兹（Brian Uzzi）及其同事的观点："最具影响力的科学主要基于对前人工作进行非常传统的组合，但同时又有不寻常组合的侵入。"他们的评估表明，团队研究的学科交叉合作特征对于创新和影响力是极为有益的："将新颖的组合嵌入熟悉的知识领域，团队这样做的可能性比独立研究者要高出37.7个百分点。"必须重组学术组织以适应第五次浪潮的学科交叉合作特征，这样的必要性从两位以上的作者合作撰写的出版物快速增长的占比得到进一步证实。在所有科学领域，独立作者的研究论文占比已从1981年的30%下降到2012年的11%。目前在某些领域，一篇科学论文的作者数量平均为5位。2013年，团队撰写的论文占了科学和工程类期刊论文总量的90%。尽管合著不一定需要学科交叉，但我们在对合作发表模式进行一番评估后发现，学科归属关系中的异质性在增加。

第五次浪潮知识生产需要来自不同学科和交叉学科领域的研究人员和从业者协作开展科学探索、创造和创新。本·施奈德曼认为："与个人研究相比，团队研究会带来质量更高、影响力更大的成果。""团队研究的质量通常高于个人，因为成员为团队带来了互补的知识、技能和看法，承担更宏大的项目，采用多样化的研究方法，并拥有更大的人脉网络。"尽管研究团队的研究人员有时候来自同一个学科领域,但大多数有效的团队工作的基本前提都是学科交叉合作。事实上,除了个别博学者的专长跨越多个学科领域进行研究之外,交叉学科的研究通常由一个团队进行。反过来,在大多数情况下,团队合作不可避免地是学科交叉的。代表多学科视角的研究团队已被定义为相互依存的组成主体,它们在其聚合行为中表现出复杂适应系统的非线性、自组织和涌现特征。卡瑞恩·克诺尔·塞蒂娜(Karin Knorr Cetina)提出的认知文化中固有的分布式认知,以及克莱·舍基(Clay Shirky)所描述的众包和"认知盈余",在目前的语境下也具有相关性。

科学团队合作具有提高生产力和创造力的天然潜力,对此人们早有认知,但最近的解释进一步阐明了现象背后的细微的认知。协调团队从业者的研究工作,为传播隐性知识和应用现有知识提供了机会。协作参与利用了知识生产的隐性维度。在科学探索和技术创新的背景下,它指的是基于直接经验,对如何理解特定研究问题、研究方法及相关技术的固有实践进行交流。显性知识很容易标准化、编纂成册和传播,而隐性知识需要通过团队直接的人际交流才能够更有效地传播。此外,团队的认知多样性特征与提高的绩效表现和成果具有相关性。

美国国家科学研究委员会中负责团队科学的专门委员会在《提高团队科学有效性》报告中提出的问题包括:"什么样的组织结构、政策、实践和资源可以促进学术机构、研究中心、产业和其他环境中的团队科学有效?" 10 年前,美国国家科学院的报告《促进交叉学科研究》强调了交叉学科合作与应用研究倡议之间具有本质上的相关性,它们的有效性取决于团队努力。报告中提出的建议被证明与第五次浪潮大学的制度设计具有特别的相关性,而这一制度设计需要适应第五次浪潮的跨学科性,在学术界、产业界和政府之间跨界合作,以与知识生产模式Ⅱ一致。该报告强调必须"激发新的探究模式,打破交叉学科研究的概念障碍和制度障碍,为科学和社会带来重大利益"。产业实验室和政府实验室的标准操作程序及学术环境中的交叉学科合作对于应用研究倡议至关重要，这些倡议的有效性取决于团队努力应对大规模全球气候变化和生态系统破坏造成的棘手挑战，这种大规模倡议要求"科学家、工程师、社会科学家和人文主义者一道，从不同的视角并用深刻的知识解决必须得到解决的复杂问题"。该报告认为，"由具有不同专业知识的合作伙伴组成研究团队，其生产力和有效性是毫无疑问的"，并建议"传统的学术结构应进行实质性改变，甚至用新的结构和模式进行替换，以减少交叉学科合作的障碍"。

新框架必不可少，因为"盛行的学术文化和结构往往会复制现有的专业领域，奖励个人努力而不是协同合作，将招聘人选限定在单个学校或学院的单个部门，并限制对于交叉学科和协同合作的激励"。报告指出，学术生涯历来是沿着学科划分界线发展的，学科划分在很大程度上定义了社会组织，以至于从事交叉学科的研究者往往发现自己很难获得同行认可。同样具有挑战性的是获得专业协会、商界和产业界的认可，最重要的是很难获得美国联邦机构的认可。据估计，美国联邦机构仍然专注于学科建制。与其对新结构模型的呼吁一致，该报告强调支持性制度政策的重要性："无论其结构如何，交叉学科项目在允许研究人员进行跨学科交流、分享创意和合作的环境中得到蓬勃发展。"

因为"深度知识整合"是科学团队面临的主要挑战之一，所以，趋同概念尤其重要。趋同是指生命科学、物理科学、数学和计算科学、工程领域及行为和社会科学、艺术和人文科学的日益融合。正如美国国家科学研究委员会召集的一个专门委员会所规划的那样，整合是一种研究方法，它产生"综合的合成框架，将来自多个领域的知识合并以应对特定挑战"。科学调查研究所需的伙伴关系的发展对于整合重要的"专业知识子集"至关重要。因此，美国国家科学基金会（NSF）在较早的评估中，在考虑科学学科的统一和技术的融合时，参考了以下4个领域的整合和协同重组：纳米科学和纳米技术；生物技术和生物医学，包括基因工程；信息技术，包括先进的计算和通信；

认知科学，包括认知神经科学。它们统称"纳米-生物-信息-认知"领域"（NBIC）。

第五次浪潮一体化研究旨在打破基础研究和应用研究之间的二元对立。与这一目标相一致，2017 年，10 所研究型大学的研究人员和管理人员成立了"HIBAR 研究联盟"（HIBAR Research Alliance，HRA），旨在促进卓越的基础研究的社会服务性，同时，也推动高效的 HIBAR 学术研究。HIBAR 代表着"高度整合的基础性和响应性"研究。HIBAR 研究超越了标准线性创新模型。这里重新回顾一下本书前几章的观点，HIBAR 研究代表着一种理念，即技术创新过程始于基础研究，然后针对特定问题调整方向，最终可能研发出适应市场需求的产品和服务。指导 HIBAR 研究的委员会明确表示，他们旨在以如下 4 种关键方式促进研究，并将实现基础研究和应用研究的整合：①以解决问题为目的的科学探索动力；②具有创意设计的传统研究；③大学科学家和学者与来自工商界和政府机构的专家和从业者开展合作；④制订具有强烈紧迫感的长期目标。同时，上述 4 个方面并不容易实现，但以这种方式开展的研究成果具有极强的生成性，也就是说，具有广泛的适用性；有思想、有远见和有创意；是解释性的，即提供有价值的见解；是效用启发式的，即受到社会关注问题的激励和启示；是参与式的，即与社会开展合作；是务实的，即以适当的紧迫感解决实际问题的意图。尽管 HIBAR 一词是相当新的，但其方法来源却可以追溯到唐纳德·司托克斯所提出的巴斯德象限及新型美国大学模型的效用启发式基础研究。

近几十年来，由于产业内的长期研究减少，HIBAR 研究也有些式微。因此，HIBAR 研究联盟主张，大学应该通过扩大对这种方法的承诺，同时提高基础研究的卓越性来做出弥补。这样做需要很多条件包括获得广泛的机构支持。因此，该联盟呼吁，大学要致力于在 10 年内将 HIBAR 研究项目的数量从目前估计的二十分之一提高到五分之一。为了实现这一目标，学术文化要进行集体转型变革，并且在主要研究机构中配备足够数量的研究人员。在这种情况下,机构的重新调整可以通过努力实现合作团队分布式网络来实现,这些网络代表了组织改革的多层次倡议,其概念是基于社群的组织形式(或称"C形式")给出的。这种社群架构的要点包括:①成员的流动性、非正式的外围边界;②大量志愿劳动力的加入;③基于信息的产品输出;④显著开放的知识共享。这种在全球范围内动员志愿者来解决复杂项目的方式被比作协调志愿者工作,该工作产生了第一版《牛津英语词典》的出版(1857年开始收录工作),以及 Linux 操作系统的成功开发,这些都是通过全世界个人的集体努力实现的。与这种方法相一致,10个创始成员机构组成联合行动小组,以考虑有关学术激励结构、与资助机构的关系、最佳实践的传播及发现新的 HIBAR 研究机会的建议。更重要的是,这个行动小组既不限于 HIBAR 研究联盟的创始成员大学,也不限于大学这类参与主体。此外,HIBAR 研究联盟的研究成果的传播任务将由众多利益兼容的组织合作承担,包括公立和赠地大学协会、政府–大学–产业科研圆桌会议(GUIRR)、美国国家科学院和美国国家发明家科学院。

走向智力双语之路

美国第四次浪潮中的研究型大学仍然坚持知识生产模式 I 的学科建制,但它们勉强适应了交叉学科的新兴浪潮,具备了知识生产模式 II 跨学科知识生产的特征。然而,知识生产模式 II 的全面制度化,则是第五次浪潮的任务。直到1937年,《牛津英语词典》才在第二版中收录了"交叉学科"这个词条,美国社会科学研究委员会早已在1934年表达了优先关注"跨学科"的意向。此外,关于以科学团队为特征的学科合作能够从根本上提高生产力和创造力这一主题,早在几十年前,即1970年9月,教育研究和革新中心(CERI)与经济合作与发展组织(OECD)就在与法国尼斯大学合作举办的首届国际会议上有过理论解释。

早在 1924 年，美国雪城大学麦克斯韦尔公民与公共事务学院成立，成立该学院的目的是提供公共行政管理专业和国际关系专业研究生学历教育，以及提供包括政治学、经济学和历史学在内的社会科学专业研究生学位教育。在这之后，为适应社会科学的学科交叉而进行学术组织重组就很明显。20 世纪 30 年代，许多高校打算在人文学科中建立新的组织结构，其中包括普林斯顿大学和哥伦比亚大学。1941 年，芝加哥大学成立了广受赞誉的"社会思想委员会"，创始人为时任校长罗伯特·M. 哈钦斯（Robert M. Hutchins）。该委员会促进了对人文科学和社会科学的广泛研究。从那时起，美国的一些大学有计划地推进了很多工作，建立交叉学科项目、重新配置学术部门或修改课程以促进学科交叉方法的应用，但努力的结果喜忧参半。20 世纪六七十年代，在交叉学科的酝酿过程中，涌现了众多人文学科项目，斯坦福大学创立于 1960 年的现代思想和文学项目是所有这类项目的原型。

本章不从历史角度对科技交叉学科的发展势头进行评价，但要理解它们在当代如何转型到第五次浪潮的知识生产模式 Ⅱ，切入点可以是第二次世界大战期间美国联邦政府对科学研究投资的增加，这一措施带来了大规模的多学科研发工作和成果。拨款内容包括下列 3 项：1940—1945 年，对麻省理工学院的辐射实验室的拨款；1942—1946 年，为曼哈顿计划拨款；为美国国家实验室系统的发展拨款，其中"追求大型多学科项目，重视……团队方法"。技术应用背景下的基础科学研究崇尚学科整合和协作努力，如 20 世纪中叶，美国电话电报公司（AT&T）贝尔实验室进行的工业研究和开发。本·施奈德曼认为："团队研究一直都是取得一些重大突破的源泉。例如，1947 年晶体管的发明得益于研究者之间的技术互补，沃尔特·布拉顿（Walter Brattain）是一名应用研究员，约翰·巴丁（John Bardeen）是量子理论基础研究员，威廉·肖克利（William Shockley）则是一名固体物理学家。"

但作为整合探索和商业化网络的中心结点，研究型大学一直是国家创新体系中发挥关键作用的参与者，这一体系还包括与知识生产相关的经济机构、政治机构和社会机构。有组织的研究单位（ORUs），即由大学建立的交叉学科研究中心和研究所，旨在推进基础研究和应用研究，它们的发展对于第二次世界大战后美国科学研究企业跃居全球主导地位是不可或缺的。据估计，交叉学科合作产生的推动力，已促成建立近3000个研究中心，它们目前活跃在25所主要的研究型大学中。

最近，明确构想跨越学科界限的差异化机构配置，证明了替代性学术平台可以促进协作参与。例如，"交叉学科研究中心"（the Center for Interdisciplinary Research）是一个交叉学科智库，效仿普林斯顿大学高等研究院建立而成，它是德国比勒费尔德大学的核心。该大学创建于1969年，最初的想法就是将它建成一所交叉学科大学。跨自然科学和社会科学的交叉学科独立研究所也是存在的，此处仅举一个例子，即成立于1984年的美国圣塔菲研究所（Santa Fe Institute，SFI）。该研究所汇集了一批学者，为复杂自适应系统的研究提供了开创性的理论方法。在21世纪，包括伦敦大学学院在内的一些主要研究机构都试图根据跨学科的"大挑战"主题重新配置他们的研究单位。

第五次浪潮的学术框架比较灵活，有可能适应后现代知识生产的新认识论重构方式，但这种方式却有可能破坏分析结构的稳定性和当前学术文化的确定性。例如，反学科性研究是指超越赫伯特·西蒙提出的自然科学和人工科学范畴的学术研究，其研究成果不考虑学科分类。正如麻省理工学院媒体实验室主任伊藤穰一（Joi Ito）所说："反学科性研究与数学家斯坦尼斯拉夫·乌拉姆（Stanislaw Ulam）的著名论点相似，即非线性物理学研究就像对'非大象动物'进行研究"。因此，反学科性研究就是关于"非大象动物"的研究。他又以另一种表述方式指出，知识可以被视为一张白纸，上面布满了小黑点，每个小黑点代表一门学科，"小黑点之间的大量空白部分代表的就是反学科性研究的空间"。知识生产可能源于这种反向基础，这说明我们需要采用新的方法来理解世界。根据发明家、计算机科学家丹尼·希利斯（Danny Hillis）的观点，尽管我们可能"被启蒙运动的工具赋予了力量"，但在后现代,我们已经进入了"数字纠缠时代"。对于希利斯,知识数字化只是一种残余的"启蒙繁荣"的表现,他认为计算机是"启蒙运动的大教堂,是逻辑确定性控制的最终表达"。但是,我们对技术的掌握有可能把我们代入一种和自己亲手创造的物品间的模糊关系中:"我们不是所造物品的主人,我们学会了与它们讨价还价,我们朝着既定的大体目标前进,用甜言蜜语哄骗它们、指导它们。"知识——这一"启蒙运动的硬通货"——产生了第二个本性:"我们建立了自己的丛林,丛林有了它自己的生命。"如果人工智能可使"机器超越我们,以我们无法想象的方式塑造世界和它们自己"时,启蒙运动就会迎来最后一击。但是,他口中的"美丽的新世界"会提供全新的机会,让我们首先认识到人类与自然之间的虚幻的二元性:"我们不能再将自己与自然界或技术分离,我们应该成为它们的一部分,与它们融合、依赖、纠缠在一起。"启蒙运动之后,"发展是分析性的,来自于对事物的拆分、剖析",但是,"在纠缠时代,发展则是合成性的,来自于事物的组合。我们不应该对生物体进行分类,而是要构建生物体;我们不应该去发现新世界,而是要创造新世界。"如果我们确实"既不受自然奥秘的支配,也不受科学逻辑的支配,二者浑然一体",那么,我们就必须找到新办法来理解新现实。

如果我们确实要在反学科性研究这一反向基础上前进,那么,我们首先必须绘制一张地图,或许还要设计一个合适的指南针。为此,麻省理工学院媒体实验室的教员、设计师兼建筑师内里·奥克斯曼(Neri Oxman)提出了一个学术生产和创意表达的模型,她称之为"克雷布斯创造力循环"(简称"克氏创造力循环",KCC)。克雷布斯创造力循环借用了生物化学领域的术语,反映了生物体产生能量的代谢途径或反应序列。内里·奥克斯曼试图呈现反学科性研究假说,并认为对学科分门别类的界限是虚幻的,因为知识是完全纠缠在一起的。她试图设计一张地图对以下四大领域或模式开展创造性探索:①科学;②工程;③设计;④艺术。正如她所阐述的那样,她的目标是"就这些领域之间的相互关系绘制一张不定型但整体化的地图,其中一个领域可以激发另一个领域的演化,并且单个个体或项目可以横跨多个领域。"她的模型源自同行设计师前田约翰(John Maeda)。前田约翰将专业任务与每个象限相关联:科学对应探索,工程对应发明,设计对应交流,艺术对应表达。内里·奥克斯曼假设这些相互关联和互补的领域之间存在着动态关系,类似于克雷布斯循环的代谢途径,也就是通过营养物质的氧化,不断地产生化学能。她说:"在这个类比中,人类创造力的4种模式——科学、工程、设计和艺术——取代了克雷布斯循环中的碳化合物,每种形式(或化合物)通过转化到另一种形式来产生流通。"关于转化,科学将信息转化为知识,工程学将科学知识转化为效用,设计将效用转化为行为,艺术质疑行为并将其转化为新的感知。在这个灰姑娘变身时刻,正如她所说,"新的感知激发了新的科学探索"和"所有孤岛都合并以回到(信息的)盘古大陆(Pangea)。"在这种"量子纠缠"中,粒子只能被整体识别。内里·奥克斯曼说:"如果启蒙运动是沙拉,那么纠缠就是羹汤。"

伊藤穰一提出,克雷布斯创造力循环代表了重新思考合适学术实践的模型。他呼吁各地的学术机构效仿麻省理工学院的"MITx"计划和"大规模开放在线课堂平台",让知识在线免费获取。他建议在学术界和所有部门之间进行互动和合作,以"创造一个交流思想的工具,让所有在反学科性研究领域工作的人都可以挑战现有的学术孤岛"。他还提出了其他建议,比如发行"一种具有开放协作互动模式的新型反学科性期刊",其可以绕过正式同行评审系统的限制,以应对此时此刻人类面临的迫在眉睫的巨大挑战。他指出,目前的状况是人们"越来越多地学习越来越少的知识",而且过度的专业化分类阻碍了协作和沟通。第五次浪潮当然符合这些建议,并寻求促进内里·奥克斯曼所绘制的创意表达领域之间的流畅移动及这些领域之间的互联、交织与纠缠。

尽管我们希望提出一种全球主要研究机构的普遍机制规划,但高校要加速向第五次浪潮转型,必须具体分析各自的不同情况,每所院校都不可能复制其他院校的重组过程。与设计过程相关的审议和决策,不大容易被编入战略战术宝典之中以普遍适用于其他制度环境。虽然知识生产模式 II 的特征(如跨学科性)所具有的潜力被学术文化中越来越广泛的倡导所证实,但知识生产模式 I 的运作方式仍然是第四次浪潮研究型大学的认识论、社会学和行政管理的基础。机构面临的根本挑战仍然是推进科学发现、创造力和创新,并通过这些过程培养具有适应性和自主性的学习者,使他们能够整合广泛的相互关联的学科,并就知识经济不断变化的劳动力需求进行谈判。

  第五次浪潮中的知识生产的交叉学科和跨学科重构特征,巩固并制度化地表达了过去几个世纪以来明显盛行的学术文化潮流。但是,如果第五次浪潮要推动协作创新,那么这场辩论必须涉及广泛的学科社群及工商界和政府部门所发现的智慧和专业知识。第四次浪潮中仍然普遍存在严格的学科界限,维护这些界限就会削弱与其他专业人士对话的动力。来自不同知识领域的科学家、学者和从业者必须培养其他学科可以理解的"中介语言"——就像不同亚文化的人们通过"洋泾浜英语"做生意一样。斯蒂芬·科里尼(Stefan Collini)称之为"智力双语等价物",其定义是"不仅能够运用各自的专业语言,而且能够参与和学习广泛意义上的跨文化对话,具备为跨文化对话做出贡献的能力"。我们作为一个物种,要想集体生存下去,跨学科合作能力也许至关重要,这就必须优化知识企业的机制,使其持续地发展演变,促进学科之间和交叉学科之间的共通性。

第 7 章
关于扩大招生和卓越科研的观点

美国之所以出现第五次浪潮，是因为社会经济、文化和人口等决定因素的相互作用。出于同样的原因，世界各国都开始积极讨论高等教育改革的相关政策。但不同国家采取的官方措施存在差异，有些的主要目标是设法促进研究产出和知识生产，通常在某种程度上效仿美国研究型大学的设置和运作，而另外一些则旨在扩大招生，增加各社会群体上大学的机会。从第五次浪潮的角度来看，只要教学科研与知识生产脱节，学生接受的还是标准化教学，普及大学教育就不会带来预期的社会影响，这个观点我们反复强调过了。菲利普·阿尔特巴赫解释说："世界范围内，多数大学主要是教学机构——发展中国家的大学几乎都是这种情况，新知识或新观点必须到其他地方去寻找。"他特地强调："高等教育系统以科研为中心，其余全是外围。"譬如中国和俄罗斯都资助了本国的质量保证计划和学术卓越计划，旨在建立具有全球竞争力的研究型大学，促进创新和经济发展，所以在这两个国家分别形成了中国版本和俄罗斯版本的常春藤盟校。但对于许多新兴经济体而言，马丁·特罗提到的高等教育从精英到大众再到普及的转型，埃文·舍弗和约翰·迈耶讨论的容纳数量激增的学生的必要性，以及迈克尔·吉本斯及同事发现的"大众化"就读模式，都不可避免地与建立研究型高校的意图形成竞争之势。

菲利普·阿尔特巴赫发现，"到 20 世纪末，大众化高等教育已成为国际社会的常态"，尽管许多工业化国家公布的入学人数超过了适龄学生的半数。政府法规有时会强制要求采取措施解决这一紧迫问题，对此，菲利普·阿尔特巴赫解释说："在许多国家，大学必须展开大众化的高等教育，比如欧洲大部分地区，通过中学毕业考试的学生都可以上大学，这是得到法律保证的，也是当地的一贯做法；通过考试并选择读大学的人越来越多。但在这之前，学生需要的优质教育通常没有政府的资金支持，结果学习条件迅速恶化。"

西蒙·马金森认为全球高等教育有3种趋势，具体取决于各国的具体国情："第一种趋势是大规模增长，或'大众化'；第二种趋势是在新自由主义思潮的影响下，高校间的竞争加剧，出现商业化特征，适应市场需求；第三种趋势是国家间的不完全一体化和趋同，或者全球化。"他指出，在学术领域，全球化和市场化的影响十分强大，哪怕各国下定决心要解决高校入学率的问题，有时也免不了摇摆不定，但"大众型高等教育的规模巨大，也是三种趋势中最普遍的"。如果某国高校的招生总量超过适龄学生的50%，西蒙·马金森及其同事布莱登·坎特维尔和安娜·斯莫伦采娃就将其称为高参与度高等教育，这与马丁·特罗的"普及"提法相呼应。马丁·特罗将参与率超过15%的情况称为"大众型高等教育"，超过50%的情况称为"普及型高等教育"。

改革不免陷入了两难境地：人们普遍意识到，公民接受良好教育会对社会产生积极影响。那么，我们是采取全面扩招，还是在精英高校中推进知识生产和创新来推动经济发展呢？在包括文科在内的高等教育综合体系中，推进研发进步主要与马丁·特罗定义的精英型高等教育密切相关。这实际上相当于重振深度研究型学术平台，在完全没有研究氛围的环境中，则要从零开始，为发现和创新创造条件。

研究型学术平台的重振也好，新建也罢，总归是从模仿美国研究型大学的结构、运作和实践开始的。这在很大程度上源于人们对这类美国高校的态度，人们认为美国高校代表了一种独特的成功模式，有助于推动社会进步、经济增长和提升国家竞争力，因为它们将本科生及研究生教育与知识生产和研发有机地结合到一起。在统治精英们看来，美国确立了公认的高等教育权威模式，也就是第四次浪潮中形成的研究型大学。然而，这批研究型大学各不相同，很难通过立法来全面复制。乔纳森·科尔指出，制定"伟大蓝图"之前，需要仔细了解和鉴别美国研究型大学的结构和活力，每个国家的国情不同，美国的科研创新具有极强的竞争性，如果别的国家照搬美国高校的发展模式，却无法提供恰当的配套文化，很可能会遭遇挫败。

根据知识生产和创新的要求，协调高等教育的精英、大众和普及阶段，并不是唯独美国才面临的难题。但致力于实现预期的社会影响，并满足与就读需求相称的世界顶尖高校的招生数量，只有第五次浪潮模式才可能实现。我们在本书中反复强调，竞争性生态系统孕育了第四次浪潮，也同样是这个竞争性生态系统构成了第五次浪潮出现的大环境。第五次浪潮模式的与众不同之处在于，它能够在促进知识生产和创新的同时，将成果公平地分配给大量公民。而且，第五次浪潮进行了机制改革，高校可以多元而不同，因为改革由大学自主决定，不是政府下指令强加的。再者，第五次浪潮高校打破了学术界、工商界和政府的界限，创造了全国统一的创新体系。当然了，人们对政府如何才能适当发挥作用一直存有争议。

金砖国家的改革举措

是采取系统性措施扩大招生，还是在精英高校中推进知识生产和创新以促进经济发展，这一困境在金砖四国（BRIC）最为明显。南非加入后，金砖四国改称为金砖五国（BRICS）。无论是四国还是五国，金砖国家通常用来指经济快速发展且地区政治实力相对增长的经济体。菲利普·阿尔特巴赫认为这些国家的学术体系处于转型之中，其中只有俄罗斯拥有成熟的高等教育系统，同时，俄罗斯也努力让自己的科研实力在全球领先。在他看来，金砖国家仍然处于"全球知识体系的边缘地带"，也许中国例外。

金砖国家全都试图在发展世界顶尖的研究型大学与扩大招生之间取得平

衡。"尽管金砖四国敏锐地意识到他们在全球经济中的新角色,但各国政府都必须要权衡国内复杂的政治压力,比如要确保国内经济增长、社会流动性和政治参与度。"马丁·卡诺伊及其同事观察到,"公众认为,高等教育的规模和质量与发达国家的所有要素呈正相关,因此,金砖四国对大学非常重视,这已成为国内经济和社会政策的重要组成部分。"正因为如此,"金砖国家正在发生着一个关键变化,'大众型'高校和'精英型'高校之间的分化日益加剧,前者吸纳绝大多数学生,后者被推动着成为世界领先的研究型大学,招生数量相对有限,尤其在中国和俄罗斯是这样"。关于"世界一流大学现象",他们发现:"中国和俄罗斯往往对直接创建'世界一流'大学更感兴趣,逐步将资源向特定几所大学倾斜,其他高校则集中力量扩大招生。"

撇开知识生产和创新的必要条件不谈,过去几十年,金砖国家着眼于扩大招生,其改革力度证明,全球高等教育已经从大众阶段转变到普及阶段。西蒙·马金森在报告写道:"世界范围内,三分之一以上的高校招收了50%以上的中学毕业生,其中又有约三分之一的适龄学生进入了学位课程的学习。"自上而下的改革必然要面对规模问题,马丁·卡诺伊及其同事的看法极富代表性:"4000万人,这是从2005年到2010年,从金砖四国的大学及其他四年制或五年制高等教育机构毕业的年轻人的总数量,相当于加利福尼亚州的人口总和,但却只相当于21世纪10年代的毕业人数的一部分。这个数字令人印象深刻,过去20年来,在发达国家以外,大学入学人数大幅跃升,尤其是金砖国家,大学入学人数大幅跃升。"经济学家伊恩·戈尔丁(Ian Goldin)和克里斯·库塔纳(Chris Kutarna)表示,自1990年以来,全球高等教育的入学人数增加了一倍多,从不到14%增加到2014年的33%。据他们估计,全球在世的大学学位获得者人数超过了1980年之前授予的大学学位总数。而且,学位获得者的人数现在还在以每年2500万个到5000万个的速度增加。

QS世界大学高等教育排行榜的前50名中,金砖国家全都榜上有名,不过它们目前还难以与美国、英国和西欧国家抗衡。这些国家从强到弱按顺序排，中国在第 8 位，巴西在第 22 位，印度在第 24 位，俄罗斯在第 26 位，南非在第 30 位。高校排名会因评估方法和衡量标准的不同而不同，换一种评估方式，排序就会大不一样。Universitas 21 高等教育排名的前 50 名中，按从强到弱的顺序排，中国在第 29 位，南非在第 34 位，俄罗斯在第 35 位，巴西在第 40 位，印度在第 49 位。以前说一所高校"世界一流"，主要是基于声誉等主观因素，而现在根据量化指标对高校进行综合性国际排名，为认定"世界一流"增添了严谨性。世界银行前教育协调员贾米尔·萨尔米（Jamil Salmi）认为，全球真正的世界一流大学不过 30～50 所。但是，"打造世界一流大学并没有万能秘诀或神奇公式，[因为]各国国情和制度模式千差万别"。上海交通大学发布的世界大学学术排名（ARWU）是非常权威且被广泛引用的大学排名之一，然而它的出现并非巧合。中国名校要向世界一流大学看齐，因此，上海交通大学从 2003 年开始发布排名。ARWU 与其他大学排名不同，它所采用的方法侧重于科学研究成果，实际上也就是侧重于创新潜力。

在进一步研究俄罗斯和中国的改革措施之前，我们先简要介绍一下两种常见的困境应对措施，通常从中选择其一：如果从扩大招生入手，那么，政府通过逐步提高招生能力，扩大录取范围，促进经济发展和社会繁荣；或者从反方向入手，按计划推进世界一流研究型大学的形成，使之致力于探索创新。从 19 世纪开始，前一种方法就在英国占据着主导地位，到了 19 世纪 60 年代，随着《罗宾斯报告》的发布，英国再次坚定了继续沿着这条路走下去的决心。和英国形成鲜明对比的是法国、德国和金砖国家，尤其是中国和俄罗斯，它们最近都在努力通过组建世界一流的研究型大学来促进创新和经济增长。

罗宾斯与英国高等教育规模的扩张

长期以来，牛津大学、剑桥大学、伦敦大学学院、伦敦国王学院和伦敦帝国理工学院等高校一直是世界顶尖的研究型大学。到了 20 世纪，英国的改革重点放到了扩大招生上。迈克尔·沙托克（Michael Shattock）认为，第二次世界大战后的几十年，"政治、经济和结构环境不断变化，具体时间点不同，政策的驱动因素就不同，但整个时期内，有两个因素始终如一：一是不断要求有更多接受高等教育的机会；二是扩大招生会带来的财政压力"。决策者通过结构性改革来促进高校招生能力的快速提升，解决了扩大招生这个问题——最初是在 20 世纪 60 年代，然后是在 20 世纪 90 年代，入学人数提高了 5 倍。

1961 年，英国政府委托了一个委员会对高等教育体系进行评估，并提出改进建议。该委员会的主席就是经济学家莱昂内尔·罗宾斯（Lionel Robbins）。1963 年，《罗宾斯报告》发布，英国政府根据报告提出的建议，采取扩大招生的措施，同时提高各类院校的整体质量和知名度，试图将牛津大学、剑桥大学与其他高校之间的差距降至最小。根据该委员会成员克劳斯·莫泽（Claus Moser）的说法，该委员会制定了自己的黄金法则，即后来众所周知的罗宾斯原则："高等教育应面向每个有能力、有成绩、有愿望的人。"

在第二次世界大战后的几十年里，人们意识到科学和技术教育——后者指当时的应用科学及工商业职业培训——与经济增长之间的相关性，开始关注现有体系的不足。尽管申报大学的合格学生人数远远超过大学的招生名额，但罗宾斯团队发现，所有可以考大学的人中，只有不超过 4% 的人最终进入大学学习，只有 1% 的女生和 3% 的男生来自工人阶级家庭。尽管传统观点认为，招生量上去的代价是质量下来，但该报告还是建议高校扩招，办法一是成立新高校，办法二是将现有院校（如城市学院和技术学院，后者当时被称为先进技术学院）升格为真正意义上的大学。这些举措为 20 世纪 80 年代末至 90 年代初的高等教育大众化立法开了先例，并最终导致政策的极度市场化，并且高校的自治权限增大，相互争夺日益有限的政府资源。

"20 世纪 60 年代初，英国高等教育经历了百年来的最大变革。"英国前大学与科学国务大臣戴维·威利茨（David Willetts）评论道。英国高等教育在历史上相对处于停滞状态,因此,改革似乎更具变革性。牛津大学和剑桥大学两所大学一直保持着绝对的垄断,直到1836年,威廉四世发布皇家特许令成立伦敦大学,然后与成立于1829年的伦敦国王学院加入了1826年成立的伦敦大学学院。"牛津大学和剑桥大学的垄断在19世纪30年代被打破,"威利茨解释说,"英国创建了使命各异的大学,比如有些院校提供教育和培训,以满足当地经济的需求。"然而,他详细补充说:"当时,不少新学校被人鄙视和嫌弃,就像现在的替代供应商一样,因为它们对大学的既定模式造成了威胁。牛津大学和剑桥大学声望太高,使英国高等教育系统难以达到多元化——实际上,几乎所有的英国高校都以学术研究及相关内容带来的声誉为目标。"事实上,马丁·特罗认为,莱昂内尔·罗宾斯只是强化了英国高等教育中的"倒金字塔"模式,处于顶端的精英高校继续在高等教育体系中占据着主导地位。

然而,早在《罗宾斯报告》面世前的一个多世纪里,扩招问题就已经引起了人们的关注,并促成了伦敦大学的建立,以及导致了使高校类型激增的改革,这些不同类型的高校与美国高等教育改革的浪潮一样,并行运转。早在1851年,曼彻斯特等城市和工业中心就已经开始建立城市学院,旨在向学生传授技能,维持和推进工业革命带来的技术进步。一些评论家认为,当时授权设立这些学校是为了效仿牛津大学和剑桥大学等老牌大学(ancient universities)的学术文化和标准,只不过课程侧重于应用实践,而不是理论和研究。20世纪初,新的城市学院——俗称"红砖大学",大致相当于美国的州立大学——在大型工业城市的努力和资助下纷纷建立。这些学校的主要贡献是扎根社区且大规模招生。一些研究指出,生源平等曾遭到社会特权阶层的强烈反对,但自此之后,牛津大学和剑桥大学开始执行公平的招生政策。城市学院在《罗宾斯报告》发布之前就已经获得了大学的地位,这也许对莱昂内尔·罗宾斯所在的委员会理解如何扩大和改善高等教育造成了影响。这些大城市里的高校不仅促使政府通过增加国家拨款来扩招,而且还促进了知识经济的针对性研究。然而,城市大学终归无法满足《罗宾斯报告》中明确提出的预期的入学需求。

该报告建议,让先进技术学院转型,转换后的名字沿用至今——"平板玻璃大学"(plate glass universities),因为这些大学的外墙大量采用平板玻璃,由钢和混凝土加固,极具20世纪中叶的特色。当时,高等院校缺乏自主权、学历设置权和学位授予权,出于担忧,罗宾斯在报告中提出了上述建议。为了使研究充分满足工业和社会的需求,莱昂内尔·罗宾斯不仅推动大学扩招,还鼓励发展综合教育。根据一位当代学者的说法,综合教育将带来社会进步:"这不是为了让技术专家有点儿文化,而是要让他了解自己对社会及其文化的贡献。"这一说法可能受到了1959年剑桥演讲和C. P. 斯诺随后出版的著作《两种文化》的影响。C. P. 斯诺是英国主要的著名知识分子之一,他在书中感叹,科学与人文社科之间的文化分裂造成了有害的影响,两个两极分化的阵营"几乎完全停止了交流",两者之间产生了"互不理解的鸿沟"。

20世纪60年代被认为是英国高等教育的二分时期,因为与传统大学并立的第二梯队形成,包括约30所多科技术学院。莱昂内尔·罗宾斯本人对英国高等教育的分化表示过怀疑,他担心这种情况会加剧英国高等教育的等级制度。迈克尔·沙托克评论说:"在莱昂内尔·罗宾斯看来,所有大学应该保持在同一水平上,因为大学生涯和大学学位要好到足以让其他选择退居其次。"然而,在1960年,只有不到5%的人念了大学,到1969年,这一数字上升到14%,其中三分之二就读于多科技术学院。随着平板玻璃大学和多科技术学院的成立,英国高等教育得到了极大的扩张,减轻了研究型大学的招生压力,但莱昂内尔·罗宾斯的扩招政策出台不过30年,就出现了另一个发展。

英国的《教育改革法》(1988年)让多科技术学院摆脱了地方政府的控制;《继续教育和高等教育法》(1992年)创建了所谓的新大学(new universities)或1992年后的大学(post-1992 universities),该法案还将38所多科技术学院特许升级成为正式大学。将多科技术学院并入大学意味着二元体系的解体，尽管如此，一些学者还是指出："其实高校在改革后仍然存在声誉差异"。新大学推广非常规教学大纲，比如实践课程和学术课程交替实施、提供模块化学位和针对21岁以上"年长"学生的继续教育。多科技术学院并入大学，标志着社会对这些学院的重新定位，并且扩大了招生，尤其是女性学生和少数族裔学生的录取增加了。学生念大学的毛入学率从1988年的23%上升到1999年的60%。从另一个角度看，从1988年开始，在之后6年的时间里，入学率从15%上升到32%。根据马丁·特罗提出的数字标准，随着1988年和1992年通过相关法案，英国开始进入高等教育的大众阶段。

巴黎郊外的一所巨型大学，可以与硅谷抗衡

各国都积极推动以发现和创新为己任的世界顶尖研究型大学的发展，从而促进经济和教育的发展，其中最突出的莫过于巴黎萨克雷大学。它位于巴黎郊外，是一个新建的学科全面的研究型大学和产业集群，号称"可以与硅谷抗衡的巨型大学"。巴黎萨克雷大学是一个综合体，由19所自治机构[3所大学、9所高等专业院校（直译为"大学校"，grande école）和7个国家研究所]构成。自2008年以来，它在巴黎附近的萨克雷高原地区发展。这所合并多所机构而成的研究型新大学于2015年正式成立，在校生65000人，其中博士生6000人，教职员工和研究专业人员超过10000人。据创始董事多米尼克·维尔奈（Dominique Vernay）说，巴黎萨克雷大学的目标是成为"欧洲大陆最顶尖的大学"。负责校区建设的巴黎萨克雷基金会（Paris-Saclay Foundation）打算建设一个堪比甚至超越其他顶尖巨型大学的创新枢纽，其中最著名的有加利福尼亚州的斯坦福大学和硅谷，以及哈佛大学、麻省理工学院和波士顿128号公路。政府为此投入的初始资金总额为10亿欧元，属于2010年220亿欧元的刺激计划的一部分，分配原则与法国前总统尼古拉·萨科齐于2007年制订的教育改革方案保持一致，重点从国家研究所转移到

大学。

美国研究型大学将本硕博教学与研发活动相结合,欧洲大陆国家则历来保持着并行但不同的研究部门,基本研发职能集中在与大学竞争的特定研究机构身上。其中最有名的是德国马普学会(Max Planck Society,MPS)和法国国家科学研究中心(Centre national de la recherche scientifique,CNRS),后者是欧洲最大的国家出资的基础研究机构,包括10个研究所,32000名研究员、工程师和技术员。德国的项目由德国马普学会、亥姆霍兹联合会和莱布尼茨协会等机构平等承担,法国的主要研究则集中在CNRS。原子能和替代能源委员会(Atomic Energy and Alternative Energies Commission)是法国第二重要的公共研究机构,一项广泛用于展示研究生产力的文章计数校正指标显示,该机构对CNRS研究的相对贡献不到五分之一。

然而,评论家认为,结构性低效率困扰着法国,力气费了不少,却没见促进高等教育和研究的质量。法国政府试图通过成立创新枢纽,将研究重心转移到大学,但研究管理仍然集中在CNRS。有些研究认为,尽管CNRS扶持法国大学,但大学仍然缺乏管理大型研究项目的经验。其他研究则认为,巴黎萨克雷创新枢纽只是美好的愿望而已,除非能证明事实并非如此,眼下,它尚缺乏合理的进度、足够的财政资源和基本的基础设施来维持具体的需求。尼古拉·萨科齐认为巴黎萨克雷大学是"多机构拼图,每个机构都享有盛誉,但相互不协调,受限于人为体制障碍,(但这些障碍)在全球科学竞争时代已经完全过时了"。政府承认,跨机构研究让研究成果卓尔不群,但有人认为主要资助项目自上而下的运作方式导致了项目的截止期短得让人无法接受,这可能会导致进度不均衡。

凯瑟琳·帕拉黛沙(Catherine Paradeise)将第二次世界大战后法国高等教育体系概括为"研究与教学之间及精英高校与扩招高校之间的双重二元性"。她进一步解释道:"它的三个子系统——大学、高等专业院校和研究机构——在发展过程中相互依赖,每个子系统的不足都证明其他子系统的存在是合理的。它们依法享有特定的公共地位，各自的身份、相对的权力和社会地位都在发展中逐渐得到巩固。"凯瑟琳·帕拉黛沙追溯了1980年以来法国高等教育的两次改革浪潮，第一次浪潮从1981年持续到2006年，她称之为"增量浪潮"，在此期间，法国高等教育的三分体系不得不解决大众化问题。资金减少和"公共资源的瓦解和消散日渐夸张"，急剧扩招带来的相关问题随之恶化。2006—2012年，一波更激进的改革紧随而来。她意识到将有一场拉锯战出现，拉锯的一方是希望将权力集中在国家教育官僚机构中的人，另一方是主张将更多权力下放给地方机构的人。巴黎萨克雷项目被法律置入了这个忧人的政治环境中。尽管如此，凯瑟琳·帕拉黛沙认为，巴黎萨克雷项目是"最令人印象深刻的改革项目"，因为它"很好地检验了如何在开展改革的过程中抵制"那些公认无法满足人们的需求的研究政策。

　　凯瑟琳·帕拉黛沙认为，巴黎萨克雷大学立志成为世界排名前20的大学之一，这份壮志却导致了许多两难的困境。"傲慢的高等专业学院和抵触情绪甚浓的大学"——这是凯瑟琳·帕拉黛沙的说法——之间出现了矛盾，大学担心最拔尖的学生会选择高等专业学院，而高等专业学院则担心跟大学挂钩有损自己的声誉。巴黎萨克雷大学为了解决这个问题，专门设立了一个"复杂的管理模式，保留每个成员单位的独特之处，同时也打造共同基础"。尽管如此，其中一所高等专科学院太过于强调自己的一亩三分地，破坏了精心设计的妥协方案，最终受到了制裁。此为憾事，其他单位间的相互信任因此降低，改进管理模式的努力也备受打击。凯瑟琳·帕拉黛沙承认，这类以巴黎萨克雷为代表的宏伟项目可能并不具备可持续性。

　　改革应该如何发力？是扩招，还是推进世界一流的知识生产？这一难题也困扰着德国的决策者。尽管德国的高等教育一直雄踞欧洲大陆之首，但一直以来，德国都在采取多方位的现代化改革举措，英语系国家在全球顶尖大学排名中占压倒性优势，只有不断改革，才可能与之竞争。德国公立大学几乎涵盖整个高等教育系统，直到2005年之前，官方都认为，这些公立大学应该全部免学费，而且它们的质量和名气应该相对平均。那时，德国的高等教育体系总体是可靠的，但决策者意识到了改变现状的必要，于是他们放弃了长期以来的平等政策，创建了德国常春藤联盟，与世界一流大学一较高下。随后，德国大学卓越计划启动，目标是振兴德国高校，激发德国高校像美国研究型高校一样激烈竞争。该计划始于2006年，为期11年，耗资46亿欧元——相当于当时的50亿美元，旨在将德国顶尖大学的名气提升到英国牛津大学、剑桥大学和美国常春藤联盟的水平。

德国大学的行政地位与美国公立大学并非不同，因为德国负责监督和资助大学的也是各州政府而非联邦政府。20世纪下半叶，德国联邦政府实施了各种拨款计划，但根据宪法，联邦政府补贴和拨款仅限于项目研究。德国大学卓越计划大大提升了联邦政府的作用。历经18个月谈判达成的协议包括众多条款，比如从2006年开始，德国联邦政府将按比例支付各项预算的75%，而州政府将在5年内支付余额；有远见的参与者按要求提出"宏伟的总体目标，特别是研究和培训的新方式，以及有说服力的高校长远发展的战略愿景"；资助拥有研究生院的高校，加强博士培养，资助建立卓越高校，促进大学、产业及马普学会等研究机构之间的协同研究和跨学科合作——研究机构和大学以前都是隔绝开来的。然而，一些评估意见认为，一心打造专门的精英高校，违背了洪堡模式将研究与教学相结合的传统。

促进经济繁荣和社会发展的举措

2011年，清华大学百年校庆，时任中华人民共和国主席的胡锦涛在北京人民大会堂发表讲话，强调了一个国家的大学在促进经济繁荣和社会发展方面的关键作用。罗伯特·罗兹（Robert Rhoads）团队认为："中国领导人希望中国的大学能够跻身哈佛大学、牛津大学和斯坦福大学等世界一流大学之列，同时也希望这些大学承担起协助中国经济和社会转型的责任。"早在20世纪

第 7 章 关于扩大招生和卓越科研的观点

90 年代，中国政府启动了 211 和 985 工程，希望建设一批世界一流的研究型大学。

211 和 985 工程大幅增加了政府对众多大学的财政支出，提高大学的学术生产力和世界领先的研发能力。211 工程于 1995 年启动，通过增加资助来提高科研能力，尤其是科学和技术领域的研究能力，以期提高大约 100 所大学的国际竞争力。211 大学获得 200 亿美元的额外拨款，用于提高其研究生产力。985 工程作为 211 工程的补充，于 1998 年启动，旨在提升 C9 盟校的学术水平。C9 指中国最好的 9 所大学，人们通常称之为中国常春藤。2004 年，中国政府进行二期建设，将另外 30 所大学纳入其中，进一步提高国家的研发能力。尽管 211 工程已于 21 世纪初结束，但它和姊妹项目 985 工程一起，对国家的其他举措起到了显著的促进作用。211 和 985 工程将进一步推动中国高等教育的国际化，使其准备好与世界先进研究型大学竞争。

罗兹团队表示，这两项资金充裕的工程反映出中国从 20 世纪 80 年代开始向市场化、放权转变。对高校而言，市场化意味着开始学杂费的征收，意味着对市场策略的依赖，也意味着校际竞争的加剧。放权意味着国家资助的减少——入选国家资助工程的 100 多所大学除外——和自主权的增加。罗兹团队还发现，大众化也是中国高等教育的一个重要发展趋势，入学率符合马丁·特罗定义的大众化水平。1990 年，只有不到 5% 的适龄人口进入高校，到 2009 年，世界银行的数据表明，大学入学率达到了 25%。

市场化推动中国努力实现高等教育参与知识经济的不可或缺的作用，这些改革正如俄罗斯对其高等教育的改革，表明中国决心与雄踞世界排行榜前列的西方一流大学一较高下。中国花大力气推动研究型高校的发展，对其他试图进行高校改革的国家来说，肯定会起到示范作用。这些政策可以说完全超越了其他国家，最明显的表现包括显著的经费增长和教育部与大学的成功协作。正如中国对 211 和 985 两个工程的规划那样，高校之间既要合作，也要争取政府专项拨款，两个方面要保持适当的平衡，从而激发创新，提高高校的国际排名,这不禁让人想起第二次世界大战后,美国联邦政府拨款在美国研究型大学之间激发的相互竞争。

从20世纪90年代开始,中国各大学的入学人数同时出现成倍增长,背后正是这些改革措施。2000—2010年,中国大学毕业生人数翻了两番。

上海交通大学是C9高校之一,经常被称为中国的麻省理工学院,该校的改革体现了中国学术的全球抱负。上海交通大学的管理层意识到,必须敞开怀抱迎接高校文化的转变,才能更好地参与国际竞争。曾任该校校长的张杰解释说,学校正在"从知识传播转变为知识创造,从以教师为中心的教学转变为以学生为中心的教学"。上海交通大学以改革作为战略重心,改革举措包括聘用杰出的跨学科研究人员,扩大知识生产对社会的影响。从2007年开始,上海交通大学为教师设计了三条不同的职业轨道——教学、研究和终身教职,并将两种不同的终身教职制度合二为一。该校随后取得了实实在在的成果,年收益翻了一番,竞争性科研收入增加了两倍,同时也开始进军社会科学领域的研发。根据汤森路透基本科学排名(Thomson Reuters Essential Science Indicators),该校位居全球前1%的学科数量或将从5个增加到16个。为了应对本土和全球挑战,世界各国都有大学立志从事高水平研究,上海交通大学为它们树立了榜样。

中国在全球大学排名中超过金砖国家,C9高校排名的持续上升表明,中国大学争做世界顶尖大学,它们根据这一目标调整着自己的行政指令,已经见到了成效。国家和高校在学术氛围改革上的同步促成了前所未有的全面进步。此外,中国经验还证明,政府参与高等教育改革有助于新型研究型大学的运作。或许正是因为中央政府的管控,研究必须明确服务于高科技产业增长和国家安全不可或缺的应用领域。

"5-100计划":俄罗斯的常春藤计划

俄罗斯高等教育改革的范例当数所谓的"5-100计划",由此可见,为了建立一批研究型大学,在学术卓越和研究方面具备全球竞争力,俄罗斯政府做出了巨大的努力。"俄罗斯政府希望拥有自己的世界一流大学,"莫斯科新经济学院政策研究主任伊戈尔·费久金(Igor Fedyukin)表示,"但俄罗斯高等教育界必须了解差异化这个概念,让大家明白,大学并非享有平等的地位。这一点对于美国读者来说也许不言而喻,但在俄罗斯,平等主义根深蒂固,其他很多欧洲国家也是如此。"

1991年苏联解体后,俄罗斯逐步开启了高等教育改革。莫斯科试图通过课程改革、高校自治、高等教育大众化和多样化及引入学费等改革方式,在新成立的俄罗斯联邦内解决苏联时代的低效率问题。俄罗斯总统弗拉基米尔·普京(Vladimir Putin)很可能认为早期改革给经济带来的成效不明显,尽管俄罗斯已经实现了自由化经济,但在经济合作与发展组织(OECD)成员国之间的质量保证标准方面仍然落后。因此,2012—2013年,俄罗斯政府实施了多项监管和立法规定,使之与全球化知识经济保持一致。2012年5月,普京签署总统令,通过了一项名为"5-100计划"的新学术卓越计划,该计划打响了普京改革举措的第一炮,国家大幅增加了研发投资,大学将得到拨款资助。

"5-100计划"的主要目标是让至少5所俄罗斯大学进入全球大学排名的前100位。计划鼓励相关高校采取差异化的战略发展计划,最大限度地发挥其社会影响,在重点执行研发的学术领域和行业建立创新集群,促进经济发展。该计划试图加强国内外高校与私营行业之间的合作,努力推进与俄罗斯科学院的协同研究。"5-100计划"的具体规定包括,基于竞争的资金分配方式旨在刺激创新,并推进高校的国际排名,这让人联想到美国大学在第二次世界大战后的竞争关系及其结果,也让人想起俄罗斯科学院在历史上的集权化研究模式,正是这一模式让其保持了苏联时代的卓越地位,但改革与传统相背离。

俄罗斯的政策与其他国家相比毫不逊色,表现之一是支出的显著增长,同时，俄罗斯还采取措施，促进大学的科研能力，这些措施推动了高等教育和产业的整合，构成了更广泛的创新推动工作的一部分。决策者已经意识到，随着俄罗斯联邦的成立、经济的市场化转型，世界一流大学具有维持经济增长的潜力。例如，斯科尔科沃科技学院是斯科尔科沃创新中心的焦点。该中心位于莫斯科郊外，最初由德米特里·梅德韦杰夫（Dmitry Medvedev）在2009年倡议创建，当时正是普京两届任期之间，梅德韦杰夫任俄罗斯联邦的总统。斯科尔科沃创新中心重点发展5个总统级高科技领域：能源、信息技术、电信、生物医学和核研究。

斯科尔科沃科技学院加强了与著名跨国公司（例如，西门子、微软、波音、英特尔、强生、思科和IBM）的合作伙伴关系，促进学界和产业间的知识生产，人们总是将它与硅谷相提并论。创立的第二天，斯科尔科沃科技学院就与麻省理工学院和斯科尔科沃基金会签署了三边协议，推进教育、研究和创业项目。毫无疑问，研究型大学构成了政府发起的知名国际创新集群的核心。例如，在沙特阿拉伯，阿卜杜拉国王科技大学（KAUST）是阿卜杜拉国王经济城（KAEC）的关键；在韩国，韩国科学技术院（KAIST）成立于1971年，是大德创新城的枢纽。为了提高国际竞争力，其他新兴经济体也采取了类似举措，并在不同程度上取得了成功。但有些举措只不过做了一些技术层面的改进，主要目标是提高排名，而不是提升大学的机能，属于投机取巧。

爱德华·克劳利（Edward Crawley）是斯科尔科沃科技学院的创始总裁，于2011年至2016年任职，他被任命时，是麻省理工学院的教职员工。2013年，爱德华·克劳利和两位同事发表了一篇论文，用CDIO能力大纲对斯科尔科沃科技学院进行了分析。CDIO是构思（conceive）、设计（design）、实施（implement）和操作（operate）的英文首字母缩写，这是麻省理工学院为推进本科工程教育而设计的教学框架，而能力大纲是该创新实验的组成部分。在斯科尔科沃科技学院实施能力大纲的过程中，爱德华·克劳利和同事与38位利益相关者进行了互动，以确定学习成果。这些学习成果会让斯科尔科沃科技学院成为一所"为了创新而创建"的大学,代表一种新的高等教育模式。但纳迪尔·基诺西安(Nadir Kinossian)和凯文·摩根(Kevin Morgan)得出的结论是,"政令式发展"战略存在严重缺陷。国家通过巨型项目——比如斯科尔科沃科技学院之类的创新集群——从上至下实施现代化,其努力注定令人失望,因为"政治体制未能为现代化创造有利的制度条件;经济体系受到根深蒂固的结构性问题的困扰;区域决策机构在均等化和集结化之间左右为难"。

一份评估报告指出,俄罗斯高等教育体制内的结构性障碍对实施"5-100计划"构了严重挑战,比如俄罗斯科学院的地位过高("资金和人才集中于此")、许多大学的参与度有限、20世纪90年代的经济衰退导致处于职业巅峰的专业研究和学术人员相对缺乏("职业中期人才缺口")、自上而下的行政文化阻碍了自下而上的学术事业发展,或者对英语这门全球学术通用语言的掌握不够流畅,英文作品的发表不足。此外,机构之间的兼并合作,以及先前学术卓越计划对高校身份的影响,也都阻碍了机制改革。2005年,一项倡议鼓励几所优质地方高校合并为指定名称的联邦大学。2008—2011年,这些新合并的大学和其他一些表现突出的高校试图被指定为全国性研究型大学,以期获得更多的联邦资助和更全面结合的教学与科研。最后,这些联邦和全国性研究型大学有相当大一部分成功地参与了"5-100计划",它们的目标是成为全球顶尖高校。

参与该计划的高校各不相同,但都努力在国内出类拔萃,并在某个特定领域做到国际领先。虽然遴选标准是将各院系的国际竞争力分开来考虑的,但是,跨学科研究方法可以提高整体表现、提高国际排名并吸引更多的国际学生。政府追求世界一流学术水平的意图给各个高校普遍带来了压力,很多高校不是知名院校,无法参与高水平竞争,却仍然是整个教育生态系统不可或缺的一部分。它们采取措施发展自己,不仅是为了扩招,也是为了振兴区域经济。尽管前路困难重重,但俄罗斯已经扶持出一批具备特定学科优势的专业院校参与国际竞争。例如，莫斯科物理技术学院就是这样一所专业院校，也是"5-100计划"成员校。该校和莫斯科国立大学及圣彼得堡国立大学一起进入了2016年《泰晤士高等教育》发布的世界大学排名。

看到俄罗斯高校全球排名上升的同时，我们也必须看到其全局性视野的欠缺，只有一个"5-100计划"，而且该计划只不过采用财政手段来激励排名的提高。自"5-100计划"启动以来，莫斯科提供的资助不断增多，但一所一流的国立研究型大学的行政人员坦承："知识创新是高校的长远目标，然而，这种（提升排名的）压力可能会蒙蔽心智，让它们一心只求快速改变排名指标。"俄罗斯教育与科学部（Ministry of Education and Science）很有战略眼光，没有按惯例将资金集中在莫斯科和圣彼得堡，虽然这两地一直以来都是俄罗斯的经济和学术重地，相反，该部门从全国各地挑选出参与"5-100计划"的高校，打造了一个更开阔的研究型学术平台。然而，关注排名，可能就不会集中精力来创新并推动经济发展，还会妨碍区域性创新集群的开发。

在《泰晤士高等教育》发布的世界大学排名和"QS世界大学高等教育排行榜"的评估中，研究成果通常占20%的权重，而研究成果是按教师人均在汤森路透或Scopus索引期刊中的被印次数来衡量的。因此，各高校必须有成果发表，哪怕这种制度存在严重缺陷，但其仍然是生产力和影响的标志。政府对高等教育的资助与高校排名直接挂钩还会加剧学术腐败。由于俄罗斯高校所得的资助与其世界排名挂钩，有时，教职员工的出版态度会十分投机，他们将学术作品投给收版面费的期刊。学术数据库有时会判断失误，将这些收版面费的期刊收录其中，那么权威排名组织自然将其计算在内，这就让高校有了操纵排名的空间。

俄罗斯公立大学不依赖于参与"5-100计划"，根据入学人数和所得学杂费，获得国家相应拨款。由于学生流失会在人数和拨款两个方面产生负面影响，这种资助模式可能会对学术的卓越和质量形成潜在危害。一项评估提到："如果（大学）开除成绩不佳的学生，它就将损失很大一部分预算，这可能导致其研究活动的缩减和教授等教职工被裁员。"此外，俄罗斯大学里作弊和抄袭现象极为常见，这说明当前的卓越计划不一定能解决学术诚信问题。

美国和俄罗斯一样，要让更多背景各异的公民有机会接受世界一流的高等教育，还有很多挑战要面对。2010 年，美国每 10 万名居民中有 6673 名接受高等教育的学生，俄罗斯则是每 10 万人中有 6599 名，比例大致相同。尽管俄罗斯跟美国一样，接受高等教育的群体不断增长，并且学生背景日益多样化，但有意思的是，即使越来越多的学生希望获得优质的高等教育，俄罗斯却面临着人口衰减的问题。人口减少导致入学人数减少，这貌似关系着大学的生死存亡。尽管俄罗斯启动了"5-100 计划"等学术卓越项目，但要想提高自己作为新兴学术及研究强国的世界地位，人口问题的间接影响已经显现出来了。然而，俄罗斯的高校在国际排名中还是一直进步着，虽然它们要面对的问题也非常多。

放眼全球，许多世界一流大学的成功都要归功于对美国研究型大学的效仿。马丁·卡诺伊及其同事认为："思路很简单，这些国家只要按美国模式建几所更好的大学，就能培养自己的技术人才，开发自己的新技术，（这）将反过来推动国家经济的快速增长。"但是，西蒙·马金森指出，尽管人们公认美国采取的是典型的高等教育大众化模式，但如果因此假设"高等教育只有一种大众化模式，并且全球高等教育大众化就等于高等教育美国化，那就大错特错了"。许多新兴经济体希望实现整体改造传统模式，这种想法明显有局限。美国原本有一种十分成功的高校模式，但对很多有资格读大学的学生来说，这种模式成不成功毫无疑问，因为他们考不上这类大学。创新发现有时发挥不出来影响力，因为它们不会对人们造成任何影响。

求而不得的学术卓越让美国陷入了两难，再次为人们敲响了警钟，公立研究型大学必须转换成新模式，让更多学生有机会接受研究型高等教育。新型美国大学模式是"美国式的"，因为它符合美国的需求，但这种模式的设置整合了 3 个基本要素，适合所有国家的所有高校：第一，致力于探索发现和知识生产的学术平台建设，使教学与研究密切结合；第二，学生高度多样化，他们代表不同的人口群体，社会经济背景各不相同，但都有机会上大学；第三，努力实现社会影响最大化。主要的公立研究型大学将世界一流的知识生产和扩大招生的承诺密切结合在一起，这样的高校发展具有全球适用性。如果说第五次浪潮意味着新型美国大学的出现，那么，这种模式在不同国家的应用也许预示着可能出现第六次浪潮，全球性巨型研究型大学值得期待。

结 论

逐步建立普及教育体系

雅典城邦的埃弗比誓言（Ephebic Oath of the Athenian City-State）是为雅典年轻人准备的，因为他们即将承担公民职责和服兵役的义务。这份誓言被广泛选用，翻译成各种语言，然后雕刻在世界各地的公共建筑的砖石上。美国雪城大学麦克斯韦尔公民与公共事务学院的门厅上的内容便借鉴了埃弗比誓言："我们将永远为这座城市的理想和神圣而奋斗，无论孤身一人还是集众人之力；我们将不断努力，增强自己的公共责任感；我们将尊重并遵守城市的法律；我们将分毫不差地传承这座城市，当我们传承给后人时，甚至将比当初继承时更大、更好、更美。"这段摘录表达的与其说是服从权威或遵守公民义务，不如说是参与民主社会公共生活的权利。我们之前提到知识基础上的民主时就指出过，古典雅典民主的出现与获取知识有关。艾米·古特曼提醒道，关键是知识要发挥作用，"雅典民主高等教育即使完全非专业化、非职业化，也并非完全没有工具性目的。知识对城邦——或者说至少对管理良好的城邦——是有用的。"

美国开国元勋坚信，公民必须接受良好的教育，民主社会才能运转。这个信念必须重申。由于获取知识构成了多元民主社会的基本目标，所以基于知识生产的学术环境进行扩招必须成为高校改革模式的核心。这就使得第五次浪潮中的研究型大学被视为代表公众价值并为公共利益服务的机构。事实上，这一概念与杰拉德·德兰蒂描述的大学特征一致，"具备公共性和普遍意义上的现代性的范式机构"。现代性的概念本身有争议，人们对它的解释不尽相同，但现代在一定程度上与启蒙运动时期的价值观和理想相对应，史蒂文·平克（Steven Pinker）称之为理性、科学、人文主义和进步，从这个意义上说，研究型大学体现了这种承诺。正如芝加哥大学名誉校长汉娜·霍尔本·格雷（Hannah Holborn Gray）所言，威廉·冯·洪堡构想的大学从一开始就基于一个前提，即"教授和学生享有学术自由，如此才能充分鼓励他们以智力创造为目标，以及鼓励他们无论结果如何，都要遵循严格的调查和分析方法"。

第五次浪潮在竭力发现、创造和创新的过程中，将尽可能为公共利益奉献力量。巴里·博兹曼提醒我们，公共利益"指最能服务于被视为公众的社会集体的长期生存和福祉的结果。"但巴里·博兹曼援引约翰·杜威的话说："如果没有社会调查，没有公共讨论和辩论，就无法了解公共利益的关键信息。"事实上，知识是协商和共识的产物，知识要可行，必须从特定的背景、时间和地点出发，回应现实世界的问题，这一点跟实用主义的观点是一致的。因此，第五次浪潮将努力把其智力资源带到公共领域，促进公民之间的对话。正如赛斯·莫格伦（Seth Moglen）指出的那样，大学处于独特的地位，可以以"非简单化、对不同观点持开放态度、尊重差异并能够利用不同知识来源"的方式，就全球面临的复杂挑战发起实质性讨论。我们同意他的提议，大学确实应当明确自己的民主使命，运用其特殊的权力来促进多元化并扩大公共服务范围，将目标定位为成为"民主引擎"。最近学术界呼吁异见，这意味着人们同意知识和意识形态的多元化，同意开源访问、可渗透边界和建设性分歧。

第五次浪潮将努力体现民主精神的规范和品质。事实上，重点大学拥有背景多元、文化多元、开放兼容的环境，是人们想象中的理想民主社会的缩影。但是，对我们社会当前的任何评价都不能忽视常见的政治仇恨和分化，以及对学术界的敌意。权威人士宣称美国高等教育面临危机，描述其混乱、无效和消亡的文章比比皆是。新闻头条报道学费和学生债务的飙升，同时，长篇大论谴责学术界的自由主义偏见。人们本就认为高校的进取精神日渐丧失，这样一来，怀疑越发强烈。尖酸刻薄已变得司空见惯，胡乱拼凑一份典型的汇编更显得多余。蔑视专业知识和专业标准有可能使民主无法发挥作用。汤姆·尼科尔斯（Tom Nichols）警告说："民主可能会进入一个死亡漩涡，这马上会带来危险，要么沦为暴民统治，要么走向精英技术统治，两种情况都是权威专政带来的结果。"后现代主义对真理的存在与否产生了怀疑，但它仍声称，理性一直受到攻击，科学一直被围攻。亚伦·埃兹拉希（Yaron Ezrahi）认为："当代民主并不是现代启蒙思想家所设想的那样，由知情的自由公民组成的协商性自治政体。"

如果我们对第五次浪潮的责任追根究底，就会发现它必须承担的主要责任包括维持理性、科学、人文主义和进步——这些理想是美国建国的根本——以及史蒂文·平克所说的"伟大的启蒙实验，即美国的民主制度及其对政府权力的制约"。正如我们在第4章中提出的那样，因为民主社会本质上是具有认知性的，所以知识是——克拉克·米勒指出——"民主治理的基础"。民主的认知实例与第五次浪潮的学术文化保持着一致，它们都始于一个假设，即集体中可能存在智慧，人们将其命名为集体智慧、认知多样性或群体智慧，并且从多个方面进行了讨论。政治理论家海伦·兰德莫尔（Hélène Landemore）认为，知情公民的集体智慧催生了她所说的"民主理性"，这与复杂性理论中社会性昆虫产生的智慧并没有什么不同，"其实民主理性可能与个人理性大相径庭"。

政策研究者希拉·贾萨诺夫呼吁民主社会重新构想和改造其治理模式。她认为，如果公民要"承担共同的社会责任"，民主就必须是"共同讨论，规划未来，以便人人都觉得自己的需求和利益得到了照顾"。实用主义的观点坚持思想和行动的不可分割性，强调知识在社会实践背景下的实际应用。实用主义本身及其观点都是我们民主孕育的产物。这些知识同时也为社会带来活力，它们的出现日益依靠学术界、商业和工业界、政府机构和实验室及民间社会组织等多种场景，从广阔的时代精神浪潮中汲取养分。

既然民主是一个认知过程，而语言词汇是依据具体语境来使用的，那么，第五次浪潮必须协调文学文化——理查德·罗蒂提出的概念——与科学文化及科学的求知方式的关系，后两者自启蒙运动以来一直主导着整个学术界，从而规划和建设一个更美好的世界。世界就是这样的，知识分子不会再认为，除了社会效用，还有其他标准可以衡量人类想象的产物，因为社会效用是由极度自由、悠闲和宽容的全球社群来判断的。正如丹尼尔·萨雷维茨观察到的那样，如果我们对人类的意义抱有开放的志向、兴趣和观点，"那么我们永不停下脚步，不断破除想象的局限，到达各种我们向往的世界，寻找意义所在"。丹尼尔·萨雷维茨将这种向往描述为"民主想象"。如果高校要为国家的复兴做点什么，这种民主想象必须成为学术界的指南针。

宾夕法尼亚大学校长艾米·古特曼认为："政府在教育中扮演什么角色才是合适的，这个理论，这个政治理论，是所有重要决策的前提条件。理论尚不清晰时，我们无法对该原则及其派生的决策进行准确判断。"最后强调一次，如果国家政策实际上将大多数有资格读大学的考生排除在研究型大学的卓越教育之外，其后果十分有害，伦理上是无法被接受的。我们的当务之急是确保大幅度提高研究型学术平台的招生数量，提供与知识经济发展相称的强大且富有竞争力的世界一流教育。此外，发现和创新必须考虑到社会成果和研发收益的公平分配。高校如果漠视大多数美国人所面临的社会经济压力，就很有可能无法坚定持续地服务大众。理查德·R.纳尔逊于40多年前首次调查了美国面临的一些挑战，期间几乎没有发生什么变化，他对这一现象进行评论时，提到了这一必要任务的紧迫性：

　　一个已经完成了将人送上月球并安全带回地球的真正壮举的国家，一个消灭了婴儿瘫痪等恶疾的国家，一个广泛实现了史无前例的中产生活水平的国家，却似乎出于某种原因，无法为贫民窟的孩子提供有效的教育，无法阻止或大幅减缓医疗费用的不断上涨，无法保持空气和水的清洁，也无法减少吸毒和毒品犯罪。这究竟是为什么？

　　1820年，统治大不列颠及爱尔兰联合王国半个多世纪的乔治三世去世，他个人收藏的 65000 册印刷书籍和手稿及大约 19000 本小册子被大英博物馆收藏，如今，这些馆藏安置在大英图书馆的国王图书馆塔。乔治三世的收藏被称为启蒙运动时期全面的收藏之一，代表着那个时代人类为拓宽知识面所做出的最大努力。要量化我们这个时代的知识激增，只能从总量上判断增速达到了指数级别。举例来说，巴克敏斯特·富勒（Buckminster Fuller）曾提出"知识倍增曲线"，该曲线在绘图中呈现为 J 曲线，代表对新增知识加速度的估计。他用 1980 年出版的印刷文本作为知识的替代品，照此标准估算，知识在过去每个世纪都翻了一番，直到 20 世纪，某些领域开始每 18 个月翻一番，从此指数增长取代了线性增长。据估计，现在的知识每 12 小时就会翻一番。无论人们相信哪种估算，目前知识增速完全无法量化，优质高等教育扩招变得尤为必要。但是，我们也说过，普及性是知识企业的一个功能。因此，正如巴克敏斯特·富勒曾经所说："与现实斗争永远无法带来改变，要改变，得建立新模式，让现有模式作废。"

1865 年，埃兹拉·康奈尔（Ezra Cornell）宣布："我将创办一所学府，任何人在此都能获得所有学科的教育。"这标志着美国高等教育第三次浪潮的到来，这句话当然也成了康奈尔大学的座右铭。19 世纪末，詹姆斯·伯里尔·安吉尔（James Burrill Angell）表达了类似的信念，大学应该"为寻常人提供不同寻常的教育"。他在 1871 年至 1909 年担任密歇根大学校长。21 世纪的前 25 年，得益于时代的机缘巧合，埃兹拉·康奈尔和詹姆斯·伯里尔·安吉尔的宏伟构想从空谈变成了现实。这是人类事业的新时代，与其他快速社会变革时期一样，我们有机会思考社会的价值和愿望，以此指导我们如何设计、管理和评估高等教育机构。如果美国要在未来几十年保持繁荣昌盛，那么一部分公立研究型大学必须接受挑战，不断拓展研究范围，不断扩大招生规模，让更多背景各异的人有机会参与世界一流的知识生产，成为国家服务型高校的先锋。再强调一次，班级排名前 5% 或 10% 的中学生受什么教育不是问题的关键所在，关键问题是必须使适龄人口的前四分之一或三分之一能具备国际竞争力，同时，必须为美国一半以上的人口提供终身学习的机会。普及教育体系将使每个人——无论其社会经济地位或生活状况如何——都能掌握让自己生活美满的知识和技能，能够按照自己的想法规划学业和事业。第五次浪潮搭建起普及教育体系，各相关高校将创造更多进入世界一流高校学习的机会，力争为每个学习者提供服务，无论他们处于工作和学习的哪一个阶段，无论他们来自何种社会经济背景。